Oskar Duschinger – Maxhütte, Geschichte eines Werkes und einer Stadt

Oskar Duschinger

MAXHÜTTE

Geschichte eines Werkes und einer Stadt

30 Jahre nach dem Ende des Eisenwerkes Maximilianshütte in Haidhof

Mit Beiträgen zahlreicher Autoren

BUCHVERLAG

Battenberg-Verlag Regenstauf

Bibliografische Information der Deutschen Nationalbibliothek

Die Deutsche Nationalbibliothek verzeichnet diese Publikation in der Deutschen Nationalbibliografie; detaillierte bibliografische Daten sind im Internet über http://dnb.dnb.de abrufbar.
ISBN 978-3-86646-383-7

1. Auflage 2020
ISBN 978-3-86646-383-7

in der Battenberg Gietl Verlag GmbH, Regenstauf
www.battenberg-gietl.de

Inhalt

Rückblick

30 Jahre nach dem Ende des Eisenwerkes in Haidhof

30 Jahre sind vergangen, seit das Eisenwerk Maximilianshütte in Haidhof seine Pforten schloss. Die letzte Schicht, nach fast 150 Jahren Stahl-Tradition in der „Maxhütte", endete am 30. Juni 1990.

Arbeiter warfen ihre Handschuhe in den glühenden Kessel. Sie brauchten sie nicht mehr. Ihre Arbeit im traditionsreichen Oberpfälzer Stahlwerk war endgültig vorbei. Dabei stand der Name „Maxhütte" für einstmals 9000 Arbeitnehmer, für eine ganze Region, die mittlere Oberpfalz.

Das Entstehen und die Entwicklung der Stadt Maxhütte-Haidhof waren die ganzen Jahrzehnte hindurch hautnah mit dem Schicksal des Eisenwerkes verknüpft, das für bescheidenen Wohlstand in der Region sorgte. Generationen von Bürgern rund um die Maxhütte arbeiteten im Werk Haidhof, erlernten dort einen Beruf und konnten über Jahrzehnte hinweg auf eine soziale Absicherung vertrauen.

Die eigens geprägte Jubiläums-Medaille anlässlich des 50-jährigen Stadtjubiläums der Stadt Maxhütte-Haidhof im Jahre 2003 zeigt das Rathaus, einen Förderturm, sowie die letzte im Eisenwerk produzierte Eisenbahnschiene.

Maxhütte-Haidhof begann sich mit Riesenschritten zu verändern, wurde vielfältiger und bunter. „Wahrzeichen" der Maximilianshütte begannen zu verschwinden, fanden neue Eigentümer oder dienten nun anderen Zwecken. Trotzdem prägt die Silhouette des einstigen Eisenwerkes, benannt nach dem bayerischen König Maximilian II. Joseph, noch immer das Stadtbild mit.

Und noch immer wissen Beschäftigte der „Maxhütte", die dort ihr ganzes Arbeitsleben verbrachten, die Geschichte jenes Werkes zu erzählen. Es sind oft unglaubliche Geschichten, die das Arbeiterleben einer vergangenen Epoche wiederspiegeln.

Heute gehört die Stadt Maxhütte-Haidhof zu den aufstrebenden Gemeinden in der mittleren Oberpfalz, begehrt als Wohngebiet leicht abseits der turbulenten Boom-Stadt Regensburg. Viele Neubürger staunen über das Industriegelände am Rand ihrer Stadt, das nur mehr schwer einsehbar ist.

Dabei verbirgt sich dahinter eine aufregende Geschichte, glanzvoll und elend.

„Maxhütte"-Kenner Gert Gröninger und Buchautor Oskar Duschinger haben sich zusammengetan, um zusammen mit 22 Autoren die letzten Jahre der Maximilianshütte in Haidhof zu erzählen und die Entwicklung der Stadt Maxhütte-Haidhof nach dem Ende des Eisenwerkes aufzuzeigen.

Hochbetrieb im Hüttenwerk

Flüssiges Eisen schießt aus dem Martinsofen!
Gespenstisch leuchtet ein dunkelroter Feuerschein
am wolkenverhangenen Himmelsgewölbe.
Fauchendes Klingen im Blechwalzwerk,
dröhnendes Geschläge im Stabwalzwerk.
Die Produktion im Eisenwerk steht niemals still.

Schichtwechsel im Werk!
Fliegender Wechsel an den Walzenstraßen.
Schweißtriefende Gesichter
verlassen ihren Arbeitsplatz.
Erschöpft, müde, wollen nur noch schlafen.
Die Maschinen brummen weiter,
ohrenbetäubender Lärm.
Die stahlharten Eisenwerker
werden getrieben vom
unerbittlichen Lauf der Maschinen.

Endlich Brotzeit!
Zwei Maß Bier aus der Kantine.
Balsam für die erhitzten,
geschundenen Körper.
Ein schnelles Durchschnaufen.
Schon bald herrscht wieder
Hochbetrieb im Haidhofer
Hüttenwerk.

Schweißtreibende Arbeit im Siemens-Martin-Werk.
Bild: Otto Rohleder

Oskar Duschinger

Zeittafel

der Maximilianshütte in Haidhof

1851 Gründung der Commanditgesellschaft Michiels, Goffard & Cie, des Vorläufers der Maxhütte. Als Standort für die Eisenschienenfabrik wurde wegen der Lignitkohlevorkommen der Sauforst gewählt.

1853 26. September 1853: Im Waldstück „Sauforst" wird die Maxhütte gegründet. Das Werk trägt den Namen des bayerischen Königs Maximilian II. Joseph. Beginn der Ära Fromm als technischer Leiter.

1854 Henry Goffard, der erste Direktor der Maxhütte stirbt und wird in Burglengenfeld beigesetzt.

1855 Erwerb der kleinen Holzkohlen-Hochöfen Lichtenwald, Luckahammer und Nittenau, die in den ersten Jahren das Stammwerk Haidhof mit Roheisen beliefern.

1864 Der erste Hochofen wird in Rosenberg in Betrieb gesetzt.

1886 Ernst Fromm geht in den Ruhestand. Sein Sohn Ernst von Fromm übernimmt als alleiniger Vorstand die Leitung der MH-Werke.

1892 Die Hauptverwaltung zieht von Haidhof nach Rosenberg. Auch wichtige Produktionszweige wie die Schienenwalzung werden verlegt.

1893 Haidhof nimmt den ersten Siemens-Martin-Ofen in Betrieb.

1913 Die Maxhütte kauft das Braunkohlenfeld der Matthiaszeche bei Schwandorf. Hier wird bis in die Nachkriegszeit Kohle abgebaut.

1918 Ernst von Fromm tritt in den Ruhestand.

1921 Die Aktienmehrheit der Maxhütte geht an die Saarbrücker Industriellen-Familie Röchling über.

1926 Die Maxhütte überwindet die Folgen des 1. Weltkrieges. Sie überschreitet wieder die Produktion des Vorkriegsniveaus.

1929 Friedrich Flick übernimmt den Aktienbesitz der Familie Röchling.

Nördlicher Teil des Eisenwerks Maxhütte, vom Schlackenberg aus gesehen. Erste Arbeitersiedlung um 1900 „Zu den Kasernen".

1945	Als Folge des 2. Weltkriegs gehen die thüringischen Eisenerzgruben, das Werk Unterwellenborn und das König-Albert-Werk bei Zwickau verloren.
1951	Im Zuge der Entflechtung der deutschen Montanindustrie übernimmt der bayerische Staat 26 % der MH-Geschäftsanteile.
1953	Die Maxhütte feiert in München ihr 100-jähriges Bestehen.
1955	Die Maxhütte fällt an Flick zurück; der Bayer. Staat verkauft seine 26 % Maxhüttenanteile an Flick.
1962	In Haidhof läuft das „Neuwerk" an: das Kaltwalzwerk (KWW).
1968	Das Bessemer-Verfahren hält Einzug in Haidhof.
1969	Stilllegung von Profilstraße IV und S.M.-Ofen I in Haidhof.
1970	Stilllegung der Warmblechwalzstraße IV, der Verzinkerei und der Warmblechwalzstraße II.

1970 Die Bandverzinkungsanlage in Salzgitter läuft an.

1971 Stilllegung des Siemens-Martin-Ofens III, der Warmblechstraße III, des S.-M.-Ofens II, des E-Ofens sowie der Profilstraße III.

1977 Klöckner-Werke AG Duisburg erwerben die Mehrheit der Geschäftsanteile der Maxhütte. Damit beginnt in der Oberpfalz der Kampf um das Überleben.

1978 Schließung der Gießerei in Haidhof.

1981 Am 21. Februar demonstrieren in Sulzbach-Rosenberg über 21.000 Menschen für den Erhalt der Arbeitsplätze bei der Maxhütte.

1983 Am 23. April demonstrieren im Städtedreieck Maxhütte-Haidhof, Teublitz und Burglengenfeld mehr als 15.000 Menschen für den Erhalt des Kaltwalzwerkes und damit zur Sicherung der Arbeitsplätze im Werk Haidhof.

1983 Stilllegung der Kontistraße I (Mitteleisenstraße).

1984 Stilllegung der 700er-Straße in Haidhof.

1984 Im Dezember werden in der mittleren Oberpfalz zur Erhaltung der Arbeitsplätze bei der Maxhütte 57.000 Unterschriften gesammelt und der Bayer. Staatsregierung übergeben.

1984 Im Tarifstreik 1984 sperrt der MH-Vorstand die Belegschaft des KWW über 27 Schichten von der Arbeit aus – als einziges Stahlunternehmen der BRD.

1985 Im September wird durch die Mehrheit im Aufsichtsrat der Verkauf des Kaltwalzwerkes und die damit verbundene Stillegung abgelehnt. Die Gesellschafterversammlung hebt diesen Beschluss auf. Der Stillegung des Kaltwalzwerkes steht damit nichts mehr entgegen.

1985 Am 22. Oktober demonstrieren 2.500 Stahlarbeiter mit ihren Familien aus der Oberpfalz vor dem Wirtschaftsministerium in München für den Erhalt der Arbeitsplätze im Kaltwalzwerk in Haidhof.

1986 Stilllegung des Kaltwalzwerkes in Haidhof und Verkauf der Anlagen nach Amerika.

1987 Am 16. April 1987 beantragt der Vorstand der Maxhütte beim Konkursgericht in Amberg den Konkurs. Noch am gleichen Tag gibt die bayer. Staatskanzlei bekannt, dass unverzüglich eine Auffanggesellschaft gegründet wird.

1987 Der Betriebsrat legt eigenes Konzept für das Werk Haidhof vor.

1987 Durchführung eines ökumenischen Gottesdienstes mit 3500 Teilnehmern.

1988 Spontane Arbeitsniederlegung mit Mahnfeuer und Mahnwachen, Kundgebung mit dem IG Metall-Vorsitzenden Franz Steinkühler.

1989 Schließung der Betonstahlstraße III in Haidhof.

1990 Verkauf der KWW-Hallen an die Firma Läpple, Heilbronn.

1990 30. Juni 1990: Stilllegung der Kontistraße III in Haidhof und damit endgültige Stilllegung des Werkes Haidhof.
Die demontierten Kontistraßen II und III wurden nach außerhalb Europas verkauft; die übrigen von der Stilllegung betroffenen Anlagen abgerissen und verschrottet.

Geschichtliche Blitzlichter

Schienen für die bayerischen Bahnen

„In Sauforst bei Burglengenfeld ist der Bau einer Eisenschienenfabrik in so großartigem Maßstab beendigt, dass deren Produktion nur in der Quantität des gebotenen Roheisens seine Grenze finden wird.

Dieses Etablissement hat die Bestimmung, aus oberpfälzischem Roheisen mittels der Sauforster Braunkohle Schienen für die bayerischen Bahnen zu erzeugen.

In anderthalb Jahren waren gegen 130.000 Quadratfuß Land überbaut; zwei großartige Walzwerke und ein riesenhaftes Gebläse sammt den nöthigen Orten, Hilfsmaschinen und Werkstätten errichtet. Die Mitte Februar angestellten Versuche in der Fabrikation hatten kein so günstiges Resultat, dass die erste aus der Walze hervorgegangene Schiene der Baukommission als Probe vorgelegt werden konnte.

Besorgnisse und Schwierigkeiten wegen der Beschaffenheit des Brennmaterials veranlassten einen kurzen Stillstand der Fabrik, bis vor einigen Tagen die Arbeit mit einem Theil der vorhandenen Oefen auf´s Neue begonnen und das gewonnene Resultat alle Besorgnisse beseitigt und die Sauforster Braunkohle zu allen Operationen der Schmideisenfabrikation als vollkommen tauglich erprobt hat, sodass das gewonnene Fabrikat den strengsten Anforderungen entspricht.

In wenigen Tagen wird die Fabrikation so weit im Gange sein, dass täglich 50 bis 70 Stück Schienen geliefert werden können und wir sagen nicht zu viel, wenn wir behaupten, dass kaum eine derartige Fabrik größere Schwierigkeiten zu beseitigen hatte und, selbst abgesehen von diesen Schwierigkeiten, in so kurzer Zeit solche Resultate erzielt hat.

Wir sind umso mehr erfreut, diese Wahrnehmungen mittheilen zu können, als dadurch eine in Süddeutschland neue Industrie in einer Großartigkeit ins Leben tritt, wie sie anderwärts erst nach Jahren sich entwickelte, welche zugleich die oberpfälzische Eisenerzeugung einem nie geahnten Aufschwung entgegenführt."

(Aus: Regensburger Tagblatt vom 14. April 1853)

Dienst-Reglement von 1866

„Art. 1: Die auf der Maximilianshütte eintretenden Arbeiter und Vorarbeiter haben ohne Ausnahme bei ihrem Dienstantritte ihre Legitimations-Papiere abzugeben.

Art. 3: Die gewöhnliche Arbeitszeit ist festgesetzt, wie folgt:

1. Für die Hüttenbetriebsarbeiter, Buddler, Schweißer, Walzer etc. von Morgens 6 Uhr bis Abends 6 Uhr, als Tagschicht; von Abends 6 Uhr bis Morgens 6 Uhr als Nachtschicht
2. Für die Arbeiter in geschlossenen Werkstellen von Morgens 6 Uhr bis Abends 6 Uhr.
3. Für Arbeiter im Freien und Tagelöhner von Morgens 6 Uhr bis Abends 6 Uhr; vom 1. Oktober bis 1. März richtet die Arbeit sich nach der Tageslänge.

Art. 4: Die Ruhezeit ist bestimmt:

a) für die Arbeiter der Werkstellen Morgens eine halbe Stunde zum Frühstück, Mittags 1 Stunde von 11 - 12 Uhr

b) für die Arbeiter im Freien von 11 - 12 Uhr

c) für die Hüttenbetriebe-Arbeiter richtet sich die Ruhezeit nach der Arbeit.

Art. 5: Alle Arbeiter, Vorarbeiter und Meister sind ihren Vorgesetzten im Dienste unbedingten Gehorsam schuldig und verpflichtet, die ihnen zugewiesenen Arbeiten zu verrichten.

Art. 6: Jedes dienstliche Anliegen hat der Arbeiter oder Vorarbeiter einem seiner unmittelbaren Vorgesetzen, oder wenn er sich bei dessen Bescheid nicht beruhigen kann, dem leitenden Ingenieur oder dem Direktor vorzulegen.

Art. 7: Zur Anbringung von Beschwerden dürfen sich nie mehr als zwei Personen bei ihrem Vorgesetzten einfinden; erscheinen bei einer solchen

Veranlassung deren mehr, so ist dies als eine Verletzung der bestehenden Ordnung anzusehen und können die Arbeiter sofort entlassen werden.

Art. 8: Alle Arbeiter, wie die Meister, haben sich zur festgesetzten Zeit bei ihrer Arbeit einzufinden und dort, wo verlesen wird, pünktlich zugegen zu sein; jeder welcher 10 Minuten zu spät kommt, erhält eine Viertel-Schicht nicht bezahlt; im Wiederholungsfalle werden die Säumigen um einen Tageslohn gestraft oder gar entlassen.

Art. 9: Ruhestörungen, Ungezogenheiten im Dienst gegen Vorgesetzte oder Mitarbeiter, Widerspenstigkeit usw. sowie alle Tätlichkeiten werden bis zu 5 fl (Gulden) und unter Umständen auch mit sofortiger Dienstentlassung bestraft.

Art. 12: Trunkenheit im Dienst wird mit einem Schichtlohn bis zu 3 fl. bestraft.

Art. 14: Frauen oder Angehörige, welche den Arbeitern Essen bringen, dürfen dies nicht vor der festgelegten Ruhezeit tun. Das Zutragen von Essen in Körben ist untersagt.

Art. 15: Jeder Vorarbeiter oder Arbeiter haftet für das ihm anvertraute Werkzeug und muss das Fehlende ersetzen.

Art. 18: Tritt ein Arbeiter außer Dienst ohne vorher zu kündigen, so verfällt der noch nicht bezahlte Lohn der Krankenkasse.

Art. 21: Auf Verlangen der Vorgesetzten muss auch nach Feierabend, Nachts und Sonntags gearbeitet werden.

Art. 22: Der Austritt resp. die Entlassung aus dem Dienste der Eisenwerkgesellschaft kann nur nach 14 Tagen gegenseitiger Kündigung geschehen, außer in den Fällen, wo der Verwaltung das Recht zusteht, die sofortige Entlassung auszusprechen.

Art. 23: Wenn auch mit einzelnen Arbeitern bestimmte Dienstverträge abgeschlossen sind, so haben sich dieselben dennoch den Bestimmungen dieses allgemeinen Reglements, welches die Handhabung der dienstlichen Ordnung bezweckt, unterzuordnen.

Art. 27: Die Walzmeister oder die ihnen zustehenden Walzarbeiter müssen stets die Walzwerke und Geräte sauber und in Ordnung halten.

Art. 28: Für das Durchwalzen der Zangen zahlen die Walzer bis 1 fl. Strafe.
Art. 29: Geschieht durch die Nachlässigkeit der Arbeiter bei den Maschinen-Walzwerkes oder Scheeren ein Bruch, so werden die schuldigen Arbeiter strenge bestraft; oder diesselben können bei größerem Schaden, welcher durch ihre Schuld entsteht, auch zu zweitweisem Ersatz angehalten werden, welcher Ersatz jedoch dem Etablissement und nicht der Kranken-Kasse zu gute kommt.
Art. 30: Streiten und Raufen in dem Gasthause des Etablissements wird, unabhängig der gerichtlichen Einschreitung - mit den höchsten Disziplinar-Strafen belegt.
Da die vorstehenden Anordnungen nur das Interesse des Ganzen und die Handhabung der Ordnung bezwecken, so wird von den Arbeitern erwartet, daß sie diesen Bestimmungen nachkommen; Vergehen gegen dieselben werden indes unnachsichtlich geahndet."

(Aus: Auszug aus dem Dienst-Reglement der Eisenwerk-Gesellschaft Maximilianshütte von 1866)

Der große „Maxhütte"-Streik

„Im Oktober 1907 erreichte der große Streik im ehemaligen Eisenwerk Maxhütte seinen Höhepunkt. Ein banaler Anlass führte damals zur größten Streikbewegung in der Geschichte des einzigen Großbetriebes der Schwerindustrie in der Region und in ganz Süddeutschland. Dieser Streik hatte zur Folge, dass ein Jahr später 65 Maxhütter-Arbeiter wegen Landfriedensbruchs vor Gericht standen. Von ihnen wurden 18 freigesprochen, die anderen erhielten Gefängnisstrafen zwischen sieben und zwölf Wochen, einer sogar sieben Monate.

Anlass des Streiks war die Nichtbefolgung einer Anordnung eines Ingenieurs seitens eines Arbeiters. Die Weigerung stellte einen Verstoß gegen die Fabrikordnung dar, die eine Kündigung zur Folge hatte. Der Gekündigte wandte sich an die Gewerkschaft, den Deutschen Metallarbeiterverband, der die Rücknahme der Kündigung verlangte. Die Werksleitung lehnte diese Forderung aufgrund der ‚Aufrechterhaltung der Disziplin' ab.

Ab März 1907 wurde die „Maxhütte" bestreikt. Zahlreiche Gendarmen wurden eingesetzt, um die Anordnungen des Bezirksamtes Burglengenfeld durchzusetzen.

Aus Solidarität traten sofort 400 Arbeiter in den Ausstand und am 22. März 1907 hatten bereits 550 von 930 Arbeitern die Arbeit niedergelegt oder sich krank gemeldet. Dieser Streik wurde letztendlich durch einen Kompromiss beigelegt, an dem die Arbeiterorganisation nicht beteiligt war. Die Verhältnisse der Arbeit aber wurden nicht verbessert, nur das Spannungsverhältnis wurde vorübergehend entschärft.

Nachdem 1907 in der Tonwarenfabrik Pirkensee und in der Braunkohlegrube Augusta bei zwei Streiks die Forderung nach mehr Lohn Erfolg hatte, setzte auch bei den Maxhütte-Arbeiter die Entschlossenheit zur Verbesserung ihrer Verhältnisse ein. So forderte man in Zusammenarbeit mit dem Deutschen-Metallarbeiterverband mehr Lohn und die Einrichtung eines Arbeiterausschusses im Werk Maxhütte. Eine unnachgiebige Haltung der Hüttenverwaltung folgte.

Noch während der Verhandlungen vom 23. Oktober 1907 zwischen Werksleitung und Arbeiterdeputation kam es im Werk zur Arbeitsniederlegung. Am folgenden Tag meldeten sich nur 350 Arbeitswillige, ca. 150 Arbeiter hielten sich vor dem Werk auf. Am 25. Oktober 1907 befanden sich von den 990 Beschäftigten ca. 660 im Ausstand. Es kam wieder zu Beschimpfungen gegenüber den Arbeitswilligen und die Hüttenverwaltung forderte die Einrichtung einer Gendarmerie-Station. Konfliktpotenzial gab es, als die Arbeitswilligen von der Hüttenverwaltung Lohnaufbesserung und eine enorme Teuerungszulage erhielten. Außerdem wurde bekannt gegeben, dass die Rechte der Streikenden an der Betriebskrankenkasse erlöschen und sie nicht mehr Mitglieder des Maxhütte-Konsumvereins seien. Damit trieb die Hüttenverwaltung einen Keil zwischen Streikende und Arbeitswillige. Schließlich eskalierte die Situation am 12. und 13. Dezember. Die Wut auf die Hüttenverwaltung und die christlich organisierten Arbeiter, die als Verräter betrachtet wurden, manifestierte sich in Vorkommnisse, die Straßenkämpfen gleichzusetzen waren.

Als sich die Tagschicht auf den Nachhauseweg machte, wurde sie nicht nur von den Streikenden, sondern auch von den Frauen der Aufständischen beschimpft. Aus Furcht, die im Raum Burglengenfeld stationierte Gendarmerie würde die Ordnung nicht aufrechterhalten können, entschloss sich das Bezirksamt Burglengenfeld, Militär anzufordern. Auch die Presse beschäftigte sich mit den Ausschreitungen im Maxhütter-Gebiet. Berichtet wurde, dass in Teublitz ein regelrechter ‚Terrorismus' herrsche und auf Seiten der Aufständischen der Ruf ‚Entweder rot oder tot' gefallen sei.

Nach der trügerischen Ruhe Ende 1907 spitzte sich die Lage im Streikgebiet Anfang 1908 nochmals zu. Zum einen gab die Drohung der Werksleitung, ausländische Arbeiter einstellen zu wollen, den Ausschlag, zum anderen begann die Front der Streikenden zu bröckeln. Die erneuten Ausschreitungen machten ein Eingreifen des Bezirksamtes notwendig und Ende Januar wurden weitere Gendarmen aus anderen Regierungsbezirken angefordert. Schließlich wurden die Arbeitswilligen auf dem Weg ins Werk nicht nur von Gendarmerie, sondern auch vom Bezirksamtmann persönlich begleitet. Diese Maßnahmen, die für den Raum Burglengenfeld eine Art Ausnahmezustand bedeuteten, stellte schließlich die öffentliche Ordnung wieder her.

In einer Versammlung vom 4. Februar sprach sich ein Großteil der Streikenden für die Aufnahme der Arbeit zu den von der Hüttenverwaltung zuletzt gestellten Bedingungen aus. Von den 548 Streikenden, die an der Versammlung teilgenommen hatten, waren 460 für eine Wiederaufnahme der Arbeit. Mitte Februar 1908 hatte sich die Situation endgültig entspannt. Trotzdem behielt die Hüttenverwaltung auch nach dem Ende des Streiks die fragliche Wiedereinstellung als Druckmittel bei. Sie hatte auch jetzt noch die Zügel in der Hand und stellte die Arbeiter nur nach und nach wieder ein.

Am 23. November 1908 begann vor dem Landgericht Regensburg der Massenprozess gegen 64 Beteiligte (darunter auch fünf Frauen) an dem ‚großen Lohnkampf' im Eisenwerk Maxhütte. Gegen 51 Beschuldigte lautete die Anklage auf Landfriedensbruch und Vergehen gegen die Gewerbeordnung, bei 13 Personen war die Anklageschrift ‚nur' Beleidigung, Bedrohung usw. Am 30. November erfolgte die Urteilsverkündung: 18 Angeklagte wurden freigesprochen; die meisten erhielten Gefängnisstrafen."

(Aus: Mittelbayerische Zeitung vom 31.10.2007, Werner Artmann)

Die Ära Fromm

Am 20. Februar 1923 berichtete die „Burglengenfelder Zeitung", dass Geheimrat Ernst von Fromm infolge eines Schlaganfalls im Alter von 67 Jahren verstorben war und blickte zurück: „Geheimer Kommerzienrat Dr. Ing. Ernst Ritter von Fromm wurde am 1. Juli 1854 als Sohn des nachmaligen Generaldirektors und Kommerzianrates Ernst Fromm sen. und seiner Ehegattin Johanna Fromm, geb. Bazant in Maxhütte bei Haidhof geboren. Nach einer strengen aber trotzdem sonnigen Jugend besucht Ernst Fromm das humanistische Gymnasium in Trier und Köln, wo er auch sein Abiturientenexamen ablegte. Seine berufliche Ausbildung als Berg- und Hüttenmann erhielt er auf der Gewerk- und Bergakademie in Berlin, sowie auf der Universität München. Eben 25-jährig trat er als Oberingenieur in die Dienste der Eisenwerkgesellschaft Maximilianshütte und übernahm 1886 aus den Händen seines Vaters Ernst Fromm sen. als Direktor und nachher als Generaldirektor die Leitung des Unternehmens.

Mit eisernem Willen und seltenen Gaben des Herzens und Verstandes ausgerüstet, gleichbedeutend als Ingenieur, als Kaufmann und als Mensch, brachte er die schon von seinem Vater von 1853 an aus kleinen Anfängen zu hoher Blüte geführte Maxhütte zu weiterem ungeahntem Aufschwung.

Ernst von Fromm (Aus: „100 Jahre Eisenwerk-Gesellschaft Maximilianshütte")

Ernst von Fromm hat die Maxhütte in den 37 Jahren seiner Tätigkeit, wobei er fast 30 Jahre lang Generaldirektor und alleiniger Vorstand war, zum größten Unternehmen in Süddeutschland und zu einem der führenden Werke der deutschen Eisenindustrie gemacht. Am 30. September 1915, also im 62. Lebensjahr trat Herr von Fromm von seinem Lebenswerk, an welchem er mit hingebender Liebe gehangen hat, zurück, führte aber auf besonderen Wunsch des Aufsichtsrates und der Aktionäre noch bis 1921 die Geschäfte als Delegierter und stellvertretender Vorsitzender des Aufsichtsrates.

Als letzte von den vielen Ehrungen, die ihm das Leben gebracht hat, wurde ihm in Anerkennung seiner hohen Verdienste um die Förderung der Groß-Eisenindustrie von der Technischen Hochschule in München der Doktor-Ingenieur ehrenhalber verliehen. Und da ereilte ihn mitten aus dem einem großen arbeitsreichen Leben heraus der Tod.

Nach kurzer Krankheit war er am 20. Februar morgens im vollen Gefühl einer Wiedergenesung vom Krankenlager aufgestanden. Er hatte sich in seinen Lehnstuhl am Fenster gesetzt und besprach mit seinem jüngsten Sohn eine Erholungsreise, die er im Frühjahr zu machen gedachte.

Als sein Sohn in den Garten hinunterblickte, wo soeben die Wintersonne durch die Wolken gebrochen war, sprach er seine letzten Worte: „Endlich wieder Sonne". Zwei tiefe Atemzüge und der Tod hatte ihn sanft und schmerzlos erlöst ..."

(Aus: Burglengenfelder Zeitung vom 24. Februar 1923)

Die letzten Jahre des Eisenwerkes Maximilianshütte in Haidhof

OSKAR DUSCHINGER

Autor des Buches „Glanz und Elend der Maxhütte“, 1990

Bei einer Ortsversammlung des SPD-Ortsvereins Maxhütte-Haidhof sorgte MdL Dietmar Zierer im Januar 1981 für Aufregung, indem er davon sprach, dass das Maxhütten-Werk Haidhof im Februar in verschiedenen Bereichen „wieder auf Kurzarbeit“ gehen werde. Schon seit fünf Jahren stand die Forderung nach einer Umstellung der Produktion auf andere, höherwertige Erzeugnisse im Raum. Doch noch immer, so Zierer, läge der Bayerischen Staatsregierung kein bezuschussbarer Antrag der Maxhütten-Werke vor, in dem auch der Anteil der Klöckner-Werke an der erforderlichen Sanierung klar und offen dargelegt werde. Auch der Betriebsratsvorsitzende der Maxhütte, Richard Edenhofer, gab zu, nicht zu wissen, was die Unternehmensleitung eigentlich vorhabe. Jedoch müsse im Falle einer Sanierung mit dem Abbau von 500 Arbeitsplätzen gerechnet werden, davon mindestens 250 im Werk Haidhof. Darüber hinaus drohte durch die Streichung von Fördergeldern zu Forschungszwecken weiteres Ungemach.

Burglengenfelds damaliger Bürgermeister Stefan Bawidamann zeigte sich empört und wies darauf hin, „dass die Maxhütte seit 1968 etwa 1.600 Arbeitsplätze abgebaut hat“. Die hiesige Arbeitsmarktsituation gebe zudem den Arbeitslosen kaum eine Chance, in einem anderen, heimischen Betrieb unterzukommen. Maxhüttes Bürgermeister Hubert Humbs forderte die Firmenleitung des Klöckner-Konzerns auf, endlich klar zu stellen, was sie mit der Maxhütte vorhabe.

Bei einer Informationsversammlung der IG Metall in Burglengenfeld wurde eine Resolution im Namen der Belegschaft an den Vorstand der Klöckner-Werke verabschiedet, in der es u. a. hieß: „Wir fordern vor allem den

Vorstand der Klöckner-Werke AG mit Nachdruck auf, der Maxhütte ohne Vorbehalt die notwendige Unterstützung zur Realisierung des geplanten und notwendigen Investitionsprogramms zu gewähren ..." Und weiter: „Wir fordern unser Recht auf Arbeit und Leben in unserer Heimat und werden auch darum kämpfen."

Forderung der Maxhütten-Arbeiter: Unterstützung durch den Staat!

Immerhin stimmte der Haushaltsausschuss des Deutschen Bundestages dafür, der Klöckner-Tochter in den nächsten drei Jahren 19 Millionen DM aus dem Haushalt des Forschungsministeriums zur Verfügung zu stellen, dazu kamen rund 49 Millionen DM bayerischer Landesmittel. Die Gelder sollten dazu beitragen, durch Anwendung neuer technologischer Erkenntnisse den Betrieb weiter zu modernisieren und die Arbeitsplätze zu sichern.

Doch so recht trauten die Arbeitnehmer dem Frieden nicht. Und so forderten SPD-Kommunalpolitiker im März 83: „Freistaat muss mehrheitlich Maxhütte-Eigentümer werden." Ihr Ziel: Die Maxhütte aus den „Klauen des Klöckner-Konzerns" herauszuholen. Landrat Hans Schuierer mahnte, bei der Maxhütte könne nur Geschlossenheit zum Ziel führen.

Eine Großdemonstration zur Erhaltung der Maxhütte brachte am 23. April mehr als 10.000 Teilnehmer auf die Beine. Wieder einmal trieb die Angst um die Arbeitsplätze die Menschen auf die Straße. Gesamtbetriebsratsvorsitzender Richard Edenhofer meinte, es gehe nicht an, mehr als 5.000 Menschen mit ihren Familien in permanenter Angst um ihre Arbeitsplätze leben zu lassen.

Mitte September 83 standen trotzdem weitere 350 Arbeitsplätze bei der Maxhütte auf der Kippe. Zunächst betroffen war das Werk Rosenberg, wo vom bisherigen Vier-Schicht-Betrieb auf dreischichtigen Betrieb zurückgegangen werden sollte. Mit zwei Sonderzügen fuhren 2.800 Teilnehmer aus Sulzbach-Rosenberg und aus Haidhof in die damalige Bundeshauptstadt, um durch ihre Anwesenheit auf die schwierige Situation der oberpfälzer Stahlindustrie aufmerksam zu machen. Transparente mit Aufschriften wie „Maxhütte tot – Oberpfalz in Not“ machten klar, was sie bedrückte.

Bei der Jubilar-Ehrung im November 83 in Maxhütte verbreitete Arbeitsdirektor Manfred Leiss vorsichtigen Optimismus. Die Maxhütte könne „in allernächster Zeit“ mit dem vom Land Bayern verbürgten Investitionskredit in Höhe von 35 Millionen Mark rechnen. Dabei flammte kurze Zeit später bereits ein neuer Konflikt auf. Würden die Arbeiter der Maxhütte ihr Weihnachtsgeld erhalten? Bayerns Innenminister Karl Hillermeier, im Januar 84 zu Gast in Burgengenfeld, beruhigte die Maxhütte-Arbeiter: „Nach menschlichem Ermessen ist die Maxhütte gesichert.“

Doch schon im Juli 1985 zogen neue dunkle Wolken auf. In einem Schreiben an Staatsminister Jaumann fragte MdL Manfred Humbs (CSU) an: „Soll das Kaltwalzwerk Maxhütte stillgelegt werden?“ In den Sanierungs- und Modernisierungsplänen der Eisenwerk-Gesellschaft Maximilianshütte mbH war auch vorgesehen, das Kaltwalzwerk in Maxhütte-Haidhof zu sanieren. Um „im Wettbewerb mithalten zu können“, bestand die Gefahr einer drastischen Personalminderung oder gar der Stilllegung. Wirtschaftsminister Jaumann antwortete prompt: Er sehe „zum gegenwärtigen Zeitpunkt“ keine akute Gefahr, dass das Kaltwalzwerk in Haidhof stillgelegt werde. Auch eine drastische Reduzierung der Belegschaft drohe nicht. Es war spekuliert worden, dass bei Klöckner Überkapazitäten im Kaltwalzbereich bestünden, die es abzubauen gelte. MZ-Wirtschaftsexperte Gerd Otto mutmaßte: „Das ‚schwarze Blech‘ des Kaltwalzwerkes in Haidhof scheint ohne Chancen, elektrolytische Beschichtung oder Feuerverzinkung sind auf dem Vormarsch.“ Erstmals kam auch die Vermutung auf, dass das Werk Rosenberg auf Kosten von Haidhof saniert werden solle. Mit dem Verkauf des Kaltwalzwerkes könne, so wurde spekuliert, ein weiteres Strukturprogramm aufgelegt werden, um den Profilstahlbereich am Standort Sulzbach-Rosenberg endgültig zu sichern.

Mit dem „gesunden Ast Kaltwalzwerk" solle der „kranke Baum Maxhütte" gerettet werden, wetterte der Betriebsratsvorsitzende des Werkes Haidhof Heinrich Schäffer. Behauptungen aus Klöckner-Kreisen, wonach für das Kaltwalzwerk 100 Millionen DM aufgebracht werden müssten, um es auf den neuesten Stand zu bringen, seien schlicht nicht richtig.

Dennoch stand der Verlust von 720 Arbeitsplätzen im Raum. Das erste Strukturprogramm war, trotz gegenteiliger Versicherungen in der Vergangenheit, offenbar nicht ausreichend gewesen, um die Wettbewerbsfähigkeit des Unternehmens zu sichern. Ende September 85 machten SPD-Mandatsträger aus dem Städtedreieck in einer Resolution klar: „Ohne das Kaltwalzwerk ist der Standort Haidhof nicht zu halten." Die Durchführung eines Strukturprogrammes II zur Sanierung des Profilbereiches der Maxhütte dürfe nicht mit dem Opfergang von 700 Arbeitnehmern im Kaltwalzwerk erkauft werden. Gesamtbetriebsratsvorsitzender Richard Edenhofer griff zu einem spitzen Vergleich: „Ein Bauer verkauft seine letzten beiden Milchkühe, um mit dem Erlös eine Melkmaschine zu erwerben." Er appellierte an die Politiker, Klöckner nicht aus der Verantwortung zu entlassen und dem Vorstand der Maxhütte nicht alles zu glauben, was er sage. Edenhofer betonte, es gehe nicht um den Verkauf des Kaltwalzwerkes, sondern um dessen Stilllegung. Dabei habe Klöckner nur die Quoten für sein Werk in Bremen im Auge. Es müsse jedem klar sein, dass nun die letzte Phase im Kampf um den Erhalt des Haidhofer Werkes beginne.

Der Kampf ums Kaltwalzwerk (KWW)

Die Aufsichtsratssitzung der Maxhütte am 27. September 1985 brachte zunächst keine Entscheidung. Während die sieben Vertreter der Kapitalseite den Plänen des MH-Vorstandes zustimmten, setzten die Arbeitnehmer-Repräsentanten ihr Nein dagegen. Der „neutrale Mann", Landesbank-

Dem Kaltwalzwerk drohte die Stilllegung.

Präsident und Ex-Finanzminister Dr. Ludwig Huber, sah sich zunächst außerstande, eine Position zu beziehen. Die IG Metall rechnete indes fest mit einem Veto von Ministerpräsident Franz Josef Strauß.

Am 3. Oktober 1985 vermeldete die Mittelbayerische Zeit jedoch: „Kaltwalzwerk wird verkauft." Joachim Oberländer, Vorstandsvorsitzender des Eisenwerk-Gesellschaft Maximilianshütte mbH, bestätigte den Beschluss der Gesellschafter-Versammlung. Die Feinblecherzeugung der Maxhütte solle im Herbst 86 nach Bremen abgegeben werden. CSU- und SPD-Landtagsfraktion stellten umgehend einen Dringlichkeitsantrag an die bayerische Staatsregierung alle Möglichkeiten auszuschöpfen, um den Verlust von Arbeitsplätzen in Haidhof abzuwenden. Der Maxhütter Stadtrat zeigte sich entrüstet. Nachdem das Werk Haidhof in den letzten 15 Jahren von annähernd 4.000 Belegschaftsmitgliedern auf 1.700 reduziert worden sei, bedeute die Stilllegung des Kaltwalzwerkes einen weiteren Schritt hin zur Stilllegung des Werkes Haidhof insgesamt. Haidhofs Betriebsratsvorsitzender Schäffer machte im Namen der Belegschaft klar: „Wir haben das Vertrauen in den Vorstand der Maxhütte verloren." „Die Herren", so Schäffer, „suchen krampfhaft nach negativen Aspekten, um das Kaltwalzwerk kaputtzureden, da man es in der Vergangenheit nicht kaputtrechnen konnte". Lokal-Journalist Oskar Duschinger kommentierte: „Der Faktor Arbeitnehmer besitzt nur eine nennenswerte Bedeutung, solange er gewinnbringend einzusetzen ist." Der Schwandorfer Kreistag stieß in dieselbe Kerbe. Es sei widersinnig, ausgerechnet den Betriebsteil der Maxhütte zu verkaufen, der noch Gewinne einfahre. Heinrich Schäffer ergänzte: Für ihn stehe fest, dass die Einstellung der Produktion im Kaltwalzwerk innerhalb von zwei Jahren auch das Aus für die Maxhütte bedeute. Fachleute hätten ihm bestätigt, dass das Kaltwalzwerk mit einem Aufwand von 20 Millionen DM mittelfristig zu sanieren gewesen wäre.

Wieder einmal setzten alle ihre Hoffnungen auf die bayerische Staatsregierung. MdB Dr. Dionys Jobst (CSU) sprach von einer „Nacht- und Nebelaktion" der Gesellschafter. Die WAA und das BMW-Werk in Regensburg seien bisher keine Alternativen für die ausscheidenden Arbeiter. Man müsse nun genau prüfen, ob nicht eine staatliche Hilfe nötig sei. Auch die katholische Arbeitnehmer-Bewegung (KAB) schrieb an den bayerischen Ministerpräsidenten: Es könne nicht hingenommen werden, dass ein Konzern die erklärte Wirtschafts- und Strukturpolitik der bayerischen Staatsregierung unterlaufe und dafür noch mit Staatsgeldern honoriert werde.

Schließlich brachen 2500 Betroffene aus dem Städtedreieck und aus Sulzbach-Rosenberg mit 50 Bussen nach München auf, um „die bayerische Staatsregierung in die Pflicht zu nehmen". Die Belegschaft habe die Schnauze voll,

Kundgebung in München vor dem Wirtschaftsministerium, Betriebsratsvorsitzender Heiner Schäffer.

so gab sich Betriebsratsvorsitzender Schäffer kämpferisch, „von diesem hinterhältigen und widerwärtigen Spiel, das man mit uns treibt". Schäffer forderte die Staatsregierung auf, die Zuschüsse in eine Beteiligung umzuwandeln. So wäre sichergestellt, dass die Gelder von Klöckner „nicht gestohlen" würden. Im Anschluss an die Demonstration wurde Staatssekretär Georg von Waldenfels in der Staatskanzlei eine Petition überreicht.

Das Ringen um die Maximilianshütte ging indes weiter. Anfang November 85 machte Bayerns Justizminister Gustl Lang anlässlich eines Besuches in Teublitz klar: „Die Maxhütte ist das Rückgrat der Wirtschaft in der Oberpfalz." Gleichzeitig wurden im bayerischen Kabinett Überlegungen laut, Zuschüsse an die Maxhütte zurückzufordern. Ministerpräsident Strauß machte am 12. November 85 noch einmal deutlich: „Die Staatsregierung wird auch weiterhin der vorgeschlagenen Stilllegung des Kaltwalzwerkes nicht zustimmen." Maxhütte-Vorstandssitzender Dr. Joachim Oberländer ließ jedoch keine Zweifel aufkommen. Das Kaltwalzwerk könne „weder heute noch in Zukunft" der Betriebsteil sein, der negative Ergebnisse aus dem Profilbereich ausgleichen könne. Dabei präzisierte er: „Es trifft nicht zu, dass das Kaltwalzwerk in Haidhof Gewinne einfährt."

Anfang Dezember forderte die bayerische Staatsregierung Klöckner und die Maxhütte dennoch auf, den Verkauf rückgängig zu machen und die anstehenden Investitionen anders zu finanzieren. Mitte Januar 1986 appellierte MdL Dionys Jobst an den Klöckner-Konzern: „Wenn das Kaltwalzwerk schon nicht auf Dauer weiterbetrieben werden kann, sollte es zumindest für eine Übergangszeit bestehen bleiben, solange keine enormen Investitionen nötig sind."

Diese „moralische Verpflichtung" habe Klöckner, denn zu den 750 Arbeitsplätzen gebe es keine Alternative, „auch nicht mit der WAA". Einen Zusammenhang zwischen WAA und Kaltwalzwerk wollte Jobst nicht erkennen.

MH-Betriebsratsvorsitzender Schäffer sah das anders: „Es kommt immer deutlicher zum Ausdruck, die Maxhütte, sprich das Kaltwalzwerk, wird für die WAA notgeschlachtet." Ministerpräsident Albrecht habe seine Georgmarienhütte halten können, während die Oberpfalz die WAA bekommen habe.

Die terminliche Abwicklung der Stilllegung des KWW gab Schäffer wie folgt an: Am 31. Juli werde die erste Schicht abgebaut, was 122 Belegschaftsmitglieder betreffe, zum 30. November würden weitere 84 Belegschaftsmitglieder folgen, dann 277 zum 31. Dezember und 95 zum 31. März 1987.

Die Bundesregierung machte auf eine Anfrage von MdL Dionys Jobst noch einmal klar, dass sie nicht in Unternehmensentscheidungen eingreifen wolle. Dies gelte auch für den Termin der geplanten Stilllegung des KWW. Nach Auskunft der Klöckner-Werke, so teilte der parlamentarische Staatssekretär im Wirtschaftsministerium mit, sei diese Entscheidung wirtschaftlich notwendig.

Auch der Freistaat Bayern blieb hart. Bayerns Wirtschaftsminister Anton Jaumann erklärte, er bleibe bei seinem Nein zu einer Staatsbeteiligung der Maxhütte. Der Freistaat werde den Klöckner-Konzern nicht aus der Verantwortung für das Werk in der Oberpfalz entlassen.

Wirtschaftsfachmann Gerd Otto (MZ) stellte die Vermutung in den Raum: „Bleibt die Oberpfalz Stahlstandort?“ Eines war allen klar: Wenn in nächster Zeit keine Hilfe von außen kommen sollte, wäre das Unternehmen verloren. Noch einmal begehrten die Verteidiger der Maxhütte auf.

Bei einem Demonstrationszug und einer Protestkundgebung auf dem Teublitzer Marktplatz versuchten sich rund 4.000 Teilnehmer gegen die drohende Katastrophe zu wehren. Betriebsratsvorsitzender Schäffer sprach von einer Tragödie, die sich in der mittleren Oberpfalz anbahne. Die Hauptzielrichtung aller Angriffe galt der bayerischen Staatsregierung.

Dagegen wehrte sich der bayerische Ministerpräsident vehement. In einem Schreiben an MdB Wolfgang Sieler (SPD) wetterte F. J. Strauß: Die Beteiligung des Staats an der Maxhütte als „allein seligmachende Lösung“ zu preisen könne nur zwei Gründe haben. Entweder man hänge immer noch dem „Irrglauben“ an, dass ein verstaatlichtes Wirtschaftsunternehmen bessere wirtschaftliche Chancen habe als ein privat geführtes oder man versuche den falschen Eindruck zu erwecken, die Staatsregierung tue nichts für die Maxhütte.

Mit dem Rücken zur Wand

„Alle Jahre wieder: ‚Christbaumterror' bei der Maxhütte" titelte die MZ am 6. Dezember 1986. Der Vorstand des Unternehmens hatte mitgeteilt, für 1987 wieder Betriebsurlaub einzuführen, was bedeutete, dass weitere 260 Belegschaftsmitglieder im gesamten Maxhütten-Bereich abgebaut werden sollten. Der bayerische Staatssekretär für Wirtschaft und Verkehr, Dr. von Waldenfels, blickte trotzdem optimistisch in die Zukunft. Mit dem Erlös aus dem geplanten Grundstücksverkauf werde die Maxhütte das Wirtschaftsjahr 1986/87 in den Griff bekommen. Die Maxhütte sei ein durchaus überlebensfähiges Unternehmen. Allerdings, so von Waldenfels, müsse sobald wie möglich ein tragfähiges Gesamtkonzept vorgelegt werden. MZ-Wirtschaftsexperte Gerd Otto sah das Schreckgespenst vor sich: „Dieser Raum steht in der Tat mit dem Rücken zur Wand. Arbeitslosenquoten von 25 bis 30 % wären die Konsequenz, sollte die Maxhütte über die Klinge springen."

Der Freistaat wollte sich nichts vorwerfen lassen und war bereit 52 Millionen DM für den Kauf von Maxhütte-Grundstücken auszugeben. Aber, so machte Ministerpräsident Franz Josef Strauß höchstpersönlich klar, müsse es der Maxhütte auf Dauer gelingen, ihre Kostensituation zu verbessern. Die „Umstellung auf Elektrolyse, um in stärkerem Maße Schrott verwenden zu können", sei dringend notwendig. Dabei war sich der bayerische Ministerpräsident der Brisanz der Lage durchaus bewusst. Die mittlere und nördliche Oberpfalz brauche dringend Ersatzarbeitsplätze, wenn die Maxhütte und ihre Zulieferfirmen in die Tiefe gerissen würden.

14 katholische Priester aus dem Dekanat Sulzbach-Rosenberg dankten Ministerpräsident Franz Josef Strauß vorab für seinen Einsatz um den Erhalt der Maxhütte. Auch Regierungspräsident Karl Krampol hoffte, dass die Maxhütte, „wenn auch nicht in ihrem jetzigen Umfang, so doch in ihrer Substanz" gerettet werden könne. Bestünden allerdings längerfristig keine Chancen für das Weiterbestehen der Maxhütte, so Krampol, würde er „einen schnellen Tod für die Entwicklung der Oberpfalz für günstiger halten".

Am 29. Januar 1987 wurde der Ankauf von Grundstücken der oberpfälzer

Auch auf dem Münchener Marienplatz wurden Unterschriften für den Erhalt des Stahlstandortes Haidhof gesammelt. Mit dabei: Die Bürgermeister des Städtedreiecks Humbs (links) und Lenk (Mitte).

Maxhütte durch den Freistaat Bayern zum Preis von 52 Millionen DM rückwirkend gebilligt.

Auch war es dem bayerischen Ministerpräsidenten gelungen, die Maxhütte erneut in das Papier der Bonner Koalitionsvereinbarungen aufzunehmen, mit dem Ziel, „dass der Erhaltung des Oberpfälzer Stahlstandortes als bundespolitisches Ziel vorrangige Bedeutung beigemessen wird".

Auf Sparkurs trimmte die Unternehmensleitung schon mal ihre Arbeiter, in dem sie 50.000 DM strich, wodurch der Maxhütte-Werkverkehr zum Erliegen kam. Außerdem ließ Dr. Gienow, Vorstandsvorsitzender der Klöckner-Werke AG, mitteilen, dass im 24-Monate-Zeitraum zwischen Sommer 1986 und Sommer 1988 die Hälfte der rund 4.000 ins Auge gefassten Arbeitsplätze des Stahlkonzerns auf Seiten der Maxhütte abgebaut werden müsste. Damit, so Gienow, folge man nur dem Beispiel der anderen Unternehmen, zumal die Maxhütte auf dem Gebiet des Personalabbaus „eher Nachholbedarf" habe. Der Stahlexperte der bayerischen Landesgruppe der SPD-Bundesfraktion, sprach daraufhin von „drohender Massenarbeitslosigkeit in der mittleren Oberpfalz in einem nicht gekannten Ausmaß".

Betriebsratsvorsitzender Heinrich Schäffer sah sich erneut getäuscht von der Unternehmensführung. Fast alle Investitionen seien, so Schäffer, „wieder einmal konzernpolitischen Machenschaften zum Opfer gefallen".

Bei den Arbeitern der Maxhütte sorgte der angedrohte massive Arbeitsplatzabbau für Angst und Ungläubigkeit. „Alle fühlen sich allein gelassen", war in einer örtlichen Zeitung zu lesen. Und: „Eine gedrückte Stimmung liegt über der Stadt."

Die Betriebsräte, der 1. Bevollmächtigte der IG Metall Walter Meyer, Landrat Hans Schuierer sowie die Bürgermeister des Städtedreiecks Stefan Bawidamann, Rudolf Lenk und Hubert Humbs waren sich trotzdem einig, dass man den Kopf nicht in den Sand stecken dürfe. Bürgermeister Lenk unterstrich, dass seiner Meinung nach eine Staatsbeteiligung die Schließung des Kaltwalzwerkes verhindert hätte. Die einzige Chance bestehe nun darin, die leerstehenden Hallen den Firmen anzubieten.

Kein Tag verging ohne Maxhütte-Meldung. Am 27. März 1987 teilte der Betriebsrat mit, dass er von der Unternehmensleitung die Namen der ersten 104 Belegschaftsmitglieder erhalten habe, die nach den jüngsten Schrumpfungsplänen zur Entlassung anstünden.

In seiner Ausgabe vom 4./5. April 1987 meldete die Mittelbayerische Zeitung: „Das Herz der Maxhütte, das Kaltwalzwerk in Haidhof existiert nicht mehr. 720 gewinnbringende Arbeitsplätze sind damit vor allem für das Städtedreieck verloren; alle Demonstrationen, alle Resolutionen, all die zahllosen Sondersitzungen waren umsonst." Mit hängenden Köpfen hatten die letzten Arbeiter die heimische Stahlproduktionsstätte verlassen.

Seit 1. April 1987 wurden nur noch Restarbeiten in den Hallen des KWW erledigt. Die Arbeiter waren verzweifelt. G. F. aus Münchshofen sprach es offen aus: „Man wacht nachts auf und beginnt darüber zu grübeln, wie es weitergehen wird." Reporter Ralph Kleiner beobachtete die gespenstische Szenerie: „Leere Waggons auf den Schienen zum Werk. Die Weichen führen auf´s wirtschaftliche Abstellgleis."

Die Angst vor wirtschaftlicher Not beschäftigte die Arbeiter der Maxhütte und ihre Angehörigen. Dabei ernährte die Maxhütte einst 3.000, 4.000 Arbeiter – und ihre Familien. Größere Anschaffungen wurden verschoben. Der Pulsschlag aus Stahl – er drohte zu verstummen.

Bischof Manfred Müller forderte angesichts der prekären Situation die Pfarrgemeinden auf, vermehrt für die betroffenen Familien zu beten.

Während IG Metall und Betriebsrat zu einer „Woche der Unruhe“ gegen die befürchteten Entlassungen aufriefen, betonte Bayerns Ministerpräsident F. J. Strauß noch einmal, der Freistaat werde auf keinen Fall erlauben, „dass die Maxhütte den Interessen des Klöckner-Konzerns geopfert wird“.

Am Gründonnerstag, den 16. April 1987, schlug die Nachricht wie eine Bombe ein. Die Maxhütte hatte Konkurs angemeldet. Um 16 Uhr stelle das Stahl-Unternehmen wegen Zahlungsunfähigkeit Konkursantrag beim Amtsgericht Amberg. Mit diesem vom Aufsichtsrat der Maxhütte und der bayerischen Staatsregierung unternommenen Schritt waren alle bisherigen Gesellschafter der Maxhütte, auch der Klöckner-Konzern, „draußen vor der Tür“. Landrat Dr. Hans Wagner erklärte: „In dieser prekären Situation war es praktisch die einzige Möglichkeit, um die Maxhütte von Klöckner loszueisen und von ihrer Schuldenlast (700 Millionen DM) zu befreien.“

Den Arbeitern der Maxhütte stand die Sorge um ihre Arbeitsplätze ins Gesicht geschrieben.

Die Produktion sollte indessen nahtlos fortgeführt werden. Ministerpräsident Strauß habe den zuständigen Ministern nach einer Sondersitzung die Order gegeben, dafür zu sorgen, dass möglichst viele Arbeitsplätze am Stahlstandort erhalten bleiben und die Eisenwerkgesellschaft auf eine solide Basis gestellt werde. Dafür sollten 250 Millionen Mark an Krediten der Landesbank für Aufbaufinanzierung zur Verfügung stehen. Als Konkursverwalter sollte der Düsseldorfer Anwalt Heinrich von der Beek die Strippen ziehen. Jede Maßnahme musste mit ihm abgesprochen werden. Von der Beek hatte eine 22-jährige Erfahrung im Stahlhandel vorzuweisen. Der bayerische Innenminister August Lang jubelte:

Die Gefahr, dass der Klöckner-Konzern die Maxhütte total ausbluten, die Arbeitsplätze selbst abbauen und die Stahlquote für eigene Betriebe anrechnen lasse, sei nun vom Tisch.

Der Klöckner-Konzern war nach eigenen Angaben „völlig überrascht" worden vom Konkurs-Antrag und sah auch im Nachhinein keine Veranlassung für einen solchen Schritt.

Hayek kommt ins Spiel

Bischof Manfred Müller verkündete die frohe Osterbotschaft: Ostern lasse die Nacht des Untergangs hinter sich und setze das große Zeichen der Hoffnung.

Vier Tage nach dem Konkursantrag führte Konkursverwalter Heinrich von der Beek bereits erste Gespräche mit der bayerischen Staatsregierung über eine Aufrechterhaltung des Betriebes und die Gründung einer Auffanggesellschaft. Das Problem: Es waren gewaltige Altlasten zu tilgen.

Ende April 87 präsentierte der Konkursverwalter den Gläubigerbanken sein Konzept zum Start einer Auffanggesellschaft. Die Kreditinstitute planten einen Pool, um alle erforderlichen Transaktionen abzuwickeln.

Mit einer „Arbeitsplatzwache" vor den Toren der Maxhütte wollten die Beschäftigten des Stahlwerks von 27. April bis 3. Mai ihre Bereitschaft zum Kampf um ihre Arbeitsplätze dokumentieren. Die Zeitschrift „lokal" gab die Stimmung der Eisenwerker wieder: „Was uns bleibt ist die Hoffnung!"

Bayerns Wirtschaftsminister Anton Jaumann kündigte eine großzügige Bürgschaftspolitik zur Absicherung von Forderungen an und taxierte den Kapitalbedarf für eine langfristige Lösung des Problems Maxhütte auf ca. 310 Millionen Mark. Dafür sollte auch der Bund mit zur Kasse gebeten werden. 30 Millionen Mark würden auf die Soziallasten entfallen, 80 Millionen für die Weiterführung des Betriebes ausgegeben und rund 200 Millionen sollten in zwei Elektroöfen investiert werden, um mit italienischen Miniwerken konkurrieren zu können. Mit ersten Kündigungen bei der Maxhütte in Konkurs (i.K.) rechnete man zum 30. April. Es werde, so hatte Jaumann angekündigt, nötig werden, „den Mitarbeiterstamm von 4.500 auf 3.000 abzuschmelzen". Darüber zeigte sich der bayerische Bezirksleiter der IG Metall, Eduard Schleinkofer, wenig überrascht. Wichtig sei, so Schleinkofer, dass die Fortführung des Betriebs und die nötigen Investitionen gewährleistet würden. Bei den 1. Mai-Kundgebungen war die Maxhütte Hauptthema. Trotz sonnigen Frühlingswetters verzichteten hunderttausende Arbeitnehmer in ganz Bayern auf die traditionellen Ausflüge, um am Tag der Arbeit zu demonstrieren. Den Bundeswirtschaftsminister beeindruckte das keineswegs. Er machte Anfang Juni 87 klar, dass er „keine müde Mark" für die Erhaltung unsicherer Arbeitsplätze auszugeben gedenke.

Inzwischen war die Züricher Firma Hayek damit beauftragt worden, ein Alternativkonzept für eine mögliche Weiterführung des in Konkurs befindlichen Unternehmens Maxhütte aufzuzeigen. Dabei sickerte durch, dass man offensichtlich mit einer Stilllegung des Rohrwerks und einer Mini-Stahlkonzeption mit einer maximalen Belegschaft von 1.450 Arbeitnehmern plane.

Im Zuge des Maxhütte-Konkursverfahrens hatten die knapp 300 Mitarbeiter der Erzgrube Leonie von Konkursverwalter von der Beek „Hausverbot bekommen". Lediglich Reparaturarbeiten durften noch verrichtet werden.

Ende Mai 87 fühlte der bayerische Ministerpräsident F. J. Strauß in Bonn wegen der Maxhütte vor. Er hielt es für eine „Pflicht der Bundesregierung, zum Erhalt des Stahlstandortes Maxhütte beizutragen". Eine Verstaatlichung lehnte er erneut ab, da dadurch, so der Ministerpräsident, „keine Tonne Stahl mehr verkauft" würde.

Bei der Gläubigerversammlung Mitte Juni 87 in Amberg sprach die Versammlung dem bisherigen Konkursverwalter Heinrich von der Beek das Misstrauen aus. Sein Nachfolger sollte Dr. Jobst Wellensiek werden. Alles lief nun auf das von Minister Jaumann initiierte Hayek-Modell mit einer Investitionssumme von 400 Millionen DM hinaus. Wellensiek hatte unter anderem bei der Sanierung der Neff-Werke (AEG) und beim Anschlusskonkurs der Korf-Holding (Badische und Hamburger Stahlwerke) Erfahrungen gesammelt.

Vom Tisch war damit auch das sogenannten Oberländer-Konzept mit 3.200 Beschäftigten, neuen E-Öfen und einer breiten Produktpalette. Heidemarie Sander fasste für die Mittelbayerische Zeitung die Veranstaltung so zusammen: „Die Zeit verrinnt und die Risiken nehmen zu."

Der Wirtschaftsminister der Bundesrepublik Deutschland, Martin Bangemann (FDP), drohte der bayerischen Staatsregierung schon mal ein Vorgehen mit aller Härte an, sollte sie Maßnahmen zugunsten der Erhaltung der Maxhütte beschließen.

Inzwischen hatte der Betriebsratsratsvorsitzende des Werkes Haidhof, Heinrich Schäffer, ein eigenes Konzept für die Maxhütte neu ausgearbeitet, um auch diesen Stahlstandort erhalten zu können. Die „Neue Konzeption" für das Gesamtunternehmen sah nämlich für Haidhof lediglich noch Konti II und Konti III vor, was, so Schäffer, „unweigerlich den Tod dieses Werkes zur Folge" gehabt hätte. Schäffer dagegen forderte einen E-Ofen, eine Stranggießanlage, sowie Konti II und Konti III für Haidhof. Sein Konzept wurde über das bayerische Wirtschaftsministerium an die Schweizer Unternehmensberaterfirma Hayek zur Prüfung weitergereicht, unterstützt von den Bürgermeistern und Stadtratsfraktionen des Städtedreiecks.

Bayerns Wirtschaftsminister Lang erklärte mit Blick in die Zukunft, „ein zweites Abenteuer Maxhütte" werde es nicht mehr geben. Eine neue Konzeption müsse „über das Jahr 2000 hinaus" tragen.

Noch im Juli sollte die Entscheidung über die Maxhütte fallen. Die Zukunft der Oberpfälzer Maxhütte war zentraler Punkt eines Geheimtreffens, zu dem der bayerische Ministerpräsident und Bundeswirtschaftsminister Bangemann zusammenkamen. So oder so – der Freistaat musste nun Farbe bekennen. Die Mitteilung begann vielversprechend: „Wir bevorzugen eindeutig die mittlere Oberpfalz vor allen anderen Gebieten Bayerns ..."

Im Werk herrschte Enttäuschung, Wut und tiefe Resignation.

Doch die folgende Entscheidung des bayerischen Staatskabinetts zur Sanierung der Maxhütte i.K. löste ein politisches Beben aus. 3500 Beschäftigte in der Oberpfalz sollten demnach in den kommenden Jahren ihren Arbeitsplatz verlieren. Mit nur 1.000 Mann (insgesamt) sollte die Auffanggesellschaft, so die Mitteilung, profitabel arbeiten können. Dies bedeutete: Entweder einen reinen Stahlverarbeitungsbetrieb oder aber ein Werk mit E-Öfen und eventuell eine Kooperation mit dem österreichischen Konzern Voest. Zugleich sollte der Doppelhaushalt für Strukturmaßnahmen um 100 Millionen DM aufgestockt werden.

Der Haidhofer Betriebsrat zeigte sich tief enttäuscht, bezeichnete das Sanierungskonzept als eine „Sterbehilfe“ und warf der Staatsregierung vor, wieder einmal ihr Versprechen gebrochen zu haben. Die Unternehmensberaterfirma Hayek, so die Arbeitnehmervertreter, hätten genau das vorgelegt, was man von ihr erwartet habe.

An den Werkstoren herrschte Enttäuschung, Wut und tiefe Resignation: „Wo sollen wir denn jetzt Arbeit finden, wo es doch sowieso schon so viele Arbeitslose gibt?“ Über die Zukunft der Maxhütte, speziell des Werkes Haidhof, machte sich kaum jemand Illusionen. „Bei 1.000 Leuten insgesamt ist es aus mit Haidhof“, zeigten sich viele Arbeiter resigniert. Andere vermuteten Zusammenhänge. „Die Region wird ausgeblutet, um den Anti-WAA-Kurs im Städtedreieck zu bestrafen“, so ein 25-jähriger Maschinenschlosser.

Burglengenfelds Bürgermeister Stefan Bawidamann (CSU) zeigte sich fassungslos über die „rigorose Kürzung der Arbeitsplätze“. Das habe er auch dem Wirtschaftsministerium gegenüber telefonisch zum Ausdruck gebracht. Teublitz' Bürgermeister Rudolf Lenk sprach von einem „Tiefschlag für die Region“. Mit dem Verkauf des Kaltwalzwerkes sei die Schließung des Werkes bereits vorprogrammiert worden. Auch Maxhüttes Bürgermeister Hubert Humbs musste eingestehen: „Ich glaube nicht, dass der Standort Haidhof noch eine Chance hat bei 1.000 Beschäftigten.“ Humbs forderte umgehende Aufklärung über die Zukunft des Werkes.

Eine Woche nach der Hiobsbotschaft machte der bayerische Innenminister und oberpfälzer CSU-Bezirksvorsitzende Lang den entlassenen Beschäftigten der Maxhütte Hoffnung. In den kommenden fünf Jahren sollten, so prognostizierte Lang, in der Oberpfalz 5.000 neue Arbeitsplätze geschaffen werden. Der Innenminister: „Ich bin optimistisch, dass dieses Ziel erreicht werden kann." Wirtschaftsminister Jaumann und Ministerpräsident Strauß höchstpersönlich führten bereits Gespräche mit Unternehmensleitungen der Industrie. Betriebsansiedelungen würden mit höchsten staatlichen Förderungen eingeleitet.

Die Arbeitnehmer der Maxhütte und ihre Angehörigen blieben skeptisch. Die Mittelbayerische Zeitung titelte am 13. Juli 1987: „Ist Maxhütte weg, wird Städtedreieck zum Geisterfleck." Rund 2.000 Besucher kamen

Sternmarsch durch Burglengenfeld.

zur Kundgebung der IG Metall ins Maxhütter Festzelt. Eduard Schleinkofer sprach von einem „Todesurteil für die Maxhütte". Er forderte alle Verantwortlichen auf, die „Karten offen auf den Tisch zu legen" und verlangte für die betroffenen Arbeiter und ihre Familien „keine Sterbe-, sondern eine wirksame Überlebenshilfe".

Am 15. Juli protestierten mehr als 15.000 Menschen in Sulzbach-Rosenberg mit Arbeitsniederlegungen, Sternmärschen, einer Resolution an den bayerischen Landtag und einer Großkundgebung gegen die drohenden Massenentlassungen. Ein betroffener Stahlwerker: „Denen in München sollen die Ohren hallen." Zwischen 5.000 und 7.000 Teilnehmer reihten sich in einen Sternmarsch ein, der durch die Städte Maxhütte-Haidhof, Teublitz und Burglengenfeld führte, ein Fußmarsch von fast 20 Kilometern. Sie alle

Demonstrationen gegen „Klöckner, Kapital und Bosse".

folgten dem Aufruf des Betriebsrates, des von der Schließung bedrohten Werkes Haidhof und anderer Organisationen. Neben den drei Bürgermeistern reihte sich auch Landrat Hans Schuierer in den Zug der Marschierenden ein und zeigte sich so solidarisch mit den Arbeitern der Maxhütte. Aus Solidarität mit ihnen blieben auch fast alle Geschäfte während der Kundgebungen geschlossen. Am Marsch nahmen neben Vertretern der Kirche auch Kinder aus dem Städtedreieck teil.

„Gebt uns Zukunft!", lautete das Transparent des evangelischen Kindergartens Maxhütte. Maxhüttes Bürgermeister Hubert Humbs rief unter dem Beifall der Demonstrationsteilnehmer aus: „Zorn und Ohnmacht können einen befallen, wenn man an den Hallen des Kaltwalzwerkes vorbeikommt und damit rechnen muss, dass es in Kürze im gesamten Werk so aussehen kann." Mit dem Hayek-Konzept, so Humbs, werde man sich nicht abfinden. Maxhüttes Bürgermeister: „Wir kennen die Leistungsfähigkeit des Werks und den Arbeitswillen unserer Leute – wer kennt dagegen diesen Hayek?" Das „Irrsinnsprojekt mit der Stilllegung von Haidhof" müsse vom Tisch.

Am 21. Juli 1987 betete Pfarrer Max Seufferlein, Vertreter der evangelischen Landeskirche, auf dem Werksgeländes des Eisenwerkes in Haidhof mit rund 3.000 Beschäftigten für den Erhalt der Arbeitsplätze. Seufferlein zeigte sich empört: „Die menschliche Würde wurde den Wirtschaftsinteressen untergeordnet. Die Mächtigen sehen mehr auf den Erhalt ihrer Macht als auf den durch ihr Handeln betroffenen Menschen." Die katholische Kirchenleitung in Regensburg hatte Diözesan-Präses Konrad Seidl als Mit-Zelebranten entsandt. Auch der evangelische Geistliche von Maxhütte-Haidhof, Volker Dörrich, zeigte sich mit den Arbeitern solidarisch: Tausende Menschen und deren Familien, so Dörrich, stünden vor dem Abgrund.

Den Burglengenfelder Gymnasiasten war, im Gegensatz zu anderen Schulen des Städtedreiecks, eine Beteiligung am ökumenischen Gottesdienst im Eisenwerk verboten worden.

Entscheidung längst getroffen?

Betriebsratsvorsitzender Heinrich Schäffer weckte bei den Arbeitern zum Schluss des Gottesdienstes noch einmal Hoffnung. Er habe, so Schäffer, bei seinen Gesprächen in München nachgewiesen, dass die Maximilianshütte auch mit weitaus mehr Beschäftigten auf eine sichere und dauernde Grundlage gestellt werden könne als dies im Hayek-Konzept vorgesehen sei.

Das von Bayerns Wirtschaftsminister Anton Jaumann befürwortete und von dem Schweizer Gutachter Nicolas Hayek erarbeitete Konzept zur Sanierung der Maxhütte bei starkem Personalabbau war im bayerischen Landtag zwischen CSU und Opposition heftig umstritten. Bei einer Sitzung des Haushalts- und Wirtschaftsausschusses im Maximilianeum machte Hayek klar, dass die Verluste der Hütten sogar noch höher seien als allgemein bekannt: „Das ist absolut verheerend, der Patient ist krank!"

Nachdrücklich plädierte der Gutachter deshalb für eine Umstrukturierung der Region hin zu zukunftsträchtigen Technologien, „von der Mikroelektronik bis zur Telekommunikationsindustrie". Der Oberpfälzer SPD-Abgeordnete Dietmar Zierer bezeichnete die Ausführungen des Schweizer Gutachters dagegen „als Plauderei im Kamin-Ton und betriebswirtschaftlich auf Grundschulreife".

Ende Juli 87 plädierten die Ortsvorsitzenden und Mandatsträger der CSU im Städtedreieck dafür, eine Stilllegung des Werkes Haidhof zu vermeiden und Arbeitsplätze in größtmöglicher Zahl zu erhalten. Zudem müssten besondere Anstrengungen unternommen werden, neue Arbeitsplätze in der Region zu schaffen. Die Staatsregierung müsse alles in ihrer Macht stehende dafür tun, um interessierte Betriebe zur Ansiedelung im Städtedreieck zu bewegen.

Eines war den Politikern klar: Die beabsichtigte Durchführung der Variante V des Hayek-Konzepts würde das endgültige Aus für den Stahlstandort Haidhof bedeuten. Bayerns Ministerpräsident F. J. Strauß hatte offenbar längst eine Entscheidung getroffen. In einem Brief an die Bürgermeister des Städtedreiecks schrieb er: „Ich muss Sie leider darauf hinweisen, dass man sich in diesem Raume (der Oberpfalz) – wenn auch aus verständlichen Gründen – über die Verhältnisse in der deutschen und europäischen Stahlwirtschaft falsche Vorstellungen macht."

Es sei nicht möglich, so Strauß, auf jede Tonne Stahl aus Sulzbach-Rosenberg und Haidhof, einen Hundert-Mark-Schein als Subvention dazu zu geben. Dafür beschloss das Kabinett in München ein 50-Millionen-Sozialpaket. Rund 11.000 Mark, ein vierfaches Monatsbruttoeinkommen, sollte jeder Maxhütten-Arbeiter erhalten, dem in den kommenden fünf Jahren gekündigt werde. Außerdem war der Freistaat bereit, zwei Drittel der Altsozialpläne abzusichern.

Indes wurde bekannt, dass der frühere Maxhütten-Konkursverwalter von der Beek für seine zweimonatige Tätigkeit bis zur Abwahl bei der Gläubigerversammlung ein Honorar von 3.483.000 DM erhalten hatte. Heinrich von der Beek rechtfertigte sich: „Ich habe ein hohes persönliches Risiko getragen und beispielsweise noch in der Konkursnacht Material zur Fortführung des Werks bestellt."

Langsam begann man sich in Haidhof auf das Ende einzustimmen. So veranstalteten Betriebsrat und Belegschaft des Eisenwerkes in der Hüttenschänke eine Ausstellung mit dem Titel „Maxhütte gestern und heute - Das Werk Haidhof in Bildern und Produkten". Eine Reihe von Ausstellungsstücken machte die umfangreiche Produktpalette des Werkes Haidhof deutlich: vom einfachen Betonstahl über Feinbleche, Quadrat-, Winkel- oder Flachstahl hochwertiger Qualitäten, Autobauteile, Achsschenkelbolzen bis zu gestanzten Blechteilen für „bekannt Rost resistente Automarken wie Porsche oder BMW". Die Ausstellung zeigte auch deutlich den Leidensweg des Werkes Haidhof auf – vom ehemals stolzen Werk mit 4.000 Beschäftigten bis hin zum Werksteil eines Unternehmens i.K. mit gerade noch 900 Arbeitnehmern.

Vorstellung der Produktpalette der „Maxhütte" in der Hüttenschänke.

Ende September 87 stellte MH-Betriebsratsvorsitzender Schäffer die Frage nach den Verantwortlichen der Misere und deren Verantwortlichkeit. Schäffer: „Warum werden diejenigen, die die Menschen in diesem Raum in Not und Elend getrieben haben, warum werden Klöckner und das Management der Maxhütte nicht zur Verantwortung gezogen? Warum wird nicht endlich der Filz bei der Maxhütte beseitigt?"

Die Klöckner-Spitze scherte das wenig. Sie schickte den verhassten Ex-Vorstand der Maxhütte Gienow in die Oberpfalz. Das bayerische Wirtschaftsministerium suchte industrielle Partner für die Maxhütte i.K., um einen Neuanfang zu starten. Wieder einmal stand eine Entscheidung an, dieses Mal über die „Maxhütte neu". Bahnte sich eine Sanierungschance über der Angstmarke von 900 Mann an? Die Presse-Agenturen vermeldeten zu den Sanierungschancen an den Oberpfälzer Standorten: „Das Werk Haidhof wird nach einer Übergangsphase geschlossen werden ...", auch wenn Betriebsratsvorsitzender Schäffer gebetsmühlenartig wiederholte:

„Haidhof wäre als Verarbeitungsbetrieb bei reellen Preisen für Vormaterialien durchaus aus eigener Kraft lebensfähig."

Gut ein halbes Jahr nach dem Konkursantrag wurden bei der Maxhütte die Weichen hin zu einer „Nordschienen"-Lösung gestellt. Mit den sechs Stahlkonzernen Thyssen Stahl AG, Thyssen Edelstahlwerke, Saarstahl Völklingen GmbH, Kruppstahl AG, Klöckner Stahl GmbH und den Mannesmann Röhrenwerke AG wollte der Freistaat Bayern die Auffanggesellschaft „Maxhütte neu" gründen. Als Stammkapital waren 90 Millionen DM vorgesehen. Die Beteiligung des Freistaates sollte bei 30 % liegen.

„Es ist das bitterste Gespräch, das ich bisher in meiner politischen Laufbahn geführt habe", berichtete MdL Dietmar Zierer über seine Aussprache mit Staatssekretär Zeller. Das Thema: Der Maxhütte-Standort Haidhof. Staatssekretär Zeller hatte keinen Zweifel gelassen, dass Haidhof geschlossen werde. Lediglich der Zeitpunkt der Schließung war auf einen Zeitraum von zwei bis drei Jahren hinausgeschoben worden. Der von Zierer vorgebrachte Vorschlag, das Werk Haidhof als Treuhandlösung weiterzuführen, wurde abgelehnt. Einziges Zugeständnis der Staatsregierung: Man wollte bei Neuansiedelungen von Unternehmen eine noch stärkere staatliche Unterstützung gewähren.

Maxhüttes Bürgermeister Hubert Humbs bezeichnete die Nachricht von der Stilllegung als die „traurigste, die wir jemals erhalten haben".

Burglengenfelds Bürgermeister Heinz Karg protestierte: „Mit dieser Entscheidung können und wollen wir uns nicht abfinden." Von den oftmals versprochenen Ersatzarbeitsplätzen, so Karg, sei bisher leider nichts zu sehen. Auch der Maxhütter Stadtrat wollte die „beabsichtigte Totalstilllegung" nicht hinnehmen, da sie, so die Stadträte, einen „katastrophalen und folgenschweren Eingriff in unsere ohnehin angeschlagene Wirtschafts- und Arbeitsmarktstruktur" bedeute. Außerdem würde sie „unzählige, harte persönliche Schicksale von betroffenen Familien mit sich bringen". Das könne niemand verantworten.

Die Haidhofer Belegschaft fühlte sich „zum zweiten Mal innerhalb kurzer Zeit von der bayerischen Staatsregierung verraten und verkauft". Nach dem „Verscherbeln des Kaltwalzwerkes", so erklärten IG Metall-Bevollmächtigter

Walter Meyer und Betriebsratsvorsitzender Heinrich Schäffer, solle nun das gesamte Werk Haidhof bis zum Dezember 1989 stilllegt werden.

Noch einmal wollten die Arbeiter der Maxhütte ein Zeichen setzen. Nach einer Protestveranstaltung in der Werkshalle standen für zwei Stunden auch in Haidhof die Räder still.

Kurz vor Weihnachten 87 bekundete auch der Regensburger Bischof Manfred Müller seine Sorge um die Arbeitnehmer der Maxhütte. In einem persönlichen Brief an Bayerns Wirtschaftsminister Jaumann appellierte Müller, „das Unglück Arbeitslosigkeit für die Menschen in der Oberpfalz doch noch abzuwenden“. Immerhin, so der Bischof, seien die meisten der von der Entlassung bedrohten Arbeitnehmer schon über 40 Jahre alt und hätten damit wohl kaum mehr eine Chance, wieder Arbeit zu finden. Als Kompromiss schlug Bischof Müller vor, den Betrieb in Maxhütte-Haidhof nicht schon in den nächsten zwei Jahren, sondern erst in fünf Jahren still zu legen. In dieser Zeit sollten möglichst viele Ersatzarbeitsplätze geschaffen werden.

Der Haidhofer Betriebsratsvorsitzende Heinrich Schäffer legte zu Beginn des Jahres 1988 nach: Markt und Kunden seien vorhanden, die Auftragsbücher in Haidhof voll – das Ganze rechne sich. Das Werk Haidhof, so mutmaßte Schäffer, solle nur geschlossen werden, „weil es einen lästigen Konkurrenten“ für die Stahlkonzerne darstelle. Professor Dr. Joachim Genosko von der Universität Stuttgart-Hohenheim war in einem Gutachten zu dem Ergebnis gekommen, dass ein selbstständiges Unternehmen mit etwa 640 Belegschaftsmitgliedern (bisher 750) über den Schließungstermin 1989 hinaus arbeiten könne, ohne dass ein Werk entstehe, dass nur auf Subventionen abziele.

Die bayerische Staatsregierung sah das ganz anders. Ein Beharren auf der Erhaltung von Haidhof hätte ein Scheitern des gesamten Sanierungskonzepts der Maxhütte zur Folge. Neuverhandlungen zur Erhaltung von Haidhof seien „illusionär“. Teublitz´ Bürgermeister Rudolf Lenk wehrte sich: Das Werk Haidhof, so Lenk auf der Jahreshauptversammlung des SPD-Ortsvereins, müsse unbedingt erhalten bleiben. Prof. Dr. Genosko, so Lenk, beweise das in seinem Gutachten. Es bestätige eindeutig, dass der Wille zur Erhaltung des Werkes „einfach nicht da ist“.

Noch eine Chance?

Inzwischen war bekannt geworden, dass auch das Berufsbildungszentrum der Maxhütte, das „Paradepferd der beruflichen Ausbildung" im Landkreis Schwandorf, akut gefährdet war: 61 Personen in Erstausbildung, 43 Schweißer in Umschulung, 19 Metallwerker, neun Maschinenschlosser, acht CNC-Technik-Auszubildende und 40 Personen, die einen Industriemeister-Lehrgang absolvierten.

Auch der Weiterbestand des Berufsbildungszentrums war gefährdet.

Bekannt geworden war auch, dass die ausscheidenden Arbeiter der Maxhütte im Schnitt mit 11.000 DM abgefunden wurden, während die Kollegen in Nordrhein-Westfalen rund 50.000 DM erhalten hatten.

Am 26. Januar 1988 war in München eine Vorschaltgesellschaft der geplanten „Maxhütte neu" gegründet worden. Mit diesem Schritt legten Bayern und die großen deutschen Stahlkonzerne Thyssen, Lechstahl, Mannesmann, Klöckner und Krupp den Grundstein für die Gründung eines Auffangunternehmens, das innerhalb von zwei Jahren entstehen sollte.

Am 28. Januar standen im Maxhütte-Walzwerk Haidhof alle Räder still. Die Belegschaft wollte erst dann wieder an die Arbeit gehen, wenn die Stilllegungspläne für Haidhof vom Tisch waren. Der Konkursverwalter wurde aufgefordert, eine sachgerechte Verwertung von Haidhof zu erreichen. Inmitten der Arbeiter: der IG-Metall-Vorsitzende Franz Steinkühler. Die Streikenden, so Steinkühler, kämpften um ihr Recht auf Heimat, auf Zukunft und auf Arbeit. Damit gehe es um den Kern des Sozialstaates.

Der IG Bundesmetall-Vorsitzende Franz Steinkühler versuchte den Stahlarbeitern mit seiner kämpferischen Rede Mut zu machen.

Solange man sich wehre, gab sich Steinkühler in Haidhof kämpferisch, „hat man noch eine Chance zu gewinnen".

Auch Feuerwehren aus Teublitz, Münchshofen, Katzdorf und Maxhütte-Winkerling waren mit Blaulicht und Martinshorn gekommen, um gegen die Pläne zu demonstrieren, das Werk Haidhof dicht zu machen.

Zumindest sollte der Konkurs des oberpfälzischen Stahlwerks Maxhütte ohne Massenentlassungen und soweit wie möglich sozial verträglich abgewickelt

werden. Es sollte auch geprüft werden, ob die Arbeitnehmer des Werkes Haidhof in Sulzbach-Rosenberg über zwei Jahre außerhalb des Stahlbereichs beschäftigt werden können.

Dies war einer der Einigungspunkte, die das bayerische Wirtschaftsministerium nach zweitägigen Verhandlungen zwischen der Staatsregierung, der IG Metall, Maxhütte-Betriebsräten, Konkursverwalter sowie Vorgesellschaft „Maxhütte neu“ bekanntgab.

Daraufhin ging die Belegschaft des Werkes Haidhof wieder an die Arbeit. Betriebsratsvorsitzender Schäffer bezeichnete es als besonders positiv, dass in Bezug auf die Absicherung der Älteren „ein großer Schritt nach vorn“ getan werden konnte. Auch bestünden berechtigte Hoffnungen, dass die Ausbildungswerkstätten erhalten werden könnten. Trotzdem, so Schäffer, sei der Kampf um Haidhof noch lange nicht zu Ende. Die Belegschaft, kündigte Schäffer an, sei jedenfalls bereit, weiter zu kämpfen, falls dies erforderlich sein sollte.

Indes stellte das bayerische Wirtschaftsministerium klar, dass das Gutachten von Prof. Dr. Joachim Genosko zum Weiterbestand des Werkes Haidhof „wesentliche Fragen unberücksichtigt“ lasse. So fehlten Aussagen zum Eigenkapital und Betriebsmittelbedarf. Auf der Basis dieses Gutachtens ließen sich „wohl kaum Gesellschafter für das Werk Haidhof finden“.

Inzwischen bahnten sich Gespräche über die Nutzung des ehemaligen Kaltwalzwerkes an, dessen Hallen leer standen. Ob die Eingangstore in nicht allzu ferner Zeit wieder für Arbeiter geöffnet werden könnten? Die drei Bürgermeister des Städtedreiecks und Landrat Hans Schuierer wollten nichts unversucht lassen und trafen sich mit Vertretern des Wirtschaftsministeriums und der Gläubigerbanken in München. Um Klarheit zu bekommen wollte man ein Gutachten erarbeiten lassen. Die Kosten dafür – eine fünfstellige Summe – teilten sich die drei Städte.

Ein Jahr nach dem Konkursantrag der Maxhütte saß der Schock am Maxhütte-Standort Haidhof unverändert tief – und die Hoffnungen schwanden immer mehr. Die Schließung des Werkes Haidhof rückte immer näher. Zwar hatte Betriebsratsvorsitzender Heinrich Schäffer auf seiner Suche nach einem Ausweg für seine rund 700 von Arbeitslosigkeit bedrohten Kollegen nicht nachgelassen, doch inzwischen musste er auf mehreren Fronten die Interessen der Haidhofer Belegschaft verteidigen. Alternativen zur Maxhütte waren im Städtedreieck vorerst weiterhin nicht in Sicht. Die Hallen des Kaltwalzwerkes standen immer noch leer.

Der bayerische Wirtschaftsminister hatte vor dem Wirtschaftsausschuss des bayerischen Landtags Ende April 88 die wesentlichen Eckwerte des Sanierungskonzepts der Maxhütte genannt, das bis Ende 1989 einen Abbau der Belegschaft von derzeit 3.400 auf 2.000 Mitarbeiter vorsah, mit der anschließenden Gründung von zwei Auffanggesellschaften: 950 Mann im Stahlbereich und 540 für den Röhrensektor. Die 500 Beschäftigten, die bei der „Maxhütte i.K." verblieben, sollten stufenweise bis Ende 1992 ausscheiden, wobei sie im Nicht-Stahlbereich öffentliche und private Aufträge ausführen sollten. Geprüft wurde außerdem, ob in Haidhof die Betonstahlstraße bereits früher, die Stabstahlstraße dafür erst im ersten Halbjahr 1990 stillgelegt werde. Das bedeutete auch, dass die Stilllegung von Haidhof – auch von Arbeitnehmerseite – bis spätestens 1990 akzeptiert war.

Am 3. Mai 1988 vermeldete Wirtschaftsminister Jaumann stolz: „Die Lösung für die Maxhütte steht jetzt!" Die Hüttenwerkslösung für die Gründung einer neuen Maxhütte-Gesellschaft konnte verwirklicht werden. Der Freistaat Bayern beteiligte sich an der neuen Gesellschaft mit 45 %.

Noch keine Entscheidung war hinsichtlich des Erhalts des MH-Berufsbildungszentrums in Haidhof gefallen. Die Stadt Maxhütte-Haidhof war grundsätzlich bereit, die Trägerschaft mit zu übernehmen und so diese wichtige Einrichtung zu erhalten.

Am 7. Juli 1988 gab die IG Metall die zeitliche Reihenfolge der Stilllegungsmaßnahmen und den zeitlichen Fahrplan für den Personalabbau der Maxhütte-Belegschaft bekannt. Nach den Informationen der Gewerkschaft würde am 1. November 1988 der Personalabbau beginnen. 78 Arbeiter sollten aufhören, wenn eine Produktionsschicht der Betonstahlstraße Konti III in Haidhof abgebaut wurde. In Haidhof sollte die Kapazität der Betonstahlstraße um 6.400 Tonnen im Monat zurückgefahren werden und im Profilwalzwerk Rosenberg der Drei-Schicht-Betrieb eingeführt werden, als Vorbereitung für die Stilllegung von zwei Hochöfen.

Zum 31. Dezember 1988 sollte die Stahlforschung eingestellt werden und weitere 33 Mitarbeiter entlassen werden. Die erste große Stilllegungsmaßnahme war für den 1. September 1989 geplant: Die Schließung der Betonstahlstraße Konti III in Haidhof, des Weiteren die Stilllegung des Hochofens Rosenberg, ebenso der Stranggießanlage.

Die Stilllegung der Konti-Straßen brachte einen massiven Arbeitsplatzabbau mit sich.

Am 1. Dezember 1989 sollte es zum Abbau der Produktionsschicht der Stabstahlstraße in Haidhof kommen, gleichzeitig die Produktion in Haidhof von 15 auf zehn Wochenstunden zurückgeschraubt werden.

Der größte Personalabbau war für den 1. Juni 1990 geplant. 950 Arbeiter sollten nach Hause gehen, wenn die Stabstahlstraße Konti II in Haidhof und der zweite Hochofen und ein Konverter in Rosenberg stillgelegt waren.

In den kommenden Wochen sollten Arbeitsplatzangebote an die Mitarbeiter verschickt werden, für die bei der „Neuen Maxhütte" ein Arbeitsplatz zur Verfügung stand.

Knapp vier Monate später zog Konkursverwalter Dr. Wellensiek eine positive Bilanz: „Die Maxhütte ist durchs Nadelöhr!" Die größten Hindernisse bei der Sanierung seien gemeistert. Rund 250 Beschäftigte könnten, so Wellensiek, bis zum 52. Lebensjahr im „Nicht-Stahlbereich" bleiben. 1.180

Stahlarbeiter, die nicht übernommen wurden, schieden mit etwa 84 % des letzten Nettolohns aufgrund staatlicher Hilfen aus. Andere erhielten Abfindungen zwischen zwei und sechs Bruttomonatsverdiensten.

Den bitteren Preis dieser umfangreichen Sanierung musste das Werk Haidhof bezahlen, dessen Schließung 1990 endgültig bevor stand.

MdL Otto Zeitler (CSU) sah bei einer Werksbesichtigung „keine Chance für eine Verlängerung des Betriebs im Werk Haidhof über 1990 hinaus". Zeitler widersprach dem Betriebsratsvorsitzenden Heinrich Schäffer, indem er erklärte: „Das Stabeisenwalzwerk produziert nur deshalb momentan wirtschaftlich, weil alle Kredite der Gläubigerbanken ruhen und so keine Zinslasten drücken."

Jetzt, so Zeitler, solle die Chance genutzt werden, neue innovative Betriebe in Maxhütte-Haidhof anzusiedeln.

Inzwischen war bekannt geworden, dass die Regensburger Speditionsfirma Pöppel das 40.000 Quadratmeter umfassende Kaltwalzwerk als Industriehalle kaufen wolle. Zusammen mit der Firma Schoierer Regensburg wollten die beiden Unternehmen aber nicht selber produzieren, sondern die Fläche an kleinere Firmen mit angeblich 330 Arbeitsplätzen vermieten.

Um die Maxhütte-Entlassenen aufzufangen, gründete Bruno Viertlmeister, Mitglied der evangelischen Landessynode und selbst Sozialpläner, einen Sozialpläner-Treff, um so gemeinsam „Schwierigkeiten leichter zu meistern".

Ende September 1989 liefen die Vorbereitungen für den Gottesdienst aus dem Eisenwerk auf vollen Touren. Scheinwerfer, Kameras, Podeste, Kilometer von Kabeln und vieles mehr wurde von Lastwägen des Bayerischen Fernsehens abgeladen, um im Eisenwerk Haidhof aufgebaut zu werden. Als Altar diente am 30. September ein Maschinentisch, das Lesepult bestand aus Stahlringen. Eingeladen waren Christen aller Konfessionen. Es war die einmalige Chance, einer großen Öffentlichkeit die Nöte und Probleme des geopferten Stahlstandortes Haidhof nahe zu bringen. Das Sterben des Altwerkes der Maxhütte hatte begonnen.

MdB Dr. Dionys Jobst (CSU) hatte sich mittlerweile mit München in Verbindung gesetzt, um Auskunft über die Verhandlungen mit potentiellen

Übernehmern des Kaltwalzwerkes zu erhalten. Ende November nutzte die Würzburger Firma Noell das Maxhütte-Gelände in Haidhof, um Schleusentore für eine Donaustaustufe zu erstellen.

Wie Betriebsratsvorsitzender Schäffer mitteilte, pendelten ca. 200 Beschäftigte aus Haidhof täglich nach Sulzbach-Rosenberg, hin und zurück ca. 140 Kilometer. Schäffer: „Diese Kollegen fahren um 3.30 Uhr früh los um kommen nicht vor 16 Uhr zurück."

Den bayerischen Sozialminister forderte Schäffer auf, die ablehnende Haltung zum Aus- und Fortbildungszentrum in Haidhof aufzugeben, damit das berufliche Bildungszentrum des Werks auch nach dem Jahr 1993 noch Bestand haben möge.

Ende Februar 1990 berichteten Dr. Dionys Jobst und Teublitz´ Bürgermeister Kurt Fink (CSU), dass „noch in diesem Jahr" ein Betrieb in die Hallen des KWW einziehen werde und über 600 Arbeitsplätze schaffe. Jedoch wolle das Unternehmen selbst noch nicht an die Öffentlichkeit treten.

Aufatmen konnte man auch in Sachen Altlasten. Probebohrungen hatten ergeben, dass nicht Millionenbeträge erforderlich wären, sondern ein Betrag von 150.000 Mark.

Das Ende einer 137-jährigen Industriegeschichte

Am Freitag, 29. Juni 1990 war es dann soweit! Der letzte Knüppel verließ den Ofen der Konti II – 137 Jahre Industriegeschichte in Haidhof gingen zu Ende.

Am 9. Juni hatte in der überfüllten ASV-Turnhalle in Burglengenfeld die letzte Betriebsversammlung für die Mitarbeiter des Werkes stattgefunden. Noch einmal trat der Betriebsratsvorsitzende ans Rednerpult. Für viele Männer und Frauen, so Schäffer, sei es „unser Werk" gewesen. Sie hätten gearbeitet und geschuftet, um dieses Werk am Leben zu erhalten und um „damit ihre und die Zukunft ihrer Kinder zu sichern". Für die Arbeitnehmer, so kartete der Betriebsratsvorsitzende nach, sei klar, dass Haidhof nicht geschlossen werde, weil es unrentabel gewesen sei. Wirtschaftliche Überlegungen hätten es verhindert, dass eine Fortführung der Produktion ermöglicht worden wäre. Schäffer: „Nur dem übermächtigen Willen der Belegschaft ist es zu verdanken, dass wir die Zeit bis zum heutigen Tag überstehen konnten."

Auch Konkursverwalter Dr. Jobst Wellensiek nahm an der letzten Betriebsversammlung teil und bescheinigte der Belegschaft, einen offenen und ehrlichen Kampf geführt zu haben, den er soweit wie möglich unterstützt habe.

Nachdem Betriebsratsvorsitzender Schäffer einen oberpfälzer Trachtenhut und einen Gehstock an Dr. Wellensiek überreicht hatte, betonte er zum Schluss: „Der Konkurs der Maxhütte wird als einmaliger Vorgang in die Geschichte der Bundesrepublik eingehen. Den Betroffenen geht ein Stück Heimat verloren." So mancher Arbeiter hatte Tränen in den Augen, als die Eisenwerkskapelle unter Leitung von Ludwig Pinzl die Veranstaltung schloss.

Die Autoren Oskar Duschinger, Dietmar Zierer und Karl Bösl ließen die Geschichte des Maxhütten-Eisenwerkes Haidhof in ihrem Buch „Glanz und Elend der Maxhütte" ebenfalls noch einmal aufleben. Auf 616 Seiten hatten sie Geschichte und Geschichten des Eisenwerkes zusammengetragen, „um künftigen Generationen die Erinnerung an unsere Maxhütte lebendig zu erhalten".

Mit ihrem Buch „Glanz und Elend der Maxhütte" wollten die Autoren die Erinnerung an die Maxhütte für künftige Generationen lebendig erhalten. v.li.n.re: Karl Bösl, Oskar Duschinger, Dietmar Zierer, Verleger Max Krempl.

Auch die Mittelbayerische Zeitung hatte in ihrer Ausgabe vom 28. Juni das Ende angekündigt: „Morgen endet am Standort Maxhütte-Haidhof nach 137 Jahren eine industriegeschichtliche Epoche. Die ‚Neue Maxhütte', die ab 1. Juli nur noch 1.600 Arbeitsplätze bietet, hat für das MH-Stammwerk keine Verwendung mehr ..."

Am 30. Juni 1990 stellte die Maxhütte die Produktion im Werk Haidhof endgültig ein.

In einer Gedenkstunde vor dem Maxhütter Rathaus sollte diesem für das Städtedreieck schmerzvollen Tatsache gedacht werden.

Die drei Bürgermeister des Städtedreiecks, Pfarrer Volker Dörrich, eine Abordnung der Werkskapelle und rund 300 Besucher zeigten noch einmal ihre Verbundenheit mit „ihrem Werk". Wohl und Wehe der Maxhütte hatten stets unmittelbaren Einfluss auf die Städte Maxhütte-Haidhof, Teublitz und Burglengenfeld gehabt.

Die Gedenkstunde vor dem Maxhütter Rathaus wurde von Bürgermeister Heinz Karg aus Burglengenfeld eröffnet. Dieser Moment, so Karg, lasse wohl niemanden kalt. Es lasse sich schwerlich beschreiben, welche Gefühle diese Gedenkstunde in allen Bürgern auslöse. Welche Gefühle müssten erst die Arbeitnehmer empfinden, die Jahrzehnte ihrer Arbeitskraft der Maxhütte zur Verfügung gestellt hätten und nun zum „alten Eisen" abgeschoben würden.

Maxhüttes Bürgermeister Hubert Humbs betonte: Wehmut, Unverständnis und Traurigkeit erfülle alle, wenn sie daran dächten, dass in den nächsten Tagen nicht nur die Hallen im Kaltwalzwerk leer stünden, sondern auch die Betriebsanlagen des Altwerkes. Damit sei ein Lebensnerv dieser Region endgültig kalt gestellt worden.

Er, so Humbs, hoffe auf Gottes Segen, „dass dieser schwere Verlust überwunden und neue Arbeitsplätze geschaffen werden".

Teublitz´ Bürgermeister Rudolf Lenk appellierte an alle, nicht in Resignation zu verfallen. Die Verantwortlichen hätten die Verpflichtung, dafür zu sorgen, dass die Jugend wieder Arbeit finde in der engeren Heimat. Das Beispiel Wackersdorf zeige, so Lenk, dass Industrieansiedelung mit massiver Unterstützung des Freistaates möglich sei.

Die drei Bürgermeister des Städtedreiecks Heinz Karg, Hubert Humbs und Rudolf Lenk (v.l.) bedauerten den schweren Verlust und hofften auf neue Arbeitsplätze.

Hans Seitz, der letzte verbliebene Betriebsleiter des Eisenwerkes, überreichte zum Abschluss an die drei Bürgermeister und an Pfarrer Volker Dörrich ein „letztes Stück gewalztes Eisen" aus dem Werk Haidhof, bevor die Werkskapelle buchstäblich die „letzten Akkorde" in dieser Gedenkstunde setzte. Auch die Werkskapelle war ein Aushängeschild der Maxhütte gewesen und erwies dem Eisenwerk und seinen Beschäftigten endgültig die letzte Ehre.

„Goodbye Konti II" hatte es zuvor schon geheißen im Eisenwerk Haidhof. Die letzten Eisenbahnwaggons waren entladen, das Rohmaterial, die sogenannten „Knüppel" über ein Förderband in den Ofen gelangt.

Während noch die letzten Arbeiten liefen, waren Indonesier in der benachbarten Halle bereits damit beschäftigt, Maschinen abzubauen, die Teile in Container zu verpacken und in ihre Heimat zu verfrachten. Dort sollte, unter anderem mit den Teilen aus Haidhof, ein hochmodernes Stahlwerk entstehen.

In den Brotzeitstunden verabschiedete sich Betriebsratsvorsitzender Heinrich Schäffer von den Mitarbeitern. Die Mittelbayerische Zeitung berichtete: „55 Jahre alte Männer hatten Tränen in den Augen – es ist fürchterlich." Schäffer klagte an: „Mit der Entscheidung, Haidhof stillzulegen, hat sich die Staatsregierung dem Diktat der Stahlbarone gebeugt und ihnen die Marktbereinigung finanziert."

Die zweite Schicht hatte am Donnerstagnachmittag (28. Juni) noch voll gearbeitet; während der Nachtschicht wurde die Produktion eingestellt. Etwa 500 Beschäftigte hatten in Haidhof buchstäblich bis zur letzten Minute geschuftet. Verzweifelt resümierte Schäffer: „Die Leute wollen arbeiten und dürfen es nicht mehr. Sie können es oft noch gar nicht glauben."

Wenigstens war die finanzielle Absicherung der Ausscheidenden in sozialverträglicher Weise erfolgt.

Festakt auf Schloss Theuern: „Es lebe die Maxhütte!"
2.v.li.: Konkursverwalter Jobst Wellensiek.

Bei einem Festakt im Schloss Theuern bei Amberg jubelte Konkursverwalter Wellensiek: „Die Maxhütte ist tot; es lebe die Maxhütte". August Lang, inzwischen bayerischer Wirtschaftminister, meinte sogar: Angesichts der Rettung des Stahlstandortes und der Neuansiedelungen könne man den Raum nur „Aufsteiger der 90er Jahre" bezeichnen. Auch bei einer Pressekonferenz in der Hüttenschänke in Maxhütte-Haidhof hielt Lang mit seiner Zufriedenheit nicht hinter dem Berg.

Zwei Wochen zuvor war mit der Läpple GmbH ein Nachfolgebetrieb für den verwaisten Industriestandort Maxhütte-Haidhof gefunden worden. Nun stellte der Wirtschaftsminister das „Weltunternehmen" Läpple und den vorgesehenen Investitionsumfang auf dem Gelände des ehemaligen Kaltwalzwerkes der Öffentlichkeit vor. Lang: „Wir haben ein Unternehmen gefunden, dem wir vertrauen können." Bei dem Heilbronner Unternehmen mit Stammsitz in Baden-Württemberg und Zweig- sowie Tochterbetrieben in Südafrika, Irland, Italien und Frankreich handelte es sich um eine Firma mit 2000 Angestellten und einem Jahresumsatz von 300 Millionen Mark. Nach Angaben des Ministers sollten bis Ende 1991 rund 440 Arbeitsplätze im neuen Zweigbetrieb Haidhof geschaffen werden. Nur das Problem der Altlasten auf dem Gelände des ehemaligen Kaltwalzwerkes, so der Minister, sei noch zu klären. Doch das betreffe „mit Sicherheit nicht mehr" die Firma Läpple. Auch hinsichtlich des Berufsbildungszentrums in Haidhof (BBZ) gab sich der Minister zuversichtlich: „Wenn die Firma Läpple mitzieht, gehe ich davon aus, dass der Weiterbestand des Ausbildungszentrums gesichert ist."

Auch die „Neue Maxhütte" steht vor der Pleite

Ende Februar 1991 zeugten nur die rußgeschwärzten Fundamente in den riesigen Hallen des Maxhütten-Werkes Haidhof noch davon, dass, so schrieb die Mittelbayerische Zeitung, „hier vor nicht mal zwei Jahren noch Stahl verarbeitet wurde". Rund 110 Mitarbeiter der vom Konkursverwalter eingesetzten Beschäftigungsgesellschaft werkelten noch in den ausgeräumten Hallen, um „letzte Restarbeiten in gespenstischer Leere" zu erledigen.

„Restarbeiten" im Werk Haidhof.

Die „Restarbeiten“ waren in erster Linie Demontage-, Adjustier- und Versandarbeiten, denn im Werk Haidhof lagerten noch 3.000 to Rund-, Profil- und Betonstahl aus der letzten Produktionsphase. Das Material musste noch auf Länge geschnitten und verpackt werden. Die mechanische Werkstätte übernahm zusätzlich Lohnaufträge.

Im Werk arbeiteten nur mehr die Geburtsjahrgänge 1939/40, entsprechend den Vereinbarungen des Betriebsrates, der Werksleitung und der bayerischen Staatsregierung. Bis Mitte 1992 sollten dann auch die letzten dieser Arbeiter bis zum 60. Lebensjahr Arbeitslosengeld erhalten.

Nichts zu tun hatten diese Mitarbeiter der Beschäftigungsgesellschaft mit dem Abbau und dem Abtransport der Walzanlagen des Werks. Die schwedische Firma Monex, die die Walzstraßen gekauft und an einen indonesischen Konzern weitervermittelt hatte, hatte mit 50 Leuten aus dem Bestimmungsland diese Arbeiten selbst durchgeführt, nach Ansicht von Betriebsrat Heinrich Schäffer in Form eines „Radikalabbaus“. So waren „rücksichtslos“ Kräne und Kranbahnen, die nicht direkt zu den Walzstraßen gehörten, demontiert worden.

Die Folge: Bestimmte Hallen waren für mögliche Interessenten kaum mehr zu gebrauchen.

Die Zukunft der „Neuen Maxhütte“ blieb weiterhin ungewiss. Die Überschriften der Gazetten schwankten zwischen Hoffen und Bangen: „Bei Aus für Maxhütte droht Rechtsruck“, „NMH braucht Geld von Bayern“, „Rund um die Maxhütte – Zuversicht überwiegt“, „Freistaat ist zu neuer Liquidität für die Maxhütte bereit“.

Bis die Münchner Tageszeitung „tz“ am 22. Oktober 1992 vermeldete: „Maxhütte vor der Pleite.“ In ihrer kurzen Meldung führte sie aus: „Auch die „Neue Maxhütte“ in der Oberpfalz steht vor der Pleite. Nach einem Gutachten der Unternehmensberatungsfirma Roland Berger ist das Stahlwerk in seiner derzeitigen Struktur auf Dauer nicht lebensfähig ...“

Die Maxhütte-Demonstration im Dezember 1992 in Oberammergau, dem Wohnort des bayerischen Ministerpräsidenten Max Streibl, sollte das Leiden der verbliebenen Maxhütte-Arbeiter in Sulzbach-Rosenberg verdeutlichen – und dieses nahm kein Ende.

Am 16. März 1994 vermeldete die Mittelbayerische Zeitung: „Drohender Konkurs der Maxhütte abgewendet. Aicher übernimmt Verantwortung für Stahlwerk." Gleichzeitig kündigte der Freistaat Bayern an, sich vollkommen aus dem Stahlbereich zurückzuziehen. Weitere 290 Arbeitsplätze sollten der „Maxhütte-Neuordnung" in ein reines Stahlwerk zum Opfer fallen. Ende Oktober 1993 hatte Andreas Schleef, Audi-Vorstandsmitglied im Schattenkabinett der bayerischen SPD, in einem MZ-Interview offen dargelegt: „Die Maxhütte hätte man schon vor Jahren zusperren müssen. Die Stahlindustrie ist eine sterbende Branche."

Im Jahr 2002 war mit der fast 150 Jahre währenden Unternehmenstradition endgültig Schluss: Die Maxhütte in Sulzbach-Rosenberg wurde nach einem zweiten Konkurs geschlossen. Rund 21 Jahre lang hatten Tausende Beschäftigte für ihre Arbeitsplätze gekämpft.

Endstation!

Die Stadt Maxhütte-Haidhof und ihre Identität

THOMAS BARTH

Télémaque Michiels, der Gründer des Eisenwerks, das erst 1853 den Namen des bayerischen Königs Maximilian II. erhielt, glaubte bei seiner Ankunft im Sauforst in ein „Land der Wölfe und Wilden" gelangt zu sein.

Auch wenn 1850 die Region um Burglengenfeld (das Landgericht Burglengenfeld, also der spätere Landkreis Burglengenfeld, der bis 1972 bestand) dünn besiedelt war und mehr schlecht wie recht von einer oft wenig ertragreichen Landwirtschaft lebte, entsprach diese Einschätzung nicht völlig der Wahrheit. Auch vor der Gründung der Maxhütte bestanden hier bereits funktionierende (kommunale) Gemeindeverwaltungen, Gewerbebetriebe und auch Betriebe zur Eisenverhüttung und Verarbeitung.

Von einer „Stunde Null" der Industrialisierung kann kaum gesprochen werden.

Die Grabstätte von Henry Goffard, Gründer des Eisenwerks Maximilianshütte im Jahre 1852, befindet sich auf dem Burglengenfelder Friedhof.

Trotzdem hatte Michiels recht, wenn man in Betracht zieht, dass es oft viel zu viele Handwerker gab, die vom ausgeübten Beruf kaum leben konnten und die Eisenerzeugung in der Oberpfalz spätestens seit dem Beginn des Dreißigjährigen Krieges ihre beste Zeit hinter sich hatte. Michiels und Goffard, die beiden belgischen Gründer der Maxhütte bemerkten dies sehr schnell, als ihnen klar wurde, dass ausgebildete Fachkräfte in der Region kaum zur Verfügung standen.

In der Gerichtsstadt Burglengenfeld lebten viele Bewohner, wenn sie nicht im öffentlichen Dienst tätig waren oder ein Handwerk ausübten, kümmerlich von Mieteinnahmen und dem Ertrag kleiner Felder. Viele brachten sich als Tagelöhner durch.

Auch im ländlichen Umfeld arbeiteten viele Bewohner nur zeitweilig für die Gutsbesitzer von Leonberg, Pirkensee und Teublitz, ohne selbst über größeren landwirtschaftlichen Besitz zu verfügen. In den Quellen erscheinen sie als „Häusler" und „Gütler". Die Kenntnis, dass das frühere Landrichteramt Burglengenfeld Teil des Herzogtums Pfalz-Neuburg gewesen war und erst seit dem Beginn des 19. Jahrhunderts tatsächlich zur Oberpfalz und zum Königreich Bayern gehörte, war um 1850 wahrscheinlich schon wieder in Vergessenheit geraten. Trotzdem blieb ein Punkt unübersehbar: Die adeligen Besitzer der Hofmarken in Teublitz und Leonberg bestimmten das Leben vieler hier ansässiger Menschen, auch wenn die Revolution 1848 zu Reformen geführt hatte.

Gründung der Maxhütte

Die Gründung der Maxhütte veränderte dies von Grund auf: In einem bisher ländlichen Umfeld entwickelte sich ein großer Industriebetrieb, der nicht nur den Alltag der Menschen veränderte. Aus Tagelöhnern und Kleinbauern wurden Industriearbeiter, die sich eine eigene Identität aneigneten. Die heutige Stadt Maxhütte-Haidhof entwickelte das Bewusstsein eine „große Industrie- und Arbeitergemeinde" zu sein; eine Selbstbezeichnung, die bereits 1934 im Stadtrat verwendet wurde.

Dieser Bewusstseinswandel kann auch anhand der Namensgeschichte

Eisenwerk-Gesellschaft
MAXIMILIANS-HÜTTE
bei Burglengenfeld in Bayern
genehmigt durch Allerhöchsten Erlass vom 26. Sept. 185

1853 wurde das Eisenwerk gegründet und zu Ehren des Bayernkönigs Maximilian II. „Eisenwerk-Gesellschaft Maximilianshütte" benannt. Das Werk gab der späteren Stadt den Namen und bestimmte seither ihren Charakter als Industriegemeinde.

der Stadt nachvollzogen werden: Aus Ibenthann wurde die Gemeinde Maxhütte (1938), später die Stadt Maxhütte (1953) und schließlich Maxhütte-Haidhof (1956).

Der größere Teil des neuen Eisenwerks gehörte zur Gemeinde Ibenthann, kleinere Teile zur Gemeinde Meßnerskreith und zu Teublitz. Diese Aufteilung auf mehrere Gemeinden (nach dem 2. Weltkrieg kam auch noch Burglengenfeld hinzu) führte später zu nicht unerheblichen Konflikten bei der Aufteilung der Gewerbesteuer. Größere Gemeinden in der Nähe, wie etwa Leonberg und Pirkensee, gingen allerdings völlig leer aus.

Auch in anderer Hinsicht bereitete die eher willkürliche Aufteilung auf mehrere Gemeinden Schwierigkeiten: Der 1860 gegründete Bahnhof hieß Haidhof, obwohl er zu Meßnerskreith gehörte. Auch aus diesem Grund wurde das Eisenwerk gerne „Werk Haidhof" genannt, obwohl es eindeutig auf dem Gemeindegebiet von Ibenthann lag. Ibenthann selbst stellte nur ein kleines Dorf mit mehreren Bauernhöfen in unmittelbarer Umgebung des sehr viel größeren Leonberg dar. Trotzdem umfasste die Gemeinde Ibenthann zahlreiche Ortsteile (wie etwa Winkerling, Roding, Birkenzell, Deglhof, Haugshöhe, Maxhütte, Roßbergeröd, Steinhof, Strieglhof, Rohrhof), bei denen nicht sofort erkennbar war, dass sie zu Ibenthann gehörten. Für Ortsunkundige bot sich daher ein verwirrendes Bild.

Dazu kam, dass sich die politische Gemeinde Ibenthann immer stärker mit dem Industriebetrieb Maxhütte identifizierte. Andererseits machte dies

Der Bahnhof wurde durch die Bayerische Ostbahn am Ende der 50er Jahre des 19. Jahrhunderts als Teil der Eisenbahnstrecke Nürnberg-Regensburg gebaut, die am 12. Dezember 1859 offiziell frei gegeben wurde.

Wenn es in Maxhütte-Haidhof brannte, rückte die Werksfeuerwehr aus.

auch die Abhängigkeit vom größten Arbeitgeber in der Umgebung klar. Die Maxhütte baute in Eigenregie Straßen, organisierte die Feuerwehr, lieferte in einigen Ortsteilen von Ibenthann und Saltendorf das Trinkwasser (z. B. In Hausgshöhe, Wölland, Augustenhof), richtete die erste Schule im Ortsgebiet ein, damit die Schüler nicht mehr den weiten Fußweg nach Leonberg absolvieren mussten, und stellte mit dem Werksarzt auch eine grundlegende medizinische Versorgung sicher.

Nach dem 2. Weltkrieg kümmerte sich das Werk auch vermehrt um den Neubau von Wohnungen, z. B. in der Regensburgerstraße. Letztlich bedeutete dies aber auch, dass das Eisenwerk mehr oder weniger die Stadtplanung übernahm. Bei der späteren Gemeinde bzw. Stadt Maxhütte handelte es sich oft um einen Industriebetrieb mit angeschlossener Kommunalverwaltung, da im Gegensatz zu Burglengenfeld und auch Teublitz ein gewerbliches Bürgertum (sprich Kaufleute und Handwerker) kaum vorhanden und größere Landwirte in der Unterzahl waren. Meßnerskreith hingegen kann bis zur Vereinigung mit Maxhütte 1956 als ein klein wenig landwirtschaftlicher geprägt bezeichnet werden. Im Streit über die Frage im Jahre 1872, wer für den Unterhalt und den Ausbau der heutigen Bahnhofstraße verantwortlich war, machte das Bezirksamt (also das Landratsamt) Burglengenfeld die Gemeinde Ibenthann unmissverständlich darauf aufmerksam, dass sie und nicht das Werk zuständig war.

Abhängigkeit vom Werk

Die Abhängigkeit der Stadt von der Werksleitung zeigt ein Brief aus dem Jahre 1956: „An den sehr verehrlichen Vorstand der Eisenwerk-Gesellschaft Maximilianshütte AG: Es ist mit Zuversicht zu rechnen, daß auch die neue Stadtvertretung in derselben Weise wie die abgelöste in gegenseitiger Verbindung die Belange der hiesigen Industriestadt meistert." Zugleich baten die Vertreter der Stadt um einen Termin wegen der Gewerbesteuer, von der die Stadt in hohem Maße abhängig war.

Der Vorrang industrieller Bedürfnisse wird am Beispiel des Bergbaus deutlich: Maxhütte als Gemeinde bzw. Stadt litt bis zur Vereinigung mit

Meßnerskreith 1956 unter Platzmangel, da ein Großteil des Gemeindegrunds für Bergbau reserviert war oder der frühere Untertagebau Bergschäden verursacht hatte. In einem Schreiben der Stadtverwaltung vom 02.05.1949 an einen Landtagsabgeordneten hieß es dazu: „Bei der hiesigen Gemeinde handelt es sich um eine ausgesprochene Industrie- und Arbeitergemeinde, wovon die Ortschaft Maxhütte buchstäblich mit Bruchfeldern, Tagebauten und Industriebetrieben umrundet ist, sodass in Maxhütte selbst keine Möglichkeit der Besiedlung und Ausweitung mehr gegeben ist." Noch in der Nachkriegszeit wurde über die Absiedlung von Stadtteilen diskutiert, um bestimmte Tagebaugebiete vergrößern zu können. Ganz selbstverständlich wurde die Straße nach Burglengenfeld in den 50er Jahren aus diesem Grund verlegt.

Helmut Bauernfeind und Anton Bachmann (v.l.n.r.) in der „Austria" unter Tage.

Der Ortsteil Rohrhof, wo nach Angaben der Volkszählung 1950 noch knapp 90 Menschen wohnten (v. a. Heimatvertriebene in Baracken aus dem 2. Weltkrieg) wurde Ende der 50er Jahre zugunsten des Tonabbaus vollständig aufgegeben.

Die Diskussion um eine Umbenennung von Ibenthann begann bereits in den dreißiger Jahren des 20. Jahrhunderts. 1934 bzw. 1935 beschloss der nationalsozialistisch beherrschte Stadtrat eine Umbenennung in Maxhütte-Ibenthann oder Ibenthann-Maxhütte. Ab 1935 verwendete die Gemeindeverwaltung eigenmächtig die Bezeichnung „Maxhütte (Oberpf.)" und ließ dafür sogar neues Briefpapier drucken. Ein älterer Briefkopf hatte 1934 noch die Bezeichnung verwendet: „Gemeinderat Ibenthann (Maxhütte), Maxhütte b. Haidhof, Obpf, den ...“. Nachdem das Innenministerium dieses Vorgehen untersagt hatte, stellte die Gemeinde 1937 offiziell den Antrag auf Umbenennung in Maxhütte. Ein Jahr später wurde dem stattgegeben. Der Name Maxhütte blieb bis 1956, als die 1953 zur Stadt erhobene Gemeinde mit Meßnerskreith zur neuen Stadt Maxhütte-Haidhof vereinigt wurde.

Allerdings gab es noch in den siebziger Jahren Pläne, den Namen Maxhütte-Haidhof wieder zu Maxhütte zu vereinfachen. Tatsächlich endete diese Debatte um den korrekten Namen der Stadt erst am Ende der Gebietsreform 1978, als Ponholz eingemeindet wurde, ohne dabei zu weiteren Ergebnissen zu führen. Ein Ende der Verbindung von Eisenwerk und Stadt erfolgte logischerweise erst mit dem Aus der Maxhütte 1990. Bis dahin bildeten beide eine beinahe untrennbare Einheit.

Das Werk als Bezugspunkt

Die Tatsache, dass das Werk sich über drei Gemeinden (Ibenthann, Meßnerskreith und Teublitz) erstreckte (nach dem 2. Weltkrieg mit Burglengenfeld und Premberg sogar fünf) und Arbeiter beschäftigte, die außerhalb wohnten (z. B. auch in Münchshofen, Katzdorf, Pirkensee, Leonberg, aber auch Hirschling und Kallmünz), führte zu einem bemerkenswerten Effekt: Arbeiter der Maxhütte identifizierten sich vornehmlich mit dem eigenen Betrieb und bildeten als Arbeiter eine einheitliche Schicht mit (oftmals) gemeinsamen politischen und kulturellen Überzeugungen. Da ihr Bezugspunkt immer das Werk blieb, war die Bindung an die Heimatgemeinde weniger stark ausgeprägt.

Bei der Streitfrage 1912/1913, ob Teile des Werksgeländes von Teublitz an die Gemeinde Ibenthann übergingen, ergriffen viele Arbeiter aus Teublitz Partei für den eigenen Arbeitgeber, da sie den Verlust ihrer Arbeitsplätze beim Eisenwerk befürchteten, den sie als „Brotherrn“ bezeichneten. Immerhin lag der für die Arbeiter völlig erfolglose Streik von 1907/1908 erst

Beim Arbeiterstreik der Maxhütte eingesetzte Gendarmen. Das Tragen eines Schnurrbarts verlieh den Beamten ein militärisches Aussehen und damit eine besondere Wichtigkeit.

fünf Jahre zurück, so dass der Wunsch nach einer erneuten Kraftprobe nicht besonders ausgeprägt war. Gerade bei den Arbeitern hätte man, wenn man in den Jahrzehnten nach dem 2. Weltkrieg gefragt hätte, sehr wahrscheinlich eine ausgeprägte Bindung an das Städtedreieck feststellen können. Dieses Städtedreieck-Bewusstsein ging natürlich auf Kosten der Identifikation mit der eigenen Gemeinde.

Diese Bindung war zwar immer noch vorhanden, spielte aber im Vergleich zu ländlicheren Regionen eine weniger bedeutende Rolle. Erkennbar wird dies etwa an häufigen Wohnungswechseln und Umzügen innerhalb des Einzugsgebiets der Maxhütte, die sich nicht immer an den Grenzen der politischen Gemeinden orientierten. Nur wenn die Betroffenen Grundstücke für landwirtschaftliche Bewirtschaftung oder Wohneigentum besaßen, änderte sich diese Einstellung. In diesem Fall gewannen kleinbürgerliche Ansichten häufig die Oberhand.

Ausgeprägtes Ortsbewusstsein

Nur Gewerbetreibende und Landwirte besaßen ein ausgeprägteres Ortsbewusstsein. Selbstverständlich müsste dies anhand der Heiratsbücher in den Standesämtern noch stärker untersucht werden, da Ausnahmen die Regel bestätigen. In einer Welt ohne motorisierte Fortbewegung konnte man nicht ohne weiteres größere Entfernungen überwinden. Heiraten zwischen Leonbergern und Teublitzern kamen also relativ selten vor.

Nichtsdestotrotz bildete sich in diesem Bereich sehr früh der Gedanke aus, Bürger eines gemeinsamen Raumes, des Städtedreiecks zu sein. Politisch wurde diese Entwicklung aber auch durch den Zuschnitt des früheren Landkreises Burglengenfeld begünstigt, der mit Ausnahme von Schmidmühlen, Steinberg, Dachelhofen und Wackersdorf den Einzugsbereich der Maxhütte für Arbeitskräfte abdeckte. Nicht ohne Grund trug die „Burglengenfelder Zeitung", die seit 1972 nur noch unter dem allgemeinen Titel „Mittelbayerische Zeitung" als Landkreisausgabe für Schwandorf erscheint, früher den Untertitel „Anzeiger für das Oberpfälzische Industriegebiet", womit natürlich der Landkreis Burglengenfeld gemeint war.

Bei der Stadterhebung 1953 bezeichnete der konkurrierende „Tagesan-

Ansprache beim Festakt zur Stadterhebung (4. Juli 1953); vermutlich (von hinten) Dr. Burghardt, Direktor der Maxhütte.

zeiger“ am 06.07.1953 den Landkreis auch als „Glück-Auf-Kreis.“ Der Begriff Städtedreieck, der in Deutschland übrigens öfter vorkommt, dürfte dabei vornehmlich durch das gleichnamige Werbeblatt aus den 70er Jahren bekannt gemacht worden sein.

Die Pläne für ein geeintes Städtedreieck wurden nach der Gebietsreform 1972, die jahrhundertealte Verwaltungseinheiten zerstört hatte, konkreter: Bei einer Feier der Stadt Maxhütte-Haidhof sprach der damalige Bürgermeister Gierl ganz offen die Erwartung aus, dass die Stadt innerhalb weniger Jahre von Burglengenfeld eingemeindet würde (MZ vom 02.10.1972). Am 30. Januar 1973 lautete eine Schlagzeile der Mittelbayerischen: „Die Vereinigung der drei Städte ist unsere große Chance.“

Umgekehrt führten diese Entwicklungen, aber auch die Vielzahl von Ortsteilen der früheren Gemeinde Ibenthann dazu, dass sich auch nach der Stadterhebung 1953 keine ausgeprägte Verbundenheit mit der Gemeinde Ibenthann bzw. der Stadt Maxhütte entwickelte. Im Zentrum der späteren Stadt Maxhütte-Haidhof standen in der Nachkriegszeit zwar ein Rathaus, eine Schule und drei Kirchen, aber dies alleine reichte bei den meisten Bürgern nicht aus, um wirklichen Stolz auf die eigene Stadt zu entwickeln. Dafür fehlten einfach zu viele Einrichtungen im gewerblichen Bereich, historisch gewachsene Traditionen und der entsprechende Städtebau im Zentrum der Stadt. Einkäufe des gehobenen Bedarfs wurden eher in Burglengenfeld und Regensburg erledigt, Lebensmittel vorwiegend im Konsum gekauft, der auch unter dem Namen co op bekannt war. Auch hier handelte es sich ursprünglich um eine Werksgründung, die erst später zur Genossenschaft wurde. Arbeit, Freizeit und Alltag vermischten sich damit auch beim Einkauf.

Imposante Gebäude um das Werksgelände

Die Architektur von Maxhütte-Haidhof weist nur ganz wenige ältere und größere Gebäude auf. Zusätzlich befanden und befinden sich die meisten älteren und imposanteren Gebäude v.a. im oder um das Werksgelände, also nicht im neuen Zentrum der Stadt, das sich nach Kriegsende um das

Rathaus, die Schule und in der Bahnhofstraße entwickelte. Noch in der Zeit zwischen den Weltkriegen stellte die evangelische Kirche den südlichsten Punkt des Ortsteils dar. Die anschließenden Felder und Grundstücke in Richtung Ibenthann und Deglhof waren größtenteils unbebaut und stellten oft ehemalige Abraumhalden der früheren Bergwerke dar.

Auch die sportlichen Erfolge des FC Haidhof in der Nachkriegszeit bewirkten bei dieser Frage wenig: Maxhütte wurde als industrielle Niederlassung, nicht als Stadt wahrgenommen. Die Vereinigung mit Meßnerskreith 1956 bzw. die Ereignisse der Gebietsreform 1972 (Eingliederung von Leonberg und Pirkensee) und 1978 (Ponholz) bewirkten ebenso keine Veränderung. Bis heute gibt es im gesamten Stadtgebiet eine ausgesprochene Verbundenheit mit den Ortsteilen, auf Kosten des eigentlichen Zentrums. Um 1974 gab es beispielsweise Widerstand gegen die Pläne, den Ortsteil Verau aufzuheben. Ebenso wurde in dieser Zeit kurzzeitig diskutiert, für die 1972 eingegliederten Gemeinden eine Bindestrichlösung einzuführen, also etwa Maxhütte-Leonberg, was so nicht zustande kam. Auch der Zuzug vieler Heimatvertriebener nach Kriegsende brachte bei diesen Fragen keine wirkliche Verbesserung, da die neuen Bürger sich mit dem Arbeitgeber, aber nicht immer mit der Stadt identifizierten. Die fehlenden historischen Traditionen wurden etwa in der Festschrift des Sängerbundes bei seiner 100-Jahrfeier 1962 offen angesprochen. Der Verein machte dafür die Tatsache verantwortlich, dass die Bewohner der Kernstadt vornehmlich aus Ortsfremden bestanden oder bestanden hatten, die aufgrund des guten Arbeitsplatzangebots hierher gezogen waren. Als Ausweg blieb eigentlich nur die Möglichkeit, sich als junge, aufstrebende Industriestadt zu definieren.

Nachbarschaftshilfe

In politischer Hinsicht führte die „mehrgemeindliche Betriebsstätte“ der Maxhütte, die in verschiedenen Gemeinden lag, nicht nur zur Zusammenarbeit der beteiligten Städte. Durch den Zwang, die Gewerbesteuer auf mehrere Städte und Gemeinden aufzuteilen, waren politische Auseinandersetzungen und gegenseitiges Misstrauen vorprogrammiert, obwohl umgekehrt immer wieder das „gute nachbarliche Verhältnis" betont wurde, etwa 1952 durch den Teublitzer Bürgermeister Hochstettler. Tatsächlich handelte es sich hier nicht nur um schöne Worte: Am 31.Juli 1973 titelte z.B. die Mittelbayerische Zeitung: „Nachbarschaftshilfe im Sinne der Städtedreiecks-Idee. Kreditmittel werden (von Burglengenfeld) an Teublitz und Maxhütte abgetreten."

Während die Gemeinde Maxhütte nach 1945 darauf beharrte, dass ein Großteil des Werks auf dem Gemeindegebiet lag, argumentierten Teublitz und Meßnerskreith mit hohen Kosten für den Wohnungs-, Schul- und Straßenbau. Nach ihrer Sichtweise lagen die Fürsorgekosten (Sozialausgaben) in Teublitz und Meßnerskreith sogar höher als in der Gemeinde Maxhütte. Heute ist beinahe in Vergessenheit geraten, dass die Wohnblöcke in der Bahnhofstraße von der Gemeinde Meßnerskreith gebaut wurden, um die Wohnungsnot nach dem 2. Weltkrieg zu lindern. In einem Schreiben vom 12. März 1948 lautete ein Satz: „Es dürfte auch amtsbekannt sein, daß gerade im hiesigen Maxhüttengebiet zum Teil katastrophale Wohnverhältnisse bestehen ..." Der hier verwendete Begriff „Maxhüttengebiet" bezog sich dabei ganz selbstverständlich auf die gesamte Region und nicht nur auf die politische Gemeinde.

1949 einigten sich schließlich alle an der Gewerbesteuer beteiligten Gemeinden, zu der jetzt auch die Stadt Burglengenfeld gehörte, auf folgende Regelung: Die Gemeinde Maxhütte bekam für bestimmte Verwaltungsaufgaben (z. B. bei der gesetzlichen Unfallversicherung) einen Vorwegbetrag von 25 %. Dieser wurde später auf einen bestimmten Betrag gedeckelt, der nicht überschritten werden konnte. Der Rest wurde nach der Zahl der Arbeitskräfte aufgeteilt, die bei der Maxhütte beschäftigt waren und ihren Wohnsitz in einer der beteiligten Gemeinden hatten.

Im Jahre 1949 wurde damit die Gewerbesteuer der Maxhütte nach folgendem Schlüssel aufgeteilt: Maxhütte 49 %; Teublitz 29 %; Meßnerskreith 8 %; Burglengenfeld 14 %.

1953 kam schließlich wegen des neuen Wasserwerks der Maxhütte auch noch Premberg dazu. Vorher hatte das Eisenwerk Wasser aus Burglengenfeld bezogen.

Das Ende vieler Traditionen

Das Ende der Maxhütte in „Haidhof" bedeutete demnach einen beträchtlichen Einschnitt. Entwicklungen, die 1850 begonnen hatten, kamen an ein jähes Ende. Allerdings hatte sich der Niedergang der Maxhütte bereits seit dem Beginn der Stahlkrise ab dem Beginn der 70er Jahre abgezeichnet. Viele Verantwortliche glaubten aber nur an eine vorübergehende Schwäche der Stahlindustrie und verschlossen die Augen vor der sich abzeichnenden, existenzbedrohenden Krise. Alleine der Bevölkerungsrückgang in den 70er und 80er Jahren hätte den Verantwortlichen zu denken geben müssen. Lebten im Jahre 1972 in Maxhütte-Haidhof (mit den Eingemeindungen Leonberg, Pirkensee und mit Ponholz, das erst 1978 hinzukam) ca. 9700 Menschen, so betrug die Einwohnerzahl 1985 nur noch etwa 8700 Einwohner; die Stadt hatte also ein Bevölkerungsverlust von mehr als 10 Prozent erlitten. Erst in den 90er Jahren stiegen die Zahlen wieder an, auch bedingt durch die Wende in der DDR. Immerhin begannen die Lokalpolitiker jetzt, neue Gewerbeflächen auszuweisen, um Betriebe anzusiedeln. Mit Rücksicht auf die Maxhütte war dies bisher oft unterblieben.

Der Konkurs der Maxhütte, die innerhalb des Städtedreiecks eine industrielle Insel in einem eher ländlichen Umfeld dargestellt hatte, beendete viele Traditionen, egal ob sie gut oder schlecht waren. Das Freizeitverhalten veränderte sich, die Zahl der Kneipen ging z. B. stark zurück. Ein politisch geeintes Städtedreieck rückte wieder in weite Ferne.

Die Stadt blickt mit Optimismus in die Zukunft und versteht es zu feiern – wie bei der Stadtgründung. Im Hintergrund: Die Werkskapelle.

Die Suche nach dem „Sauforster Gold“

MANFRED HENN

In der 1928 herausgegebenen Festschrift „75 Jahre Eisenwerk“ beschreibt Eugen Roth die im Umgriff um das Eisenwerk Maximilianhütte entstandene Siedlung richtig enthusiastisch wie einen zweiten Garten Eden und lässt in seinen Worten dort „Milch und Honig“ fließen. Auch wenn man Dichtern und Denkern „überströmende Phantasie“ generell zugesteht, kann und darf man eine derartige Lobpreisung des Maxhüttengebiets im 19. bzw. frühen 20. Jahrhundert beim besten Willen nicht, als von künstlerischer Freiheit gedeckt, durchgehen lassen. Über die damalige Bevölkerung ist nämlich die durch die Gründung der Maximilianshütte ausgelöste industrielle Revolution hereingebrochen, wie ein Orkan. Wie im Paradies fühlten sich die Einheimischen mit Sicherheit nicht, sondern eher so, als wären sie in die tiefsten Tiefen der Hölle katapultiert worden. Hier ging es nämlich zu wie in einem südamerikanischen Goldgräbercamp. Von überall spülte es Glücksritter und Hasardeure hierher, die sofort daran gingen, an allen Ecken und Enden die Erde aufzubrechen und das Innere nach außen zu kehren. Man suchte nach dem „Sauforster Gold“, einer Braunkohlenspezies, bei der sich leider herausstellen sollte, dass man sie um ein bis zwei Millionen Jahre zu früh dem Dornröschenschlaf entriss. Sie taugte jedenfalls nicht für die beabsichtige Produktion von Eisenbahnschienen. Als man dies begriff, ließ sich die Uhr auch schon nicht mehr zurückstellen, denn das einmal begonnene „Werk“ trug den Namen des Königs und das durfte nur von Erfolg „gekrönt“ werden.

Den Preis zahlte, wie in allen Industrieregionen, die Heimat. Schon nach kurzer Zeit glich alles einer unwirtlichen Mondlandschaft. Riesige Kohlehaufen wechselten sich ab mit noch höheren Abraumhalden. Zur apokalyptischen Szenerie gehörten auch noch Teiche, in denen eine schmutzig-

Zufahrt zum Stollen mit der Seilbahn.

braune Brühe, das Grubenwasser, wabbelte. Das „Werk" selbst, wie die Einheimischen ihr Eisenwerk kurz wie prägnant nannten, muss auf Menschen, die ja nur Ackerbau und Viehzucht kannten, gewirkt haben, als wäre ganz urplötzlich ein riesiger Drache erwacht, der ohrenbetäubende Geräusche ausstoßend aus unzähligen Öffnungen unentwegt Feuer, Rauch und Qualm spie. Eine gewaltige Dunstglocke sorgte dafür, dass man die Sonne nur mehr wie durch eine schmutzige Michglasscheibe wahrnahm. Wie Schnee rieselten ständig Ruß- und Staubpartikel auf die Erde nieder; tauchten sie aber nicht in Weiß, sondern in ein Grau-in-Grau. Im Sommer gesellte sich eine weitere Plage hinzu. Da fielen am Abend von den Kohleweihern auffliegende Mückenschwärme über Mensch und Tier her. Deren Stiche waren nicht nur schmerzhaft, sondern auch höchst infektiös.

Der innere Betrieb des Werkes passte in den ersten Jahrzehnten wie die Faust auf das Auge zum äußeren Erscheinungsbild. Eine nach strengsten frühkapitalistischen Grundsätzen geführte Unternehmensstrategie ließ keinen Platz für „Soziales" und schon gar nicht für so was Abstraktes wie „Umweltschutz".

Aber das „Werk" ernährte eben 130 Jahre die Region. Die Menschen verziehen Vieles und akzeptierten auch das, was eigentlich unakzeptabel war.

Villa des Generaldirektors der „Maxhütte“ Ernst Fromm.

Erst nach Jahrzehnten gelang es, so etwas wie soziale Gerechtigkeit schicklich zu machen.

Es gehört zu den größten Verdiensten der Arbeiterschaft in härtesten Arbeitskämpfen, all jenes, was wir heute als unsere „sozialen Errungenschaften“ preisen, durchgesetzt zu haben.

Ob sich die „Upperclass“, die Herren Direktoren, früher in den „schlossähnlichen“ Villen so recht wohlfühlten oder ob sie die parkähnlich angelegten Gärten wegen der Immissionen überhaupt genießen konnten, darf mit Fug und Recht bezweifelt werden. Jedenfalls weiß man von einigen der Herren Kommerzienräte, dass sie am letzten Tag ihres Dienstes im Sauforst schon auf gepackten Koffern sitzend, darauf warteten, dass ihnen die Ehrenbürgerurkunde ausgehändigt wurde.

„Sinterbims“

Nach dem Zweiten Weltkrieg änderte sich das Meiste hin zum Guten. Zunächst ersetzte man die Baracken der Arbeiter durch Wohnhäuser. Als 1960 die „Siemens-Martin-Öfen“ stillgelegt wurden, verminderte dies die Rauchgasimmissionen dermaßen, dass sofort auch ein anderer Übeltäter in

Blick aufs Siemens-Martin-Werk: Halbportalkran, Gießgrube.

den Fokus des öffentlichen Interesses geriet. Unter dem Schlagwort „Sinterbims“ erlangten die wohl tausendfach totbringenden Abgase einer anderen Fabrik traurige Berühmtheit. Der praktische Arzt Dr. Göbel erwarb sich dabei größte Meriten als Streiter für die Volksgesundheit. Da mein Vater aus Oderberg in Oberschlesien (heute Bohumin, Tschechien) stammt, war es mir schon in frühester Kindheit möglich, Vergleiche zu ziehen. Oderberg, in dem es genauso wie in Maxhütte ein Eisenwerk und zahlreiche Kohlezechen gab, war für mich immer wie Maxhütte. Seit frühester Kindheit (ab 1958) durfte bzw. musste ich jedes Jahr mit Mutter und Bruder mehrere Wochen bei den Großeltern verbringen. Maxhütte kannte ich, weil dort der Cousin meines Vaters mit seiner Familie lebte. Natürlich entging weder meinen Augen, Ohren noch der Nase, dass sich die Verhältnisse in Maxhütte mit den Jahren immer mehr zum Guten wendeten, während sie in Orderberg gleich blieben bzw. sogar schlechter wurden.

Aufgewachsen bin ich Leonberg. Da die Gemeinde vom Gewerbesteuerkuchen nichts abbekam, geriet die Infrastruktur immer mehr in Schieflage. Während sich Maxhütte-Haidhof letzte Straßenbeleuchtungsprojekte überlegte, gab es in Leonberg nicht eine einzige geteerte Straße. Entsprechend groß war die Sehnsucht ausgeprägt, „einmal ins gelobte Land zu gelangen". Das „Werk" selbst gehörte zu Leonberg wie die Butter auf das Brot. Als Beispiel für die Abhängigkeit vom Werk sei so etwas Banales wie das Brauchtum, den „Kirwabaum aufzustellen", angeführt. Die gesamte Aktion wie Fällen des Baumes, der Transport ins Dorf, das Herrichten und das Schmücken musste penibel auf „halb Drei" ausgerichtet werden. Da kam der Arbeiterbus und spuckte vierzig bis fünfzig Mann der ersten Schicht aus. Die brauchte man, um über die erforderliche Schubkraft an den „Schwalben" (so nennt man jene mittels Ketten verbundenen hölzernen Gerüststangen) zu verfügen.

Für uns Kinder waren die Wege und Plätze im Dorf, die wie erwähnt nicht geteert waren, Spielplatz und Kindergarten zugleich. Da ließ sich überall nach Herzenslust Fußball, Fangen- oder Versteckaless spielen. An jeder Ecke gab es ein Schusserloch. Das mit dem „nach Herzenslust" stimmte allerdings nur bedingt, schwebte doch über uns immer auch ein Damoklesschwert. Ohne Vorwarnung konnte der Schrei „Gebts a Rouh! Er schlouft! Er hod Nachtschicht ghabt!" das schönste Spiel sehr jäh beenden. Ohne weiter zu überlegen, gingen jetzt alle sofort stiften. Man wusste, da wird sonst jemand zur Hyäne. Diese „Vertreibungen" gab es praktisch jeden Tag, aber eben immer wo anders. Das hatte auch sein Gutes. Keine „Bande" konnte eine Straße als eigenes Territorium requirieren. Alle waren irgendwie Wanderer, aber eben auch im ganzen Dorf daheim.

Natürlich dürfte die Ehefrau des Schichtarbeiters auch von der Sorge, wenn er aufwacht, geht er bloß ins Wirtshaus, angetrieben worden sein. Viele Eisenwerker vertraten durchaus ernsthaft die These, ständiger Durst gehöre zum Arbeiterstand, wie das Amen in der Kirche. Die Trinkfestigkeit Einzelner wurde untereinander richtiggehend heroisiert. So soll der Gust, den man ehrfürchtig den „Säuferkönig" nannte, durchaus so 35 bis 40 Halbe am Tag gepackt haben. Alt ist aber keiner geworden von diesen Heroen der Biertische. Mit dem Kartenspiel „Watten" vergnügten sich die Arbeiter in den Wirtschaften. Hier konnte man nämlich das Kartenglück durchaus beeinflussen. Die Besten schafften es, die „Wilden" den „Max", den „Belle" oder den „Biese" an allen möglichen und unmöglichen Körperstellen zu verstecken, um sie dann bei Bedarf unbemerkt ins Spiel zu bringen. Gespielt wurde um Bier. Meist solange bis mindestens zehn Maß auch getrunken waren. Dann spendierte nämlich der Wirt eine Freimaß.

Der Abschwung setzt ein

Etwa 1970 setze im „Werk“ jener Abschwung ein, von dem es sich letztendlich nicht mehr erholen sollte. Man merkte dies daran, dass z.B. Freunde, die bei einem Handwerksbetrieb eine Lehre absolvierten, danach nicht mehr im Werk unterkamen. Viele Handwerker, die ihren Betrieb ganz auf Lehrlinge ausgerichtet hatten, fanden nun keine mehr, weil das Werk sie nachher nicht mehr auffing. Innerhalb des Werkes wechselten viele nun nach Salzgitter und ihre Familien zogen fort. Vor allem die jungen Leute suchten ihr Glück vermehrt in Nürnberg oder München. Auch die waren natürlich weg.

Von 1970 bis 1989 ging die Einwohnerzahl kontinuierlich zurück. Durch die Eingemeindungen von Leonberg und Pirkensee bei der Gebietsreform hatte sich die die Einwohnerzahl zum 1. April 1972 auf etwa 9.500 erhöht. Wären damals – wie vorgesehen – auch 700 Einwohner aus Ponholz dazugekommen, hätte man bereits damals die 10.000-Einwohnermarke überschritten. Als Ponholz schließlich 1978 hinzukam, reichte es wegen des neuerlichen Rückgangs der Einwohnerzahlen nur mehr für 9.600. In den Folgejahren sollten sich die Einwohnerzahlen bis auf etwa 8.300 verringern. Erst nach 1990 – also nach dem Aus des Werkes – gelang es, den Negativtrend umzukehren.

Ende der 60er Jahre wurden dabei im Werk noch verstärkt, zunächst spanische Gastarbeiter, angeworben. Um 1970 folgten türkische Fremdarbeiter. Dazu fand sich bei meinem Dienstantritt in der Stadtverwaltung ein mir noch heute im Rathaus kursierender Eintrag in den Akten. Es ging um die menschenunwürdige Einquartierung dieser türkischen Staatsangehörigen in den Steinbaracken von Koppenlohe. Für einen Schlafplatz im Stockbett mussten diese 50 DM bezahlen. Die Stadt sollte deswegen vermitteln. Bei der Vorlage im Stadtrat, rief dann einer aus „Was gehen uns die Türken an!

Gesamtansicht von Maxhütte-Haidhof mit Konsum, Bäckerei und Metzgerei an der Bahnhofstraße.

Wir sind Germanen von germanischer Abstammung." Der Spruch sorgte für dermaßen Furore, dass beantragt wurde, ihn im Protokoll festzuhalten.

Obwohl mein Leben immer mit einer gewissen Distanz zum „Werk" ablief, da nur mein Vater vor meiner Geburt dort wenige Jahre beschäftigt war, berührte mich das Werk ab 1973, als ich in die Stadtverwaltung eintrat bis 1990, eigentlich tagtäglich. In den letzten Jahren las ich mich dann vermehrt in Chroniken und Akten ein. Dabei lernte ich zwangsläufig die Geschichte unseres Werkes immer mehr kennen.

Die Sache mit Flick

Bei meinen Recherchen stieß ich dann urplötzlich auf Informationen, die mein ganz persönliches Leben in einem neuen Licht erscheinen ließen. Ohne das Werk und ohne Friedrich Flick würde ich nicht unter den Lebenden weilen, erkannte ich als Krux.

Friedrich Flick kaufte nämlich während des 2. Weltkrieges im Zuge des

Russlandfeldzuges die Dnepr-Stahl-Werke GmbH in der Ukraine. Er ging dabei wohl eine Art Kompensationsgeschäft mit den Hermann Göhring-Werken ein. Als sich dann später die Kriegslage zu Ungunsten Deutschlands veränderte, sah sich Flick gezwungen, diese Dnepr-Werke nach Oderberg in Oberschlesien in das dortige sogenannte „Drahtwerk" (ein Eisenwerk wie die Maxhütte) zu verlagern. Dort arbeitete nun mein Großvater Hans Henn. Aus Erzählungen weiß ich, dass er sowas wie der Oberste von den Obermeistern gewesen ist. Als sich die Front dann immer mehr der Oder näherte, wollten sich die führenden Köpfe im Werk nach Westen absetzen. Offenbar verfügte man über Informationen darüber, wie sich die späteren Siegermächte das Reich aufteilen würden. So schickte es sich, dass das ebenfalls Flick gehörende Werk Haidhof in der künftigen amerikanischen Einflusszone lag. Mein Großvater sollte natürlich auch mit. Aber seine Familie war auseinandergerissen. Der Sohn Egon (unser Vater) befand sich in Russland an der Front, die Ehefrau (meine Großmutter) war irgendwo im Kriegsgebiet als Krankenschwester beim Roten Kreuz unterwegs. Wegen des 17-jährigen Sohnes Edgar, der körperbehindert war, wollte mein Großvater wohl nicht nach Bayern, wo er das Zentrum allen Übels vermutete. Beim Heranrücken der Front wurde Großvater auch noch zum Volkssturm eingezogen. Edgar, auf sich gestellt, streifte mit anderen Jugendlichen im Kriegsgebiet herum. Dabei wurden er und drei Freunde von einer Mine getötet. Mein Vater Egon Henn wusste nur, dass die Familie vielleicht nach Maxhütte wollte und suchte, als er aus der Kriegsgefangenschaft entlassen wurde, hier nach seiner Familie. Von den inzwischen hier lebenden Oderbergern erfuhr er, dass sich seine Familie noch in Oderberg befände. Er blieb in Maxhütte und lernte in der Gaststätte Brandlsaal (später Katzhammer) seine spätere Ehefrau Elisabeth Schmalzbauer (meine Mutter) kennen, die dort für ihren Vater Bier holte.

Viele werden sagen, diese Schilderungen beschreiben Zufälle. Aber hinter dem Wort Zufall steckt der Begriff „Zuteilwerden". Für mich ist dies ein Hinweis darauf, dass es vielleicht eine nur noch nicht bekannte Gesetzmäßigkeit geben muss. Dann war nämlich alles doch so gewollt?

Museale Spurensuche in der Region

MARGIT BERWING-WITTL

Museen sammeln, bewahren und präsentieren Objekte aus der Geschichte und sie vermitteln Entwicklungen und Zusammenhänge rund um diese Objekte. Manchmal als aussagekräftige Stellvertreter für einen größeren thematischen Kontext, zuweilen auch in Form von vielteiligen Inszenierungen, um damit den Eindruck einer historischen Lebens- und Arbeitswelt nachvollziehbar zu machen. Dabei kann es nicht darum gehen, sich in eine vermeintlich bessere, schönere Zeit zurück zu versetzen, sondern Ziel der didaktischen Museumsarbeit muss es sein, Neugier zu wecken, Verständnis für historische Ereignisse und Tendenzen hervorzurufen und daraus für

Blick in eine rekonstruierte Arbeiterwohnung. (R 14 im nördlichen Neubauflügel des Oberpfälzer Volkskundemuseums).

die Gegenwart und die Zukunft zu lernen. Ganz besonders gilt dies für die Industriegeschichte einer Region wie der Oberpfalz, die durch technische, wirtschaftspolitische und auch emotionale Höhen und Tiefen, weniger aber durch ästhetische Merkmale gekennzeichnet ist. Viele Heimat- und Stadtmuseen haben in den letzten Jahrzehnten ihre lokale industrielle Vergangenheit gesammelt und dokumentiert (z. B. die „Heferlbude“ im Schwarzenfelder Rathaus, in Amberg und Weiden die Porzellan- und Steingutherstellung, in Schwandorf die „Tonwarenfabrik“, die Braunkohlenindustrie der BBI in Wackersdorf und Steinberg am See oder in der Münchshofer Schleif am ursprünglichen Standort die Geschichte eines bedeutenden Glaspolierwerks). Für Orte, die keine eigenen Museen haben, müssen die regionalen und überregionalen Museen zumindest ausschnittweise diese Themen besetzen und ansatzweise verdeutlichen.

Der Beginn in den 1980er Jahren

Als wir seit Beginn der 1980er Jahre die Einrichtung eines regionalen Schwerpunktmuseums in Burglengenfeld in der Gesamtkonzeption des Bezirks Oberpfalz planten, wurde uns schnell klar, dass hier kein konventionelles „Heimat“-Museum entstehen sollte. Zwar gab es dank des begeisterten Hobbysammlers Erwin Heindl in der alten Landwirtschaftsschule in Wölland bereits eine rund 6.500 Einzelobjekte umfassende Sammlung, die genau diese Kapazitäten (Bauernmöbel, landwirtschaftliche und handwerkliche Werkzeuge, Hausgerät und Geschirr, religiöse und „brauchtümliche“ Kultgegenstände, einige Trachten, Musikinstrumente, Fotos und Archivalien und vieles mehr) bereit hielt. Die Sammlung wurde vom Bezirk erworben und der Stadt Burglengenfeld auf Dauer zur Verfügung gestellt, seitdem um etwa 15.000 Objekte vergrößert. Allerdings enthielt die erste Sammlung so gut wie keine Exponate zum vielleicht wichtigsten kulturhistorischen Alleinstellungsmerkmal der Region Oberpfalz, nämlich zur Industriegeschichte und Arbeiterkultur. Der Landeshistoriker Karl Bosl hatte die Region mit dem bemerkenswerten Schlagwort „Ruhrgebiet des Mittelalters“ (im Hinblick auf die Glas- und Eisenproduktion) benannt, im letzten Drittel des 20. Jahrhunderts konnten wir dann deutlich machen, dass die zweite Industrialisierung seit dem 19. Jahrhundert (Eisen, Porzellan und Steingut, Schamotte, Zement und Granit, Papier, Textil u.a.m. in Abbau, Herstellung und Veredelung) einen ebenso großen Stellenwert für die Region Oberpfalz und den Freistaat Bayern hat.

Im ehemaligen Hammerherrenschloss Theuern im Vilstal gab es bereits das „Bergbau- und Industriemuseum Ostbayern", das sich allerdings vorwiegend auf Bodenschätze, industrielle Technik und Unternehmergeschichte konzentrierte. Die zwei weiteren Bezirksmuseen - das Oberpfälzer Handwerksmuseum in Hillstett bei Rötz und das bis heute in Bezirksträgerschaft stehende Oberpfälzer Freilandmuseum in Neusath-Perschen - hatten ganz andere thematische und sammlerische Ausrichtungen als es das Konzept für Burglengenfeld vorsah. Hier sollte es um die Menschen der Region gehen, ihre Mentalität, ihren Kampf um den Lebensunterhalt in Landwirtschaft, Handwerk und Industrie, ihr Alltags- und Festtagsleben, ihre Kultur. Jedoch hatte zu dieser Zeit noch niemand in der Oberpfalz daran gedacht, die Geschichte der Arbeiterschaft aus dem Bergbau, den keramischen und eisenverarbeitenden Manufakturen und Betrieben zu dokumentieren und mit aussagekräftigen Relikten zu visualisieren.

Freilich gab es zahlreiche Experten, meist selbst aus der Industriearbeiterschaft stammend, die als ehrenamtliche Heimat- und Archivpfleger oder Werkschronisten Unterlagen gesammelt und Festschriften geschrieben hatten. Jedoch: Das Bewusstsein einer „untergehenden" Arbeiterkultur war noch nicht bei allen angekommen, obwohl bereits Anfang der 1950er Jahre die letzten Glas- und Polierwerke sowie v.a. die Steingut- und Porzellanfabriken den Betrieb eingestellt hatten. Anfang der 1980er Jahre war es auch Baumanns Emailgeschirrfabrik in Amberg. Es war also eigentlich an der Zeit gewesen, sich um diese Geschichte und um die Geschichten hinter den Fabrikmauern und in den Arbeiterwohnungen und Wirtshäusern zu kümmern. In den 80ern entstanden zum Glück an größeren und kleineren Orten in den Industrieregionen wie dem Ruhrgebiet oder dem Saarland „Geschichtswerkstätten", wo man mit neuen Interessen und neuen Methoden und vor allem aus der Sicht der direkt Betroffenen das erforschte und dokumentierte, was die Regionen und die dort lebenden Menschen über Jahrhunderte geprägt hatte. Diese ganz eigene Kultur der Industriearbeiter galt es dann auch in der Oberpfalz zu sichern und zu bewahren. Ein erster Schritt dazu waren in Burglengenfeld Gesprächskreise, um mit ehemaligen, oft schon weit über 80 Jahre alten Beschäftigten der Werke Interviews zu führen, die „lost places“ aufzusuchen und sie fotografisch und archivalisch zu dokumentieren und – als vielleicht Wichtigstes – jenes Wissen und jene Dinge zu sichern, die als Anschauungsmaterial für eben diese Industriegeschichte dienen konnten. Ein Museum wie das Burglengenfelder Volkskundemuseum konnte darüber hinaus in den großzügigen Räumlichkeiten schon vor Fertigstellung der Dauerausstellungsräume in mehreren Sonderausstellungen auf die Forschungs- und Sammlungsdesiderata aufmerksam machen und ein Netzwerk knüpfen, das Sozial- und Landeshistoriker, Volkskundler, haupt- und ehrenamtliche Mitarbeiter*innen in Geschichtswerkstätten und eben die Zeitzeugen immer wieder zu verschiedensten Gelegenheiten zusammenbrachte. Themen für solche temporären Ausstellungen waren etwa „Frauenleben – Frauenarbeit“, „40 Jahre Kriegsende“ oder „Arbeiterkultur in Burglengenfeld und Umgebung“ und viele mehr.

Ein besonders spannender Fall war für Burglengenfeld in den 1980er Jahren der Plan der Bayerischen Staatsregierung, in Wackersdorf eine Wiederaufbereitungsanlage für Kernbrennstoffe zu errichten und – so war die Lesart der Betroffenen – dafür alle anderen Betriebe zu opfern, darunter auch das Eisenwerk Maximilianshütte, das 1852/53 unter Regie der belgischen Eisenbahnpioniere Henri Joseph Goffard und Télémaque Michiels seinen Betrieb zur Produktion von Eisenbahnschienen aufgenommen hatte. Eine gewisse Ironie der Geschichte zeigte sich in dem damals aufkommenden Gerücht, dass der massive Eisenzaun um das WAA-Gelände der letzte Großauftrag für das Maxhütter Eisenwerk gewesen sein soll. Neben Dokumenten und Gegenständen des Widerstands konnte etwa auch die Geschichte der Anti-WAA-Festivals (das größte bekanntlich 1986 am Burglengenfelder Lanzenanger!) gesammelt werden, die bis heute von Universitäten und Museen in ganz Deutschland nachgefragt und als Leihgaben für Ausstellungen genutzt wird.

Alle Demonstrationen, politischen Einwendungen und wütenden Proteste der ansässigen Bevölkerung halfen zunächst nicht. Tatsächlich schloss die Maxhütte und wurde an die Karosseriebaufirma Läpple aus Heilbronn abgegeben. Das war der späteste Moment, zu dem das Volkskundemuseum aktiv werden musste. Zwar gab es keine Möglichkeit, große historische Maschinen zu übernehmen, weil diese unter keinen Umständen in das rund 600 Jahre alte Museumsgebäude transferiert und dort wieder aufgestellt werden konnten. Immerhin handelt es sich bei dem Museumsgebäude ja um einen denkmalgeschützten Kanzlei- und Verwaltungsbau der neuburgischen Pfalzgrafen, der bis in die 1970er Jahre noch als Landratsamt des Landkreises Burglengenfeld gedient hatte. Hier hatte der als Anti-WAA-Vorkämpfer berühmt gewordene Hans Schuierer seine ersten Dienstjahre als Landrat abgeleistet, bevor Schwandorf 1978 Kreissitz wurde.

Retten, was zu retten war

Die Frage war also, was retten und wie. Natürlich kam schnell der Gedanke auf, der auch von vielen örtlichen Politikern und sogar dem Landesamt für Denkmalpflege und der Landesstelle für die Nichtstaatlichen Museen unterstützt wurde, in Haidhof wenigstens eines der Werksgebäude zu einem Maxhütten-Museum umzuwidmen. Vorarbeiten dazu gab es bald: Das Archiv des Werks wurde geordnet und gesichert, Konzepte für ein Museum in der ehemaligen elektrischen Zentrale oder der ehemaligen Werksschlosserei mit eigenen Veranstaltungsräumen wurden ausgearbeitet; viele sagten ihre ideelle und finanzielle Unterstützung zu. Das Museum in Burglengenfeld sicherte kleinere Exponate, die zumindest symbolisch an die Geschichte dieses Werkes erinnern konnten. Ausstellungen fanden nicht nur in Burglengenfeld, sondern etwa auch 1993 im Rathaus Maxhütte-Haidhof statt. Expert*innen schrieben viele Aufsätze und Bücher, schließlich fand 2002 sogar der 34. Bayerische Nordgautag mit Festakt, Vorträgen, Konzerten, Kunst- und Geschichtsausstellungen und Führungen in den verlassenen, teils sogar verfallenen, aber eben absolut authentischen Räumlichkeiten des ehemaligen Eisenwerks statt - und alle, die das besondere Flair dieses Ortes erleben durften, sicherten zu, ein zukünftiges Maxhütten-Museum mit Rat und Tat, Wissen, Fotos und Objekten und sogar mit Geld zu unterstützen.

Woran ist das gescheitert?

In erster Linie wohl daran, dass die Stadt Maxhütte-Haidhof das Wagnis als zu groß befand und sich in über 30 Jahren nicht dazu bewegen lassen wollte, ein Museum zu gründen. Man schreckte vor den Einrichtungs-, vor allem aber vor den folgenden Betriebskosten zurück. Zudem zeigte die Firma Läpple wenig Interesse, die Geschichte ihrer Vorgängerin auf dem Werksgelände öffentlich zugänglich zu machen. Nicht nur, dass die schönsten erhaltenen Gebäude aufgrund von Bahnschienen und Werksbetrieb teils schwer zugänglich waren (das hätte man wohl mit etwas gutem Willen für Besucher und v.a. auch für Schulklassen und Gruppen sicher lösen können). Schlimmer aber wog das fehlende Bewusstsein für den „Ort“ selbst, was sogar dazu führte, dass in den letzten Jahren mehrere Gebäude aus

Elektrozentrale – das ehemalige Kraftwerk der „Maxhütte“. Gebaut in den 20er Jahren von Heilmann & Littmann.

der Frühzeit der Maxhütte (Badeanstalt, Sitz des Werksarztes, Sozial- und Verwaltungsgebäude, demnächst wohl auch die ehemalige elektrische Zentrale usw.) unwiederbringlich durch Vernachlässigung oder mit Vorsatz zerstört, abgerissen und bis zur Unkenntlichkeit umgebaut worden sind.

Fachleute und historische Arbeitskreise kamen in Maxhütte-Haidhof, aber auch in Sulzbach-Rosenberg, leider fast immer zu spät, wenn wieder ein Industriebau aus dem 19. oder frühen 20. Jahrhundert verschwand - sie alle ernteten bloß Unverständnis und Schulterzucken bei den Verantwortlichen.

Im Burglengenfelder Museum hatten wir zumindest 1986 mit der großen Sonderausstellung „Die Verhältnisse sind oft stärker als die Menschen“ aus Anlass des 26. Bayerischen Nordgautages auf die Neuausrichtung des zukünftigen Museums, das dann 1987 gesamteröffnet wurde, aufmerksam machen können.

Der Oberpfälzer Kulturbund, der bis dahin eher mit traditionellen, oft reaktionären Veranstaltungen und Ausstellungen sein Publikum gesucht hatte, wurde nun mit der regionalen Industriegeschichte konfrontiert, die ja nicht immer blitzsauber ist, sondern eben auch von Dreck und Ausbeutung, Trotz und Überlebenswillen zeugt! Es passte natürlich hervorragend, dass sich dies in der Hoch-Zeit des WAA-Widerstandes abspielte, als man in Burglengenfeld den feierwilligen Nordgau-Repräsentanten und Politikern wie dem damaligen Ministerpräsidenten Franz Josef Strauß mit Graffiti („MAXHÜTTE JA – WAA NEIN“), Protestgeschrei und sogar Eierwürfen entgegentrat.

Erst Jahrzehnte nach dem Ende der WAA-Pläne erhielt das Staatsarchiv Amberg umfangreiche Nachlässe aus den Kreisen der ehemaligen BI gegen die WAA und das Museum in Burglengenfeld viele dreidimensionale Relikte aus dem Widerstand, etwa Buttons, selbstgemalte Transparente und

Protest für den Erhalt der „Maxhütte“ und gegen den Bau der „WAA“.

handgeschmiedete Schilder, T-Shirts und Dokumente, die die Aktivitäten als Teil der regionalen Geschichtsidentität verdeutlichen können. Hier zeigte sich immer wieder, wie wichtig die Geschichten der Vorbesitzer zu ihren Objekten sind, zum Beispiel wenn inzwischen pensionierte Polizisten von ihren dienstlichen Einsätzen innerhalb und ihren Anti-WAA-Demonstrationen mit der ganzen Familie in der Freizeit außerhalb des Bauzauns berichteten.

Industriegeschichte im Museum

Für das Burglengenfelder Volkskundemuseum war der Nordgautag 1986 in Burglengenfeld ein Riesenschritt in die richtige Richtung gewesen: Eben dadurch, dass hier gezeigt wurde, dass man sich nicht nur auf Volkskunst, Hinterglasbilder und nostalgisch rekonstruierte Bauernstuben konzentrierte, sondern der authentischen Regionalgeschichte ein Denkmal setzen wollte, konnte sich das Museum das Vertrauen der Menschen erwerben – und prompt wurden einzigartige Exponate aus der Zeit vor 1933 in den Bestand übergeben, so zum Beispiel:

- Vereinsfahnen (z. B. vom „Reichsbanner Schwarz-Rot-Gold“ oder dem Arbeiterradfahrerbund „Solidarität“, die über viele Jahre vor den Nazis in Kellern versteckt worden waren), Protokollbücher, Noten und Liederbücher, Musikinstrumente aus Arbeitersport- und Arbeitergesangvereinen, aber auch des Maxhütter Werksorchesters (etwa aus Regensburg, Burglengenfeld, Leonberg, Pirkensee, Teublitz und Haidhof)
- politische Relikte wie über Jahrzehnte versteckte Fahnen, Parteibücher und Abzeichen aus der sozialistischen und kommunistischen Arbeiterbewegung, darunter auch Widerstandskämpfer gegen den Nationalsozialismus
- Gewerkschaftsunterlagen und -fotos, Plakate und Berichte über Maikundgebungen, auch beispielsweise das Protokoll der Verhandlung gegen die Aktivisten beim berühmten Maxhütte-Streik von 1907/08
- persönliche Dokumente, wie etwa Zeugnisse, Arbeitsverträge und Tagebuchaufzeichnungen, historische Postkarten und Fotos, auch Arbeitsgeräte
- besonders originell sind von privat überlassene „geschundene“ Eisenprodukte wie Gartenzwerge, Wandreliefs mit bäuerlichen Szenen, ein Gerät

zum Herstellen von Briketts aus Zeitungspapier oder gar ein Hitler-Porträt aus Eisenguss – alles Dinge, die die Arbeiter in den Pausen mit den vorhandenen Restmaterialien herstellten und dann mit nach Hause nahmen.

Das ist auch deshalb so bemerkenswert, weil ja der Nationalsozialismus in dieser seit Anbeginn der Industrialisierung roten bis tiefroten Region die Zeugnisse dieser Kultur zum größten Teil vernichtet hatte. Archivalien, Filme und Fotos aus der Zeit zwischen 1933 und 1945 zeigen, wie die NS-Gleichschaltung die Menschen, die Schulen, die Vereine und die Betriebe in die Unterdrückung zwang und wie schwierig der demokratische Neubeginn nach dem Einmarsch der Amerikaner im April 1945 war. Entnazifizierung, die Repatriierung ehemaliger KZ-Insassen, Kriegsgefangener und Zwangsarbeiter, aber auch die Aufnahme der vertriebenen deutschstämmigen Bevölkerung aus den Grenzgebieten, die letztlich zu einem neuen Aufblühen der Industrie im Maxhüttengebiet führte – all das wird künftig nach der Neugestaltung des Burglengenfelder Museums noch stärker thematisiert und präsentiert werden.

Erst Jahrzehnte nach dem Ende der Naziherrschaft geben die letzten Zeitzeugen und deren Kinder und Enkel die aussagekräftigen und menschlich bewegenden Relikte jener Zeit an die Museen: Briefe eines jahrelang gequälten Humanisten und Kommunisten aus dem KZ Dachau, die handgestickte Tischdecke einer jungen polnischen Zwangsarbeiterin, das Verlobungsfoto eines aus Flossenbürg befreiten jüdischen Paares 1946 im Auffanglager Teublitz – das sind einmalige Zeugnisse und authentische Exponate einer Epoche, über die auch und gerade im Museum zu diskutieren und aus denen zu lernen ist.

Werte und Bewertungen

Der immaterielle Wert der Relikte aus der Arbeiter- und Industriekultur übersteigt den materiellen meist bei weitem. Dies lässt sich auch an der musealen Bearbeitung der Quellen nachvollziehen. In den vordigitalen Zeiten war es längst noch nicht so einfach wie heute, Reproduktionen anzufertigen – all das war mit viel mehr Aufwand und Kosten verbunden. Viele

Objekte wurden dem Museum als Dauerleihgaben überlassen, das meiste geschenkt. Nicht erfolgreich hingegen waren manche Nachkommen, die nach dem Tod eines Sammlers versuchten, dessen Nachlass zu Geld zu machen - das war und ist für ein Volkskundemuseum selbstverständlich indiskutabel, zumal es sich weitgehend um ungeordnete, meist faksimilierte Archivalien handelte, die in dem Sinne keinen Antiquitätenwert haben. Museen verstehen sich heute als „Gedächtnis der Region" und als Dienstleister für Wissbegierige, aber nicht (mehr) als Schatzkammern nur für Gutes, Edles, Schönes und Teures.

Immer wieder aber auch gab es überraschende Nachlässe und Funde, die nach Themenführungen im Museum oder auf dem Gelände der ehemaligen Maxhütte gesichert werden konnten. Auch umgekehrt lief es gelegentlich in den letzten Jahren: einige Großobjekte, wie ein Antriebsmotor des späten 19. Jahrhunderts, die wegen der Modernisierung des Burglengenfelder Museums künftig nicht mehr in der Dauerausstellung gezeigt werden können, wurden an die Stadt Maxhütte-Haidhof zurückgegeben und können dort im Mehrgenerationenhaus Erinnerungen wachhalten. Das gilt auch für den „Eisenmann", der im Foyer der Stadthalle an die große Zeit erinnert.

Der Eisenmann: Früher im Rathaus, heute in der Stadthalle. Erinnerung an die Blütezeit der „Maxhütte".

Besonders wertvoll war für das Museum die Übernahme von rund 200 Schwarzweißfotos des ehemaligen Werksfotografen Joachim Cerny (1935 - 2008), der nach dem Zweiten Weltkrieg für knapp 40 Jahre im Eisenwerk nicht nur Produktionsschritte und -abläufe, sondern auch Belegschaften, die Teeküche in der Werkskantine und die Werksbibliothek, sogar dramatische Arbeitsunfälle, Aufbauten und Abrisse von Werkshallen sowie Geburtstage, Politikerbesuche und Feste dokumentiert hatte. Die letzten seiner Fotos zeigen den Widerstand der Maxhüttenarbeiter gegen die drohende Schließung ihres Werkes in den 1980er Jahren: Vieltausendköpfige Demonstrationszüge durch das Städtedreieck und Kundgebungen vor den Rathäusern.

Er überließ dem Museum nicht nur seine eigenen großformatigen Abzüge, die in mehreren Ausstellungen in Burglengenfeld, Maxhütte-Haidhof und Sulzbach-Rosenberg gezeigt werden konnten, sondern einige Zeit später auch die zugehörigen Mittelformatnegative (was in Zeiten von EU-Urheberrechtsgesetzen und Datenschutzgrundverordnungen tatsächlich von großem Wert ist!).

Auch andere suchten und fanden im Volkskundemuseum Gesprächspartner und dankbare Abnehmer für Relikte der Industriegeschichte, besonders was das Haidhofer Eisenwerk betraf. So überließ der Konkursverwalter Manfred Leiss in Sulzbach-Rosenberg dem Burglengenfelder Museum eine Vielzahl spannender Dokumente und Objekte sowohl aus Sicht der Werksleitung als auch der Arbeitnehmervertreter und sorgte gemeinsam mit uns dafür, dass etwa die Personalbögen und berufsgenossenschaftlichen Unterlagen der Beschäftigten nicht etwa im Reißwolf landeten, sondern der Stadt Maxhütte-Haidhof übergeben wurden. Auch dies wichtige Quellen zur Herkunft der Arbeiter, ihrer Ausbildung und beruflichen Qualifizierung, zu Arbeitskrankheiten und -unfällen u. v. m.

Die Bestände im Burglengenfelder Museum, die das Eisenwerk in Haidhof betreffen, können jederzeit durch Bestände ergänzt werden, die in anderen Museen lagern (etwa in Sulzbach-Rosenberg), aber auch durch lokale und staatliche Archive, wo sich noch immer staunenswerte, aber durchaus auch lückenhafte Mengen an unbearbeitetem Material zur Geschichte der Industrie in der Oberpfalz finden lassen! Manche Dinge sind Zufallsfunde, manches ist erst nach langer Recherche aufzutreiben – so stellte sich etwa im Tausch für eine Leihgabe an das Bayerische Armeemuseum Ingolstadt heraus, dass dort mehrere Ölgemälde von Ernst Dorn (1889 - 1927) aus dem Jahr 1914 aufbewahrt werden, die die frühe Kriegsproduktion im Haidhofer Eisenwerk zeigen, also aus einer Zeit, als noch kaum Bilddokumente angefertigt werden konnten. Ein schönes Gemälde aus der Mitte des 19. Jahrhunderts, das die ersten Gebäude des Eisenwerks zeigt und früher im Direktorenbüro hing, wird heute bei einem ehemaligen Beschäftigten im Wohnzimmer aufbewahrt, der das Bild vor der Vernichtung gerettet hat. Die letzten Arbeiter selbst haben sich darum gekümmert, dass wenigstens einige Stellvertreter der eigenen großen Industriegeschichte noch ins Museum verbracht wurden – die neuen Eigentümer des Geländes, der Hallen und des Inventars haben sich dafür nicht interessiert, nicht einmal als Helmut Läpple 2003 zum Ehrenbürger der Stadt Maxhütte-Haidhof erhoben wurde.

Ein wirklich genauer Überblick, was wann wohin gekommen ist, was überhaupt noch vorhanden ist und wie die Bestände sinnvoll zusammengeführt und ausgewertet werden könnten, ist bis heute nicht geschafft worden.

Aktuell durch neue Schwerpunkte

Noch einmal wurde die Maxhütte in das Zentrum der öffentlichen Aufmerksamkeit gerückt, als die Projektgruppe „Zwangsarbeit" mit Wissenschaftlern und Publizisten aus Berlin und der Oberpfalz sich seit 2010 daran machte, die über Jahrzehnte verdrängte Geschichte der ausländischen Zwangsarbeiter und Kriegsgefangenen während des Zweiten Weltkriegs zu erforschen. Im wahrsten Sinne des Wortes wirbelten die Aktivitäten und Forschungen der Gruppe Staub auf, etwa als es um die unrühmliche NS-Verstrickung des Werksdirektors Friedrich Karl Flick ging, nach dem noch heute Straßen benannt sind.

Auch hier konnte das Museum nicht nur aussagekräftige Fotos, Dokumente und Objekte liefern, sondern mit seinem Netzwerk auch für zahlreiche persönliche Kontakte und Interviews mit den letzten Zeitzeugen sorgen. Zusätzlich zu der Hauptausstellung in der Maxhütter „Hüttenschänke" wurde gemeinsam mit Schülern des Johann-Michael-Fischer-Gymnasiums in der dortigen Aula eine eigene Ausstellung über das Städtedreieck in der

Junge Besucher der Ausstellung „Zwangsarbeiter" im März 2010.

NS-Zeit realisiert. Die Hauptausstellung wanderte anschließend mit einem jeweils regionalen Schwerpunkt noch durch ganz Deutschland und erregte überall enorme Aufmerksamkeit.

Auch künftig, nach der Umgestaltung des Museums, wird die Industrialisierung der Region Oberpfalz, die bisher schon fünf Räume im nördlichen Neubauflügel einnahm, in allen ihren Facetten wie ein „roter Faden" die musealen Arbeitsschwerpunkte „Sammeln, Dokumentieren, Präsentieren, Vermitteln" maßgeblich beherrschen. Nach der Gesamteröffnung des Museums im November 1987 hat sich immer wieder herausgestellt, dass der Verlust der Industrien und der damit verbundenen Kulturen ähnlich zu bewerten ist wie das „Bauernsterben" im 19. und 20. Jahrhundert, das in der ersten Gründungswelle der Orts- und Heimatmuseen das Motiv für das Sammeln und Bewahren abgab.

Neben temporären Ausstellungen im Museum und anderswo spielen vor allem auch die gymnasialen Facharbeiten und Publikationen von Schüler*innen und Studierenden eine wichtige Rolle, weil diese zu einem jeweils speziellen Aspekt des Rahmenthemas Industrialisierung die Archivalien, Bilder und Gewährspersonen ermitteln und deren Aussagen auswerten.

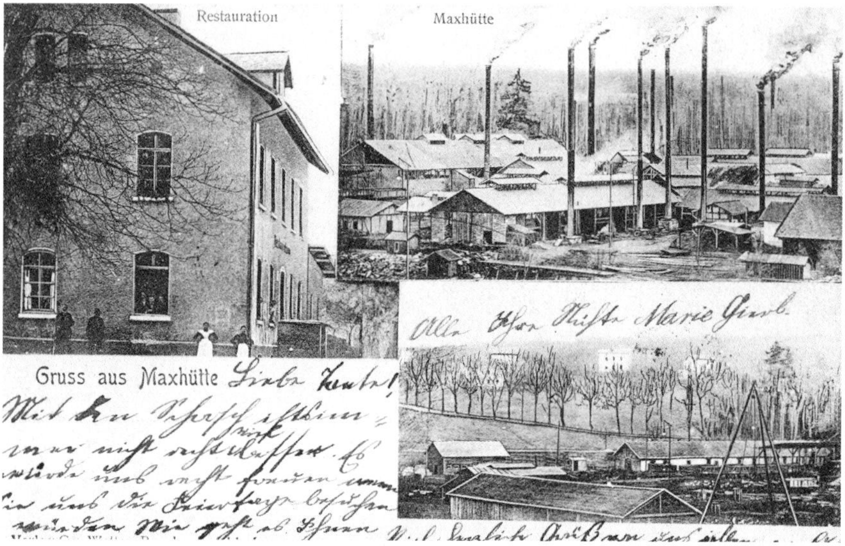

Das Eisenwerk prägt Maxhüttes Bild auf historischen Ansichtskarten. Restauration Rothenfußer, Vorgänger der „Hüttenschänke".

Da heute die Publikations- und Druckmöglichkeiten auch kleiner Auflagen so viel einfacher geworden sind, können auch private Bildersammlungen der Öffentlichkeit zugänglich gemacht werden, etwa 2013 eine Sammlung historischer Ansichtskarten aus Maxhütte-Haidhof durch Anita Alt.

Die Eisenindustrie lässt die Stadt nicht los – auch 30 Jahre nach dem „Aus" des Eisenwerks ruhen die Erinnerungen nicht. Engagierte Bürger*innen machen Führungen in der Stadt, zum Beispiel am jährlichen „Tag des offenen Denkmals", publizieren in Zeitungen, Jahresbänden und Buchverlagen, veranstalten kleine und größere Sonderausstellungen oder weisen bei passender Gelegenheit darauf hin, dass es das ein oder andere Gebäude zu erhalten gälte! So stehen zum Beispiel heute nicht alle der alten Direktorenvillen am Hang oberhalb des alten Eisenwerks unter Denkmalschutz und es ist ausschließlich privater Initiative zu verdanken, dass einige von ihnen mustergültig saniert worden sind. Jüngst gab es heftige denkmalpflegerische Diskussionen um den Bahnhof in Haidhof, im Kern immerhin aus der Mitte des 19. Jahrhunderts und damit ein früher, mit dem Eisenwerk Maxhütte in

Neuwirtshaus am Sauforst 1909. Erbaut wurde das Neuwirtshaus im Jahr 1829. Viele Geschäftsreisende fanden während der Zeit des Aufbaus des Eisenwerkes im Neuwirtshaus Unterkunft.

direktem Zusammenhang stehendes Industriegebäude, das seit Jahren als Baustelle vor sich hin vegetiert! Dass die Hüttenschänke seit langem leer steht und das Neuwirtshaus seinen alten Glanz nur noch für Eingeweihte an der Bausubstanz erkennen lässt, ist zu verschmerzen, solange es die Gebäude wenigstens noch gibt. Schlimmer sind Komplettabrisse, wie an den Ausfallstraßen des Werkes, wo noch bis weit in das 20. Jahrhundert hinein große und berühmte Wirtshäuser darauf warteten, dass die Arbeiter nach Schichtende ihren Lohn in Bier- und Schafkopfrunden umsetzten.

Kunst und Industrie

Immerhin – es gibt auch Positives zu vermelden: So konnte der Objektkünstler Florian Zeitler 2018 und 2019 mit der Aktion „Kunst im Stadtpark“ inmitten großer Bäume seine Reminiszenz an die Industriegeschichte unter dem Titel „Baum-Art“ umsetzen. Und es gäbe durchaus auch historische Kunstwerke mit Bezug zum Eisenwerk zu erhalten, etwa das Supraporte „Wille schafft Werke“ von Georg Weist (1907 - 2002) über dem Eingang des

Förderturm bei Deglhof, Erinnerung an die Bergbautradition in Maxhütte-Haidhof.

Maxhütter Rathauses aus der Zeit der Stadterhebung in den frühen 1950er Jahren, das wegen der Neugestaltung der Fassade abgebaut und im städtischen Bauhof eingelagert wurde. Auch der Burglengenfelder Kunsterzieher und Graphiker Heribert Krotter und die Malerin Eva Witt aus Regensburg haben Holzmodel und Eisenschlacke aus dem Werk zu Kunstwerken umgeformt, die nur darauf warten, öffentlich gezeigt zu werden und die Bürger*innen der Stadt und ihre Gäste an die große Geschichte zu erinnern. Solche kleinen Marker finden sich auch andernorts, so ziert die evangelische Christuskirche in Burglengenfeld seit 1959 ein monumentales Altarkreuz von Hermann Jünger (1928 - 2005) aus Bronzeguss und Schmiedeeisenteilen, die im Eisenwerk hergestellt worden waren.

Spuren vor Ort erhalten (etwa das Grab von Henri Joseph Goffard aus dem Jahr 1854 im städtischen Friedhof in Burglengenfeld), Mahnmale setzen (wie etwa seit 2004 den Förderturm an der Straße nach Deglhof), in einem oder mehreren Museen und Archiven Forschungs- und Wissensangebote bieten – das ist es, was wir heute noch leisten können. Die Musealisierung von Industriegeschichte, gar zum „Weltkulturerbe" (etwa die Völklinger Hütte oder die Zeche Zollverein), gelingt an manchen Orten und in manchen Regionen vorbildhaft, in der mittleren Oberpfalz ist es vielleicht die sprichwörtliche Genügsamkeit und Bescheidenheit der Menschen, die ein offensives Fordern und Fördern eines denkmalgerechten Umgangs mit einem prägenden Wirtschaftszweig verstellen.

LITERATUR

Berwing, Margit: „Die Verhältnisse sind oft stärker als die Menschen" – Arbeiterkultur in Burglengenfeld und Umgebung. In: Festschrift zum 26. Bayerischen Nordgautag, 28.5. - 1.6.1986 in Burglengenfeld. Kallmünz 1986, 87-90.

Berwing-Wittl, Margit: Menschen und Maschinen. Die Bilder des Werksfotografen Joachim Cerny vom Eisenwerk Maximilianshütte in Haidhof 1945 - 1985. In: Jahresband zur Kultur und Geschichte im Landkreis Schwandorf, Bd. 12/13, 2001/2002, 11 - 25.

Duschinger, Oskar und Dietmar Zierer: Glanz und Elend der Maxhütte. Burglengenfeld 1990.

Edenhofer, Richard: „Kommt nicht in Frage, meine Herren!" Ein Beitrag zur Geschichte der Arbeitnehmer in der Oberpfalz. Sulzbach-Rosenberg 1983.

Industrie und Kultur - Glückauf der Oberpfalz. Festschrift zum 34. Bayerischen Nordgautag, 30.5. - 2.6.2002 in Maxhütte-Haidhof (div. Beiträge zur Industriegeschichte der Region).

40 Jahre Stadt Maxhütte-Haidhof 1953 - 1993.

Meier, Michael: Erinnerungen an das Eisenwerk Maxhütte-Haidhof. In: Jahresband zur Kultur und Geschichte im Landkreis Schwandorf, Bd. 1, 1990, 54 - 65.

Morsbach, Peter: Untersuchungen zur Baugeschichte der ehemaligen Maximilianshütte in Maxhütte-Haidhof und Teublitz. In: Jahresband zur Kultur und Geschichte im Landkreis Schwandorf, Bd. 12/13, 2001/2002, 80 - 119.

Morsbach, Peter und Toni Nachbar: Überlegungen zur Nutzung des alten Elektrischen Betriebs und Kesselhauses (Elektrische Zentrale) in der ehem. Maximilianshütte in Teublitz. Manuskript i.A. der Läpple-Blechverarbeitung GmbH & Co. Bayern. Karlstein und Reichenberg, Oktober 1997.

Morsbach, Peter und Toni Nachbar: Zu Inventarisation technischer Denkmäler am Beispiel der ehemaligen Maximilianshütte in Maxhütte-Haidhof. In: Kulturland Oberpfalz – Wege in die Zukunft (= Festschrift zum 31. Bayerischen Nordgautag, 5. - 9.6.1996, in Windischeschenbach). Kallmünz 1996, 93-96.

Müller, Gerhard: Arbeiterleben und Arbeiterbewegung in der Oberpfalz 1848 - 1919 (Schriften des Bergbau- und Industriemuseums Ostbayern, Bd. 15). Theuern 1988.

Pach, Paul: Arbeitergesangsvereine in der Provinz. „Vorwärts“ Pirkensee und „Volkschor“ Maxhütte (Regensburger Schriften zur Volkskunde, Bd. 3). Berlin und Vilseck 1987.

Steiner, Ulrike: Der Streik im Eisenwerk Maximilianshütte in Haidhof 1907/08. Soziale Problematik in der Industriearbeiterschaft der Oberpfalz zu Beginn des 20. Jahrhunderts. Magisterarbeit am Lehrstuhl für Bayerische Landesgeschichte der Universität Regensburg 1999 (Manuskript).

Weigl, Julia: IndustrieKulturGeschichte im Landkreis Schwandorf. Regensburg 1994, bes. 33 - 48.

Weigl, Julia: Neue Wege. Industriekultur im Landkreis Schwandorf. In: Jahresband zur Kultur und Geschichte im Landkreis Schwandorf, Bd. 2, 1991, 82 - 86.

Die Sirenen heulten auf dem Werksgelände

GERHARD HOFFMANN

Meine erste Begegnung mit dem Eisenwerk Maxhütte war im Winter 1946/47, als mein Vater mich, einen 13-Jährigen, spätabends mit ins Werk nahm, um mir den „Abstich“ des Siemens-Martin-Ofens zu zeigen. Der flüssige Stahl, beeindruckte mich so, dass ich wünschte, hier mal Ingenieur werden zu können. Vielleicht spielten da auch die „Gene“ eine gewisse Rolle: Mein Ur-Urgroßvater und mein Urgroßvater waren Schmiede in der Marienhütte in Mallmitz/Niederschlesien zu Zeiten, als es die Maxhütte noch nicht gab.

Aber erst musste ich mein Abitur an der Oberrealschule in Regensburg machen, um studieren zu können. Vor Beginn des Studiums war ein halb-

Kukillenabfüllung mit flüssigem Stahl.

Gießerei, Verschiebekran.

jährliches Grundpraktikum Pflicht. Dieses Praktikum absolvierte ich von 1952 bis 1954 schon während der Schulferien und dann nach dem Abitur bei der Maxhütte. Genauer gesagt erst in der dortigen Lehrwerkstatt, zusammen mit den auszubildenden Schlosserlehrlingen. Ich stand wie sie am Schraubstock und feilte meine Proben: Sechsecke und Achtecke. Obermeister Nikolaus Spörl wies mich gleich zurecht, wie ich am Schraubstock zu stehen hätte: „Nicht wie am Sägebock!". Als Entlohnung für meine Arbeit erhielt ich 1 Mark und 2 Pfennige pro Stunde, was dem Lohn eines ungelernten Arbeiters entsprach. Ich durchlief noch andere Abteilungen, lernte Autogen-und Elektroschweißen, arbeitete in der Modellschreinerei und als Former in der Gießerei. Vom Praktikum im Elektrobetrieb sind zwei Arbeiten fest in meinem Gedächtnis eingeprägt:

1. Die Neuverdrahtung der Schützensteuerung am alten Gießkran im Martinwerk. Diese Arbeiten erfolgten bei vollem Produktionsbetrieb. Das heißt: Der Kran wurde von den anderen Kränen auf derselben Kranbahn dauernd angerempelt und mitgeschoben. Unter uns befanden sich in der Gießgrube die frisch abgefüllten Kokillengespanne!

2. Die Umrüstung des im Freien stehenden Fallwerkkrans auf Drehstrom. Hier waren morgens kurz nach 6 Uhr bei frostigen Temperaturen im Oktober erst mal 30 Meter Aufstieg über glatte Eisenleitern zu schaffen. Dort musste ich mit schnell stumpf werdenden Bohrern Löcher für die Kabelschellen in die Kranträger bohren. Lieber hätte ich mit meinen Kollegen im warmen Führerhaus Kabelschuhe angelötet. Mein Respekt vor unangenehmen, beschwerlichen Arbeiten, die auch gemacht werden mussten, war dadurch von Anfang an vorhanden.

Zum Studium hatte ich mich bei der TH (heute TU) München angemeldet. Während meines Praktikums im Eisenwerk Haidhof hatte ich andere Praktikanten kennengelernt: Eisenhüttenleute, die nur in Aachen, Clausthal oder Berlin studieren konnten. Sie hatten mich motiviert, für ein oder zwei Semester an die Technische Universität nach Berlin mitzukommen. Geblieben bin ich letztlich 10 Semester, denn ich absolvierte in Berlin mein gesamtes Regelstudium. Nach dem Studium fing ich bei der AEG-Berlin an. Dort hatte ich bereits in den Semesterferien, aber auch während des Studiums regelmäßig gearbeitet. Berlin war damals noch eine Vier-Sektoren-Stadt und un-

Das Kaltwalzwerk in Haidhof entsteht 1959.

geteilt. Es studierten auch Kommilitonen aus dem Osten bei uns an der Uni. Damals konnte man sich in ganz Berlin noch frei bewegen, mit der S-Bahn überall hinfahren. 1960 kam ich in die Walzwerkabteilung der AEG und arbeitete dort auch mit Kollegen aus Ost-Berlin zusammen. Als die Mauer gebaut wurde, fehlten diese Kollegen von einem Tag auf den anderen. Einige kamen wieder. Sie hatten alles aufgegeben und blieben im Westen.

Über die AEG war ich auch wieder mit der Maxhütte in Kontakt gekommen. 1959 begann der Bau des Kaltwalzwerkes mit dem Planieren des Geländes nördlich vom alten Werk Richtung Teublitz. Ich war bei der AEG für die Projektierung und Inbetriebnahmeleitung des Reversier-Walzgerüstes verantwortlich und kam so des Öfteren auch nach Linz zur VOEST, die den mechanischen Teil für das Kaltwalzwerk lieferte. Als am 7. Dezember 1961 das erste Band im KWW Haidhof gewalzt wurde, war ich mit vor Ort. Nachdem das Walzgerüst lief, bin ich zurück zur AEG nach Berlin.

Stellenangebot von der Maxhütte

Bei AEG wurde ich mit der Projektierung einer Walzenstraße im Ausland beauftragt. Dies hätte einen längeren Auslandsaufenthalt zur Folge gehabt. Ich hatte aber inzwischen geheiratet und bekam Anfang 1964 von der Maxhütte ein Stellenangebot. Und so wechselte ich im Mai 1964 zur Maxhütte als stellvertretender Betriebschef, oder wie man damals sagte, als „Betriebsassistent".

In meiner neuen Funktion war ich mitverantwortlich für die Stromversorgung des Werkes, den Betrieb und die Instandhaltung aller elektrischen Anlagen und den Einsatz des Elektriker-Personals in den einzelnen Betriebsabteilungen des Warm- und Kaltwalzwerks und in der Elektrowerkstatt. Im Bereich „Elektrobetrieb" waren rund 100 Transformatoren, ca. 8.000 Elektromotoren, Gleich- und Drehstrom, im Einsatz. Zu dieser Zeit hatten wir im Haidhofer Werk noch eine eigene Motorenwicklerei für Gleichstrommotoren. Die alten Kran-Gleichstrommotoren, die noch aus alten Zeiten der Elektrifizierung des Werks vorhanden waren, wurden im EB repariert. Wir hatten also noch eigene Elektromotorenbauer. Bis 1974 wurden auch noch

Der Elektrobetrieb in den 70er Jahren. Im dunklen Anzug mit Brille Dipl.-Ing. Gerd Hoffmann.

der größte Teil des Ortsnetzes und die Straßenbeleuchtung des Ortes Maxhütte vom Werk aus mit Strom versorgt. Außerdem gehörten zum EB über 100 Kranführer aus beiden Werksteilen. Als Strahlenschutzbeauftragter war ich verantwortlich für die im Kaltwalzwerk eingesetzten radioaktiven Messgeräte und die vierteljährliche Belehrung des Personals.

1975 wurde ich zum Betriebschef des Elektrobetriebes ernannt und behielt diese Funktion bis zu meinem Ausscheiden aus der Maxhütte bei.

Während meiner Zeit bei der Maxhütte wurde das Werk Haidhof ständig erweitert und den neuen Anforderungen angepasst.

Im Kaltwalzwerk wurden neue Hallen angebaut, neue Anlagen kamen hinzu und die vorhandenen Anlagen wurden

Abriss der alten Generatoren.

Kaminbau für die neue Kontistraße III.

ständig modernisiert. Im Altwerk wurden das Siemens-Martin-Stahlwerk, das Warm-Blechwalzwerk, die Tafelverzinkerei und das alte Stabeisenwalzwerk stillgelegt und demontiert. Stattdessen wurden zwei moderne kontinuierliche Walzstraßen mit bis zu 18 Gerüsten, die Konti II und Konti III gebaut.

Außerdem hatte die Maxhütte in leerstehenden Hallen vom Hüttenwerk Salzgitter, in denen die Russen nach dem Krieg die Anlagen demontiert hatten, eine Bandverzinkungsanlage gebaut. Dieser Vertrag von 1969 hatte eine Laufzeit von 15 Jahren. Ich kümmerte mich um Projektierung, Inbetriebnahme und später auch um die Betreuung der Anlage. Dazu musste ich anfangs wöchentlich, später nicht mehr so oft, nach Salzgitter pendeln. Die Chauffeure fuhren mich dabei km-mäßig wohl mehrmals um den Erdball.

Plötzlich wurden alle Rechnungen bezahlt

Der Konkurs der Maxhütte am Gründonnerstag 1987 kam plötzlich, aber für mich nicht ganz unerwartet. Er hatte sich schon angedeutet. Zuvor waren alle Rechnungen bei klein- und mittelständischen Firmen beglichen worden. Bei Klöckner gab es kurz vor Ostern keinen Ansprechpartner, keinen Vorstand und kein Verantwortlicher war in Reichweite. Eine günstige Fügung. Der Konkurs hatte das Ende des Haidhofer Werks zur Folge, obwohl es zunächst noch weiterging.

Es gab lange Diskussionen um eine Auffanggesellschaft, an der sich alle deutschen Hüttenwerke beteiligen sollten. Übrig blieben eher wenige Stahlunternehmen. Diese Auffanggesellschaft, die später in die „Neue Maxhütte" mündete, sah die Schließung des Werkes Haidhof vor. Das Kaltwalzwerk war schon Ende 1985 von Klöckner gekauft und wegen der Stahlquote stillgelegt worden, um das eigene Kaltwalzwerk in Bremen besser auszulasten. Das Kaltwalzwerk in Haidhof wurde demontiert.

Die Walzgerüste gingen in die USA zu Nucor, eine Längsteilanlage zu Klöckner nach Bremen und das Einlaufteil der Bandbeize nach Thessaloniki zu Hellenic Steel. Bei der Inbetriebnahme in Bremen und Thessaloniki waren auch ehemalige KWW-Angehörige im Einsatz. Ich bin am 31. Dezember 1990 ausgeschieden, als letzter Ingenieur im Werk Haidhof. Andere Führungskräfte waren schon Mitte des Jahres in die „Neue Maxhütte" nach Rosenberg übernommen worden. Ich, mit fast 57 Jahren, war nicht mehr dabei.

Durch Zufall landete ich stattdessen bei der Firma Läpple. Eines Tages kamen zwei Herren der Firma Läpple, um sich das leerstehende Kaltwalzwerk anzusehen. Läpple war schon lange ein guter Kunde des Kaltwalzwerkes und bezog sein Blech von der Maxhütte. Ich zeigte ihnen das Werk und wir planten schon mal im Stillen, wie es aussehen könnte, wenn es Läpple gehören würde.

Die Herren waren eigentlich bei Audi in Ingolstadt gewesen und hatten einen Abstecher nach Haidhof gemacht. Herr Helmut Läpple war durch einen Bewirtungsschein aus der Hüttenschänke aufmerksam geworden und hakte nach, was da los gewesen sei. Zwei Wochen später meldete sich Herr Läpple persönlich.

Er kam mit seiner Familie und seiner Geschäftsführung aus Heilbronn nach Haidhof, schaute sich das Kaltwalzwerk an und beschloss: „Das kaufen wir!"

Der offizielle Kauf fand am 13. September 1990 statt. Ich war seit jenem Besuch bei Läpple als freier Mitarbeiter tätig, ansonsten blieb ich bis zu meinem Ausscheiden Mitglied der Maxhütte.

Das war das endgültige Aus

Im Januar 1991 stieg ich offiziell bei Läpple ein und blieb neun Jahre als Leiter der Werkstechnik für die Medienversorgung und Instandhaltung zuständig. Der Aufbau des neuen Läpple-Werkes in Teublitz – das ist die offizielle Anschrift – war mit enormem Aufwand verbunden. Die Maxhütte hatte noch aus historischen Anfängen eine Mittelspannung von 6 kV. Diese Spannung wurde auf 20 kV umgestellt, das heißt, die Mittelspannungsschaltanlagen und sämtliche Transformatoren mussten neu angeschafft werden. Die 500 V- und 400 V-Schaltanlagen konnten zum Teil weiter genutzt werden.

1992 kaufte Läpple noch das alte Maxhütte-Werk dazu und benutzte die Hallen zunächst als Lager für Pressenwerkzeuge, später wurde auch die Produktion dorthin ausgeweitet. Die Hallen mitsamt den maroden Dächern wurden mit großem Aufwand instandgesetzt.

Am 28./29.06.1990 war in der Nachtschicht der letzte Produktionstag der Kontistraße II gekommen; das Ende von 137 Jahren Maxhütte Werk Haidhof. Schon am Vormittag saßen die Arbeiter der Elektrowerkstatt an ihrem letzten Arbeitstag im Aufenthaltsraum zusammen. Plötzlich erschienen einige Frauen mit Kindern. Der Pförtner hatte sie eingelassen, was durchaus nicht ungefährlich war, da das Werk ja noch in Betrieb war. Doch die Arbeiter wollten ihren Familien zum Schluss noch zeigen, wo sie ihre Arbeitszeit verbracht hatten.

Als nachts der letzte Stab an der Konti II lief, stand ich bei den Leuten der Nachtschicht dabei. Viele hatten Tränen in den Augen. Jetzt war uns allen klar: Das war das endgültige Aus.

Ich versuchte noch zu verhindern, dass die Sirenen im Werk eingeschaltet werden. Wir hatten damals die Möglichkeit, vom Werk aus auch die öffentlichen Sirenen auf dem damaligen Jugendheim und auf der Schule über Telefonleitungen anzusteuern. Doch irgendwie schafften das meine Elektriker

Letzter Arbeitstag im Werk. Ein wehmütiger Blick auf die Kontistraße.

vom Umformerwerk aus. Nachdem der letzte Stab im Stabeisenwalzwerk gelaufen war, fingen die Sirenen nachts in Maxhütte an zu heulen.

Ich saß noch eine Zeitlang mit meinen Leuten zusammen, bevor ich nach Haus ging: an der Hüttenschänke vorbei, wo noch bis in die Morgenstunden die Gläser klirrten.

Beide Kontistraßen waren nach Indonesien verkauft worden und sollten bei Jakarta wieder in Betrieb gehen. Die Kontistraße III war von uns schon stillgelegt, Konti II lief noch.

Die Sache mit Indonesien

Zur Demontage war Personal aus Indonesien angereist. Die Arbeiter waren Moslems, die Ingenieure Christen, wohl noch in Missionsschulen der holländischen Kolonialzeit erzogen. Diese saßen jeden Sonntag in der evangelischen Kirche von Maxhütte, obwohl sie kein Wort Deutsch verstanden. Alle aber liebe, freundliche und wie ich später auch feststellte, hochintelligente Menschen. Sie waren gegenüber von meinem Haus im ehemaligen, leerstehenden Maxhütte-Casino untergebracht. Sie hatten ihren eigenen Koch und auch ihre exotischen Gewürze mit nach Maxhütte-Haidhof gebracht und stellten mir jeden Tag Essen vor die Tür. Doch jeden Tag indonesisch war mir zu viel des Guten. Ich hatte ihnen versprochen, dass ich zur Inbetriebnahme der Haidhofer Anlagen nach Indonesien mitkäme, was ich jedoch nicht einhalten konnte, da ich zu jener Zeit im neuen Läpple-Werk nicht abkömmlich war. Ich schickte stattdessen einen erfahrenen Betriebsleiter mit, der die alten Walzenstraßen in Indonesien in Betrieb nahm. Um die Inbetriebnahme der Elektrik kümmerte sich ein schwedischer Ingenieur. Mit ihm traf ich mich auf dem Münchener Flughafen. Er hatte seinen Flug für einen Tag unterbrochen und ich versuchte ihm in aller Kürze die Funktion und den Ablauf der Walzenstraßen zu erklären. Ich ärgere mich heute noch, weil ich mich einen Tag lang mit ihm in Englisch unterhielt, aber zum Schluss feststellte, dass er perfekt Deutsch sprach.

Nach Indonesien bin ich nie gekommen. Allerdings bekam ich später einen überaus netten Brief und hatte auch später noch eine Zeitlang Kontakt mit indonesischen Ingenieuren. Der Chef jener Demontagegruppe war übrigens ein Japaner, der das alleinige Sagen hatte. Keiner antwortete, ohne ihn vorher angesehen zu haben und keiner lachte, ehe ER lachte.

Die Haidhofer Anlage wurde in Indonesien tatsächlich aufgebaut und lief dort auch eine Zeitlang. Das Werk gehörte wohl einem reichen Textilunternehmer aus Indonesien, der auch mal in Haidhof war. Wir haben den Indonesiern damals als Beigabe riesige Container voller Schrott mitgegeben. Diese wollten nur Gewicht haben, denn je nach Gewicht bekamen sie ihre staatlichen Zuschüsse.

Da wurden im Werk Haidhof noch alte Kräne demontiert, die in Indonesien nie aufgebaut wurden. Die Kräne waren bei uns zerschnitten und in Container gepackt worden.

Es hat lange gedauert, bis ich mich innerlich vom Maxhütte-Werk Haidhof verabschiedet hatte. Lange Zeit hortete ich noch die E-Proms für verschiedene Anlagensteuerungen. Ich dachte mir: Wenn das Werk wieder in Betrieb genommen wird, dann hast du alles parat, was natürlich Unsinn war.

Kaltwalzwerk auf Vordermann gebracht

Im ehemaligen Kaltwalzwerk begann Läpple gleich nach dem Kauf alles wieder auf Vordermann zu bringen. Das KWW Haidhof war 1985 stillgelegt und 1986 demontiert worden. Es wurden alte Dächer heruntergerissen, die Hallen neu eingedeckt. Die alten Fundamente wurden weggestemmt, die Büroräume neu hergerichtet. Das Unternehmen Läpple hat in dieser Anfangsphase sehr viel investiert. Ich erinnere mich, als Herr Läpple in meiner Anwesenheit sagte: „Das wird hier ein Schmuckstück!“

Schon beim Bau 1961 waren die Hallen des Kaltwalzwerkes ein Blickfang.

Ich erinnere mich auch noch an einen Besuch des bayerischen Wirtschaftsministers Anton Jaumann im Läpple-Werk, der mich ohne zu kennen gleich duzte. Bei diesem Besuch waren die Hallen noch ohne Dach. Es waren zahlreiche Leute aus dem Wirtschaftsministerium mit dabei, ebenso etliche Reporter aus der Landeshauptstadt.

Es war ein kalter Winter und die Leute froren in den Hallen. Zum Glück hatten wir einen beheizbaren Toilettenwagen im Einsatz, der ständig belegt war, weil sich alle dort aufwärmten.

Wenn ich Pläne und Fotos von der Maxhütte sehe, denke ich zurück an die Entwicklung des Werkes. Es gab Arbeiter, die in vierter Generation bei der Maxhütte beschäftigt waren. Arbeiter, die ihr Arbeitsgerät pflegten, als wäre es ihr eigenes. Später bei Läpple, wo die Kräne von „Allen“ funkferngesteuert wurden, war „Keiner“ mehr zuständig. Wenn etwas kaputt war, dachte man sich: „Der nächste wird's schon merken!“ Das war für mich eine bittere Erfahrung.

Ich erinnere mich an die Arbeiter an den alten Walzenstraßen mit ihren Holzpantinen. Ihr Rhythmus: 20 Minuten Arbeit – 20 Minuten Pause. Nur so konnten sie die unbändige Hitze an ihrem Arbeitsplatz ertragen. Überhaupt: Die zweite Schicht von 14 - 22 Uhr im Sommer war die härteste Schicht. Da floss der Schweiß in Strömen. Lange Zeit wurde auch Bier im Werk getrunken, das Anfang der 50er Jahre zum Glück ein sehr leichtes Bier war. Gottseidank gab es in meiner Zeit als Betriebschef keine tödlichen Unfälle im Elektrobetrieb. Aus anderen Abteilungen hörte ich immer wieder mal von schlimmen Unfällen, die mich betroffen machten.

Ich freue mich, dass immer noch Leben ist - da unten im Werk; dass noch gearbeitet wird und die Werkshallen nicht zerfallen. Leider wurde auch viel Historisches beseitigt.

Ja, ich denke noch gerne zurück an die guten Zeiten. Eines sollte man nie vergessen: Die Maxhütte hat uns unser tägliches Brot gegeben!

Der Fußball als Sprungbrett in die „Maxhütte“

GÜNTHER HOCHSTETTER

Als ich 1948 in der Maxhütte anfing, gab es wenige Arbeitsplätze. Aber es gab einen erfolgreichen Fußball-Verein in der Stadt, den FC Maxhütte-Haidhof. Der Hackl Luck, ein Verwandter, der damals schon beim SSV Jahn spielte, meinte: „Geh als Fußballer zum FC und ich spreche mit dem Werksdirektor Dr. Petersen.“ Bis dahin spielte ich in der Jugend als rechter Läufer beim SV Leonberg.

Ich wurde dann zu einem Einstellungsgespräch eingeladen, obwohl die Einstellungszeit schon vorüber war. Und so wurde ich allein geprüft und von Dr. Ziegler für geeignet befunden. Er meinte nach der Prüfung, er könne mir gleich das Ergebnis verkünden. Ich könne in vier Wochen anfangen, entweder im Elektro- oder im Maschinenbetrieb. Da mein Vater auch im Ma-

Eingang zum Sportpark Maxhütte 1932. 1935 lautet die Schrift am Eingangstor: FC Haidhof.

Maschinenbetrieb: Meister Schorsch Weigert (außen re.stehend), Chef Max Lamprecht (außen links).

schinenbetrieb arbeitete, entschied ich mich für diesen Betriebsteil. Und so begann ich meine Lehre als Schlosser im Maschinenbetrieb. Aber ich wollte von Anfang an mehr wissen und so besuchte ich, wann immer es möglich war, Kurse eines Uni-Lehrers, der auch im Eisenwerk unterrichtete.

Nach meiner Lehrlingszeit war ich einige Jahre Schlosser, dann Vorarbeiter und machte bald darauf die Meisterprüfung. Mein Vorteil war, dass ich nicht nur in der Schlosserwerkstatt eingesetzt war, sondern auch vor Ort in den Betrieben. So konnte ich viel Erfahrung und Wissen sammeln. Da gab es beispielsweise im Stabeisenwalzwerk eine Schlosserwerkstatt mit 15 Schlossern; in den Konti-Straßen gab es neben den Vorarbeitern auch einen Trupp Schlosser.

In der Konti II arbeitete ich später als Meister. In meinem Büro war auch ein Geschäftsführer tätig, der sich um die schriftlichen Sachen kümmerte. Ich war dafür mitverantwortlich, dass die Betriebe einwandfrei und technisch reibungslos liefen.

Herr Lamprecht, der Betriebsleiter, kam meist morgens zur Besprechung vorbei. Eines Tages sagte er zu mir: „Herr Hochstetter, ich muss mit Ihnen offen sprechen. Sie haben ein zu gutes Verhältnis zu Ihren Beschäftigten.

Das müssen Sie ändern!" Das wollte und konnte ich nicht ändern. Als in diesem Moment eine Störung erfolgte, sah er, wie zwei Schlosser im Laufschritt zum Einsatzort eilten. Herr Lamprecht meinte lakonisch: „Die laufen wohl so schnell, weil sie mich sehen!"

Ich antwortete ihm kurz: „Die laufen immer, wenn Not im Betrieb ist, weil wir hier ein wirklich gutes Arbeitsklima haben und jeder seine Arbeit so gut wie möglich macht."

Zur Herstellung von förderlichen Kontakten gehörte auch der Besuch im Casino des Eisenwerkes Haidhof. Wer beruflich wertvolle Kontakte knüpfen wollte im Eisenwerk, war gut beraten, sich ab und an im Casino sehen zu lassen. Während in der Hüttenschänke auch Leute verkehrten, die nicht zum Werk gehörten, verkehrten im Casino vorwiegend die Chefs, wenngleich es den einfachen Arbeitern keineswegs verboten war, dort einzukehren. Die Preise waren auch gehobener als in der Hüttenschänke. Bei den Besuchen im Casino wurden vor allem berufliche Gespräche geführt. Teilweise hielt auch die Gewerkschaft dort Veranstaltungen ab. Zum Casino gehörte auch ein Tennisplatz, auf dem die Eisenwerk-Chefs Tennis spielten. Mein damaliger Chef, Ingenieur Lambrecht, der für den gesamten Maschinenbetrieb zuständig war, nahm mich des Öfteren mit ins Casino. Wenn wir Zwei im Casino waren, siezten wir uns, während wir sonst per Du waren. Soviel Diskretion musste sein.

Ehemaliges Beamtencasino im Sommer 1940.

Viele Chefs des Eisenwerks gingen ins Casino, um ihre Bedeutung hervorzuheben. Als Betriebschef war ein Casino-Besuch geradezu Pflicht.

Vorsitzender der IG-Meistergruppe

Ich war zu jener Zeit bei vielen Vereinen in Maxhütte-Haidhof aktiv. Ich übernahm für ein paar Jahre als Vorsitzender den FC Maxhütte-Haidhof, kandidierte auf der SPD-Stadtratsliste und wurde später für 12 Jahre zum 2. Bürgermeister gewählt. Im Werk engagierte ich mich im Angestellten-Bereich und war zuletzt auch Vorsitzender der IG-Meistergruppe.

Es war immer mein Bestreben, mich fortzubilden, noch mehr zu lernen und zu wissen.

Im Stabeisenwalzwerk in der Straße I hatten wir eines Tages eine Störung, die keine Fremdfirma hatte beseitigen können. Mein Chef, der wusste, dass ich intensiv mit den Abläufen im Walzwerk vertraut war, nahm mich daraufhin mit in eine Besprechung, in der über Lösungsmöglichkeiten des Problems diskutiert werden sollte. Ich habe bei jener Besprechung einen Vorschlag für einen Umbau gemacht, der tatsächlich die Probleme im Stabeisenwalzwerk beseitigte.

Das Maxhütte-Werk Haidhof war mein Leben. Als die Kontistraßen aufgebaut wurden, waren auch Spezialisten aus Frankreich dabei, die während der Zeit des Aufbaus in Mossendorf in einem Wirtshaus wohnten. Ich bin des Öfteren mit ihnen nach Feierabend heimgefahren, um gemeinsam zu überlegen, wie wir am nächsten Tag mit dem Aufbau weitermachen können.

Als wir die Kontistraßen aufbauten, dachten wir alle, wir hätten eine Technologie für die Zukunft an unserem Stahlstandort etabliert. Wären da nicht die dunklen Wolken am Stahlhimmel geschwebt. Überall ging die Kunde, es würde weltweit zu viel Stahl produziert. Auch die Maxhütte hatte ein bestimmtes Kontingent für seine Walzstraßen erhalten. Als Klöckner die Mehrheitsanteile an der Maxhütte erwarb, tat das Unternehmen alles, um sich diese Kontingente der Maxhütte einzuverleiben. Dagegen kam keine noch so moderne Technik an.

Der Umbruch vom Warmblechwalzwerk hin zu den Kontistraßen war reibungslos verlaufen. Die Einarbeitung war sogar schneller vorangegangen als gedacht. Wieder einmal hatte sich gezeigt: Die Maxhütte-Arbeiter leb-

Abbau der Blechwalzstraße IV.

ten für ihr Werk und setzten alles daran, dass ihr Betrieb wieder produzieren konnte, schneller und mehr als je zuvor. Doch der Stahlhimmel verdüsterte sich zusehends.

Und so baute ich nicht nur zwei neue Kontistraßen in Haidhof als Meister mit auf, ich baute sie auch wieder mit ab. In den Abbau der Werksstraßen durch den indonesischen Trupp war ich intensiv miteingebunden. Mit dem Boss der Demontage-Truppe und seinen 12 Arbeitern gab es jeden Morgen ein Gespräch in meinem Büro. Eines Tages kam von Seiten der Maxhütte eine Frau als Gesprächspartnerin hinzu. Daraufhin drehten sich die Indonesier schlagartig um.

Der Chef der Indonesier meinte nur, ohne sich wieder umzudrehen: „Mit ihr reden wir nicht." Am nächsten Tag schickte die Maxhütte einen Mann als Verhandlungspartner. Mich wollten die Indonesier, nachdem sie alles demontiert hatten, in ihr Heimatland mitnehmen, um dort den Wiederaufbau zu überwachen, was ich jedoch ablehnte.

Nennen Sie uns Namen!

Die letzten zwei Jahre vor dem Ende der Maxhütte war ich bereits Betriebschef, hatte folglich oft mit der Sozialabteilung zu tun und merkte natürlich, wie es abwärts ging. Da kamen Kollegen aus der Sozialabteilung in mein Büro und meinten: „Herr Hochstetter, wir müssen Arbeitsplätze abbauen. Im nächsten halben Jahr werden 30 Stellen in Ihrem Betrieb gestrichen. Nennen Sie uns Namen!"

Das war schlimm für mich. Ich bin mit dem Haidhofer Betriebsratsvorsitzenden Heinrich Schäffer des Öfteren nach Sulzbach-Rosenberg zum Konkursverwalter gefahren und wir haben versucht, noch Verbesserungen zu erreichen, selten mit Erfolg.

Dass die Maxhütte Konkurs geht, hatte ich mir lange nicht vorstellen können. Aber spätestens als das Kaltwalzwerk, das ja der modernere Teil des Werkes war, stillgelegt wurde, war mir klar, dass wohl auch der Rest nicht mehr lange Bestand haben würde.

Schlimm war es für die Leute, die nach dem Ende des Werkes den Weg zum Arbeitsamt antreten mussten. Gestandene Maxhütte-Arbeiter über

Letzte Schicht. Inmitten seiner Arbeiter: Günther Hochstetter.

50, höchst arbeitswillig, aber kaum vermittelbar. Ich selbst gehörte auch zu dieser Altersgruppe, hätte aber bei BMW weitermachen können. Doch meine Tochter arbeitete bereits in jener Abteilung, für die ich vorgesehen war. Da sie mit meinem Eintreten einen anderen Arbeitsplatz erhalten hätte, verzichtete ich.

An einen Erhalt von Werksteilen für die Nachwelt wurde zum Ende des Werkes Haidhof vor 30 Jahren kaum nachgedacht. Später überlegte man im Maxhütter Stadtrat, den vorderen Bereich des ehemaligen Werkes mit der Lehrwerkstatt abzutrennen und ihn für die Nachwelt zu erhalten und aufzubereiten, doch die Überlegungen versandeten.

Für mich ist das Werk immer noch lebendig, wenn ich vorbeigehe. Es ist schade, dass unsere heutige Jugend dieses Pulsieren des Werkes nicht mehr spüren kann.

Maschinenbetrieb, in dem früher die Lehrwerkstätte untergebracht war. Der ehemalige Maschinenbetrieb dient heute als Lagerraum für Kartonagen.

Rangkämpfe in der Lehrwerkstatt

GUSTL FRIESER

Mein Großvater stammte aus einer großen Familie mit elf Kindern, von denen vier im Eisenwerk in Haidhof arbeiteten. Drei von ihnen wurden in einer Zeit der wirtschaftlichen Krise der Maxhütte ausgestellt. Sie fanden wie etliche andere Maxhütte-Arbeiter aus Münchshofen, Premberg oder Teublitz im Raum Duisburg eine neue Arbeitsstelle. In jener Region gab es boomende Stahlfirmen wie Krupp, Phoenix oder Kupferhütte. Die ehemaligen Maxhütte-Arbeiter bekamen im Ruhrgebiet ähnlich wie bei uns in der Hugo-Geiger Siedlung als Unterkunft ein halbes Häuschen mit Gartenanteil gestellt, wo sie für sich und ihre meist kinderreichen Familien auch Haustiere zur Selbstversorgung halten konnten. Ein Kind meines Großvaters arbeitete sich in der Firmenhierarchie hoch und half beim Aufbau von Walzwerken in Indien und Brasilien.

Ich selbst wuchs im Maxhütter Stadtteil Verau mit fünf Brüdern auf und ging in Meßnerskreith zur Schule. Es zeichnete sich bald ab, wo ich nach der

Gießerei mit Chef Wohlleben.

Blick in die alte Lehrwerkstätte im Maschinenbetrieb.

Schulzeit arbeiten sollte. Da mein Großvater und mein Vater im Maxhütte-Werk Haidhof arbeiteten, war es naheliegend, dass ich mich dort bewerben würde. Mein Großvater arbeitete als Vorarbeiter in der Eisengießerei und mein Vater war Eisenmesser im Walzwerk. Die Aufnahmeprüfung in der ehemaligen Werkschule fiel mir nicht sonderlich schwer.

Als ich eines Tages von der Schule nach Hause kam, war der Mittagstisch festlich gedeckt und meine Eltern strahlten übers ganze Gesicht. Auf dem Tisch lag ein Brief des Eisenwerkes. Ich hatte die Prüfung bestanden!

Als Ausbildungsberufe lockten: Schlosser, Former, Elektriker, technischer Zeichner oder Bürogehilfe. Es mochten damals an die 100 junge Leute an der Prüfung teilgenommen haben.

Was folgte war die Einladung zu einem Einstellungsgespräch. Dabei wurde ausgelotet, welche Lehre für mich in Frage käme.

Nach diesem Gespräch und einer kurzen Wartezeit bekam ich erneut einen Brief. Darin stand, ich solle mich mit Anzug und ungefütterter Mütze im Werk melden. Das Erste, was ich unterschrieb, war, ohne dass ich mir dessen bewusst war, der Gewerkschaftsantrag. Danach wurde ich den Meistern und Vorarbeitern vorgestellt. Zuvor war ich schon zur Tauglichkeitsprüfung beim Werksarzt gewesen. Gleichzeitig teilte man mir mit, dass ich nun zur Maxhütte gehöre. Ich wurde als Betriebsschlosser eingestellt. Bereits am nächsten Tag empfing ich mein Werkzeug und man teilte mir meinen Spind zu.

Als Lehrbub im ersten Lehrjahr gehörte es mit zu meinen Aufgaben, die Brotzeit für die langjährigen Arbeiter in der Abteilung zu holen. Das musste innerhalb der einstündigen Brotzeitpause geschehen. Meine Arbeitszeit betrug täglich sieben Stunden. Darüber hinaus musste ich jeden Samstag bis 12 Uhr arbeiten.

Meine Lehrzeit betrug drei Jahre. Im dritten Lehrjahr kam ich in die neue Lehrwerkstatt, wo ich meine Gesellenprüfung absolvierte. Wir hatten drei Ausbilder und einen Meister, den Schmalzbauer Walter. Die Elektriker erhielten nach einem vierteljährigen Grundkurs in der Lehrwerkstatt, in der sie beispielsweise mit uns feilen lernten, eine eigene Ausbildung. Die künftigen Former waren direkt in die Gießerei gekommen. Meine Lehrzeit begann 1961 und dauerte bis September 1964.

Frech sein war verboten!

Von der Kriegszeit war damals kaum mehr etwas zu spüren im Werk. Trotzdem traute sich keiner von uns jungen Arbeitern frech zu sein. Die Ausbilder durften zwar niemanden mehr verprügeln, aber Disziplin war oberstes Gebot. Wir durften in unserer Abteilung kein Bier trinken, nur Limonade oder Wasser. Die Brotzeit und die Getränke holten wir in einem Tragerl in der Kantine beim Pförtner. Während der Lehrzeit waren wir auch in der Dreherei sowie im Magazin eingesetzt, damit wir möglichst viel lernten. Wir Lehrbuben hatten auch eine Stunde früher Brotzeit, damit wir nicht mit den Älteren zusammenkamen. Die wollten nämlich von uns Jungen nicht gestört werden.

Samstags bestand unsere einzige Aufgabe darin, die Werkstatt sauber zu machen. Dabei gab es Rangkämpfe, wer den Boden schrubben und wer die Werkbänke saubermachen durfte. Die Inneneinrichtung der Werkstätte wie Werkbänke, Fenster usw. waren von uns Lehrjungen selbst hergestellt.

Nach der Lehre wurden wir verteilt und in den Produktionsprozess der

Glühender Stahl im Walzwerk.

verschiedenen Betriebe miteingegliedert: ins Blechwalzwerk II und III und IV oder ins Stabeisenwalzwerk.

Ich blieb in der Ausbildungswerkstatt. Wir stellten dort Wellen, Kupplungen und vieles mehr selbst her, auch die Hebetische.

Leider gab es auch Arbeiter, die einen allzu gern schikanierten und daran ihre Freude hatten. Mir befahlen sie wiederholte Male einen schweren Böschungshobel zu holen und ihn von Station zu Station zu schleppen. Darüber konnten sie sich schier endlos belustigen. Andere erhitzten Gegenstände und drückten sie einem ohne Vorwarnung grinsend in die Hand. Bei uns in der Lehrwerkstatt, der Hr. Paulig vorstand, wurde wirklich gewissenhaft gearbeitet und auch niemand schikaniert.

Als Lehrling bekam ich schon im ersten Lehrjahr 70 Mark. Lehrlinge in anderen Betrieben bekamen vielleicht die Hälfte. Man hatte in der Maxhütte auch viel mehr Möglichkeiten sich fortzubilden, vor allem über die Gewerkschaften. Unsere Berufe waren gefragt und die Ausbildung war erstklassig. Die Maxhütte tat etwas für seine Beschäftigten. Wer 25 oder 40 Jahre im Betrieb war, durfte mit seiner Familie kostenlos Urlaub machen, sei es in Garmisch-Partenkirchen oder Berchtesgaden.

Wir sechs Brüder mussten uns allerdings um die kleine Landwirtschaft kümmern, da war kein Urlaub drin. Außerdem gab es eine Bäderabteilung in der Maxhütte. Als Kind war ich oft im Eisenwerk, um zu baden oder zu

Konti II beim Aufbau.

duschen. Dafür stellte die Maxhütte Seife und Handtuch kostenlos zur Verfügung. Hygiene wurde groß geschrieben in der Maxhütte.

Dass es der Maxhütte richtig schlecht ging, bemerkten wir Arbeiter im Grunde viel zu spät. Ich konnte mir bis zum Konkurs nicht vorstellen, dass so ein riesiger Betrieb kaputt gehen könnte. Irgendwie fiel es auch nicht mehr auf, weil nach und nach ein Betriebsteil nach dem anderen verschwand: die Gießerei, Formerei, die Blechwalzerei – sie alle waren schon weg.

Als die Kontistraßen in Betrieb gingen, habe ich dort als Vorarbeiter und später als Meister gearbeitet. Ich war auf der Konti II beschäftigt. Mein Chef war Günther Hochstetter; ich war zunächst sein Stellvertreter. Wenn Herr Hochstetter nicht da war, führte ich den Betrieb. Ich, der ehemalige Lehrbub, war plötzlich Vorgesetzter. Das war nicht einfach. Ich konnte die Blechwalzer vielfach mit meinem Wissen überzeugen. Wenn sich die Möglichkeit allerdings bot, haben sie es mich spüren lassen. Dabei war ich oft 12 Stunden im Betrieb; Überstunden inclusive. Bei Störfällen wurde ich oft mitten in der Nacht angerufen und musste ins Werk, um zu entscheiden, wie es weitergehen sollte. Wenn etwas schief ging, wussten es andere im Nachhinein besser.

Legendäre Zusammenhalt löste sich auf

Der Konkurs bedeutete Tohuwabohu. Jeder hatte plötzlich Angst um seinen Arbeitsplatz. Was wird aus mir? Die Häuslebauer hatten Schulden und bangten. Jeder war auf einmal sich selbst der Nächste. Der legendäre Zusammenhalt der Maxhütte-Arbeiter löste sich auf.

Ich habe noch ein halbes Jahr in Haidhof gearbeitet, bevor ich ins Werk Rosenberg versetzt wurde. Ich arbeitete dort zunächst als stellvertretender Meister, dann als Meister im Energiebetrieb, war für die Leitungen zuständig, die das Werk mit Strom und Wasser versorgten. Ich war nach Rosenberg gekommen und hatte praktisch anderen den Posten weggenommen. Ich wusste genau: Du darfst dir nichts zuschulden kommen lassen, aber auch gar nichts. Da ich in der Früh um sechs Uhr anfing, fuhr ich bereits um halb vier Uhr mit dem Auto aus Maxhütte-Haidhof los. Im Rosenberger Maxhütte-Werk musste ich mir vieles in Kürze aneignen; von hilfreichen Informationen blieb ich abgeschnitten. Zwei Jahre blieb ich in Rosenberg, bevor ich bei Läpple in Haidhof anfing.

Ich hatte früh mitbekommen, dass Läpple in Haidhof in die Hallen des ehemaligen Kaltwalzwerkes einziehen wollte. Ich kam in die Pressenwartung. Es war ein guter Job und ich verdiente mehr Geld als in Rosenberg, sogar Überstunden wurden bezahlt. Ich traf dort auch viele ehemaligen Kollegen wieder, mit denen ich zusammenarbeitete. Endlich hatte ich wieder das Gefühl: „Es geht aufwärts." Die Arbeit lohnte sich wieder. Es gab wieder Möglichkeiten, sich weiterzubilden und es gab auch Leistungsprämien. Mit dem Läpple-Werk ging es schnell aufwärts. Schon bald wurde das Kantinenessen eingeführt, wie früher in der Maxhütte. Da konnte man nach Schichtbetrieb in die Hüttenschänke gehen und bekam für eine Mark ein warmes Essen. Das Läpple-Werk war ein Betrieb, in dem Leben herrschte und so blieb ich fünf Jahre. In den Werkshallen konnte es passieren, dass der alte Läpple plötzlich hinter dir auftauchte, um dich zu beobachten. Er mochte es nicht, wenn jemand nur herumstand und nichts tat.

Zuvor war die Maxhütte der große Arbeitgeber unserer Region gewesen. Sie hatte zahlreichen Menschen hier Arbeit und Brot gegeben. Maxhütte-

Hüttenschänke 2019. Früher das Freizeitzentrum der Maxhütte-Arbeiter.

Arbeiter konnten ihre Kinder sogar auf weiterführende Schulen schicken und waren dafür dankbar gewesen.

Der Dreck und die Gifte, die an vielen Stellen entladen und entsorgt wurden, machen mich heute noch nachdenklich. Ich möchte da nicht graben. Wir haben schöne Zeiten gehabt im Eisenwerk. Die Maxhütte war das Herz unserer Heimat.

Ich erinnere mich immer noch gern an die herrlichen Feste in der Hüttenschänke, wie den Werksball, aber auch an die kostenlosen Erholungsurlaube für langjährige Maxhütten-Arbeiter. Kein anderer Arbeitgeber hat damals auch nur Ähnliches geboten.

Freitags sind wir fast immer zum Einkaufen in den werkseigenen Konsum gefahren, im Winter oft mit dem Schlitten. Bei sechs Kindern schleppten wir nicht nur einen Laib Brot nach Hause. Zum Glück gab es für jeden Einkauf Rabattmarken, die wir in ein Rabattbüchlein klebten und meist beim Weihnachtseinkauf einlösten. Es kamen sogar Familien aus Heiligenhausen oder Hirschling in den Maxhütter Konsum. Da herrschte oft ein heilloses Gedränge.

Viele Frauen standen am Lohntag vor den Werkstoren, weil sie genau wussten, dass ihre Männer ihren Lohn direkt ins Wirtshaus getragen hätten. Dreimal monatlich gab es einen „Schuss", einmal eine Abrechnung. Als die bargeldlose Lohnzahlung eingeführt wurde, erfuhren viele Frauen der Maxhütte-Arbeiter erstmals, was ihre Männer verdienten. In den sechziger Jahren hatten wir Lehrlinge unser Geld nämlich noch in Lohntüten ausgezahlt bekommen.

Die letzte Schicht

ERNST UND FRITZ MEIER

Fritz: Ich fing am 29. Juni 1960 im Stabeisenwalzwerk Haidhof an und hörte am 30. Juni 1990 an derselben Stelle auf. 30 Jahre lang blieb ich im Stabeisenwalzwerk und erlebte alle Veränderungen mit.

Ins Werk brachte mich im Grunde der damalige Werksarzt Dr. Winkler. Ich war zu jener Zeit beim Sportclub FC Maxhütte-Haidhof. Dort gab es damals eine richtig gute Boxstaffel. Doch bei meiner vorherigen Arbeitsstelle in der Zentrale konnte ich kaum an Boxwettkämpfen teilnehmen. Das Eisenwerk hingegen bot mir optimale Bedingungen für die Ausübung meines Sports. So kam es an einem Freitagnachmittag zu einem Gespräch mit Dr. Winkler. Es war ein kurzes und für mich sehr erfreuliches Gespräch. Bereits am folgenden Montag absolvierte ich meine erste Nachtschicht im Eisenwerk. Mein Arbeitsplatz war vom ersten Tag an die Richtmaschine. Das Eisen, das von der Walze kam, wurde hier, nachdem es abgekühlt war, zugeschnitten,

Blechschere im Blechwalzwerk. Das Werk wurde 1970/71 stillgelegt.

Das alte Warmblechwalzwerk um 1955. Damals durften die Männer noch Bier aus Maßkrügen trinken.

durch die Richtmaschine befördert und in Pakete verpackt, so wie sie der Kunde haben wollte.

Ernst: Ich begann am 2. September 1953 in der Maxhütte meine Lehre im Blechwalzwerk, wo ich alle Stationen durchlief: vom Walzenschmierer und Wirtshausbuben bis hin zum Vorarbeiter und zum Meister. Als das Warmblechwalzwerk stillgelegt wurde, kam ich ins Stabeisenwalzwerk, zunächst als stellvertretender Meister, als eine Stelle frei wurde, als Meister. Die Walzen wurden zu jener Zeit noch mit Teer geschmiert, damit sie nicht heiß liefen. Es war Aufgabe von uns Lehrbuben, Schmierbatzen in die Walzen zu schieben. Dafür fuhren wir auf den Sengerlberg und holten uns entsprechende „Nudeln". Natürlich ließen wir uns ordentlich Zeit, bis uns eines Tages der Meister persönlich holte und uns entsprechend tadelte. Danach waren wir flinker.

Als Wirtshausbuben holten wir zu zweit mit einem Tragerl die Brotzeit und 33 Maß Bier. Dazu mussten wir dreimal zur Kantine beim Pförtner marschieren. Wer von den Walzern nicht viel Geld hatte, schaffte drei Stöß (0,4 Liter) an. Verwechselten wir einen Maßkrug bei der Ausgabe, wurde es schnell hitzig. Bisweilen passierte es auch, dass ein Walzer, der schon vom vielen Bier benebelt war, den Krug seines Kollegen erwischte und dessen Bier auch noch austrank. Dann krachte es schon mal.

Bei der Zentrale stand eine Baracke, in der ein Wirtshaus war – das Alwazio. Eines Tages marschierten einige Kollegen während der Arbeit hin, obwohl die Zange noch in der Walze war. Es dauerte nicht lange, bis die Walze abriss und die Zange herausschoss, was lebensgefährlich war. Wir mussten daraufhin alle zum Direktor – auch ich, der Wirtshausbub, und erhielten unseren Anschiss.

Ein andermal marschierten der Meier Hubert und ich zur Werkskantine, um Bier für die Kollegen zu holen. Wir hatten lange Joppen an und ich blieb an der Klinke eines Tors hängen, woraufhin sich das Bier in den Maxhütte-Staub ergoss. Die Walzer schrien voller Wut, als sie von meinem Missgeschick erfuhren. Der spätere Teublitzer Bürgermeister Rothdauscher, der auch Betriebsrat war, sorgte dafür, dass die Kantine ein Fass Freibier spendete und so der Zorn schnell wieder verrauchte.

Später als Ofenmann war ich für die Rollöfen in unserer Abteilung zuständig. Wenn eine Störung auftrat, mussten die Öfen weiterlaufen, da sonst die Rollen durch den Rost gefallen wären. In der Sonntag-Nachtschicht mussten wir die Öfen anschüren, damit am Montag die Walzer im Akkord arbeiten konnten. Als ich später Meister im Walzwerk war, schrieb ich für die schwer schuftenden Kollegen ab und an eine Maß mehr auf, was mir gleich einen Tadel des Betriebschefs einbrachte.

Akkord mit dem Bleistift

Fritz: Ob unsere Arbeit schwer war, hing meist von der Beschaffenheit des Eisens ab, das wir bearbeiten mussten. Wenn es schweres Profileisen war, war es ein Knochenjob. Es hing auch von unserer Tagesform ab. Nicht jeder Tag war gleich. Wenn wir mal unseren Akkord nicht schafften, hat unser Meister den Akkord eben „mit dem Bleistift" geschrieben.

Ernst: Wenn dann der Betriebschef kam und Aufklärung forderte, erklärte ich ihm, dass das Eisen, das vom Walzwerk kam, nicht maßhaltig genug gewesen wäre. Das genügte meist, um ihn zu beruhigen. Unser Betriebschef war ein strenger Vorgesetzter. Bevor er die Werkshalle betrat, machte er das Tor ein Stück weit auf und spähte immer erst in unsere Abteilung, um zu sehen, ob wir auch alle zu seiner Zufriedenheit arbeiteten.

Fritz: Wenn die Richtmaschine nicht funktionierte, kam der Betriebschef sofort herbeigeeilt und fragte erstaunt: „Herr Meier, wo sind denn Ihre Leute?“ „Die holen sich gerade einen Kaffee, Chef!“, antwortete ich unschuldig, wohl wissend, dass sie sich in der Kantine ein Helles gönnten. Manchmal ließ der Chef nicht locker und forderte: „Die Maschine muss doch laufen.“ Daraufhin habe ich die Maschine eingeschaltet und laufen lassen, was ihm aber auch nicht passte, weil die Maschine nun leer lief. Doch was sollte ich sonst sagen als: „Wenn keine Leute da sind, kann ja auch nix durchlaufen, Chef!“

Jede Stunde wurde ein Arbeiter abgelöst, der dann 30 Minuten Pause machte, was unserem jungen Chef nicht immer gefiel. Doch es war eine harte Arbeit, die uns alles abverlangte. Um Schwierigkeiten aus dem Weg zu gehen, baten wir den Pförtner uns vorzuwarnen, wenn einer der Betriebschefs im Anmarsch war.

Ernst: Viele von uns waren echte Maxhütterer. Ich wohnte direkt neben dem Casino, in einem der Werkshäuser und so bin ich mit dem Eisenwerk nebenan gleichsam aufgewachsen. Wenn die Platinen geschnitten wurden und deren Teile abfielen, dann krachte es ohrenbetäubend. Und wenn die Teile beim Stapeln aufeinander prallten, hörte man jeden Schlag.

Fritz: Wenn wir im Stabeisenwalzwerk U-Eisen bearbeiteten, sogenannte 14er Träger, schepperte und pfiff es nur so. Und wenn wir die Bleche einfetteten, rauchte und qualmte es in der ganzen Halle. Nachdem sich eines Tages ein Kollege bei der Chefetage beschwert hatte, kam eine kleine Delegation mit Betriebsarzt Dr. Winkler zu uns in den Betrieb, um sich selbst vor Ort einen Eindruck zu verschaffen. Wir arbeiteten gerade in der zweiten Schicht. Der Arbeiter beschwerte sich während der Begehung bei Dr. Winkler: „Es kann doch nicht sein, dass wir den ganzen Rauch in uns ‚reinfressen‘ müssen.“ Daraufhin antwortete ihm der Werksarzt: „Mein lieber Kollege, dieser Rauch ist gesund!“ Alle staunten.

Ich wohnte damals noch in der Nähe des Maxhütter Sportplatzes. Zu acht marschierten wir, alle von der gleichen Schicht, hinunter ins Werk, Winter wie Sommer. Heimwärts kehrten wir ab und an in der Hüttenschänke ein, wo es ein Abo-Essen für 1,20 DM gab. Wenn es Ärger gegeben hatte in der Maxhütte, tranken wir auch schon mal zwei Maß Bier, bevor wir nach Hause gingen. Bisweilen war auch einer der Meister dabei, von denen ich im Laufe meines Arbeitslebens vier hatte: den Gierl, den Vollath, den Kerscher und meinen Cousin, den Ernst Meier.

Wir produzierten hervorragenden Stahl

Ernst: Als das Warmblechwalzwerk stillgelegt wurde, kam ich ins Stabeisenwalzwerk. Dort hätte ich gleich am ersten Tag „heigln“, mit den glühenden Eisenstäben eine Schlinge werfen sollen. Das glühende Eisen, das da aus dem Ofen kam, schoss jedoch glatt an mir vorbei. Mein Bruder, der als Steuermann tätig war, ging daraufhin zum Chef und bat ihn, mich abzulösen, da sonst ein Unglück passiere.

Ich war für diese Arbeit nicht geeignet. Manchmal passierten schreckliche Unfälle. Ich kann mich erinnern, dass einem Arbeiter der glühende

Heigln: Eine gefährliche Arbeit.

Proteste gegen Klöckner.

Stab durch den Körper schoss. Er war auf der Stelle tot. Lange Zeit lief es wirtschaftlich richtig gut in der Maxhütte. Wir produzierten hervorragenden Stahl und verkauften in alle Welt.

Als die ersten Gerüchte aufkamen, dass die Maxhütte stillgelegt werden könnte, wurden wir Beschäftigten immer wieder beschwichtigt: „Ihr braucht euch keine Sorgen zu machen. Der Klöckner kauft die Maxhütte! Es geht bergauf!" Doch uns wurde schnell klar, dass Klöckner nur die Quoten der Maxhütte wollte. Im Laufe der vielen Jahre haben wir von Klöckner nie jemanden im Werk gesehen.

Los ging es mit der Stilllegung des Martinswerkes. Als dann später das Kaltwalzwerk stillgelegt wurde, kamen die ganzen Kollegen zu uns ins Altwerk. Die Kaltwalzwerker hatten keine Ahnung von unserer Arbeit. Wir konnten sie deshalb zunächst auch nicht an unseren Maschinen einsetzen, schickten sie zum Binden des Eisens im Walzwerk oder in den Versand. Das war auch schlimm für die Kollegen, weil sie sich nutzlos vorkamen. Die fünf jungen Leute, die damals mit rüberkamen, verschwanden alle schnell Richtung BMW. 1986 verabschiedeten sich die meisten jungen Leute von der Maxhütte. Ich wäre damals auch gerne gegangen, aber da die Abfindung stark gekürzt wurde, blieb ich bis zum bitteren Ende. Am Schluss waren wir nur mehr 400 Beschäftigte.

Fritz: Ich war gerade zum 25-jährigen Jubiläum in Aufham. Dort erfuhr ich: Der Konkursverwalter Wellensiek hat die Maxhütter übernommen. Ich sagte damals: „Glaubt mir, die Maxhütte übersteht keine fünf Jahre mehr!"

Ernst: Ich wundere mich ehrlich gesagt heute noch. Trotz des drohenden Endes blieben alle Arbeiter ruhig auf ihren Arbeitsplätzen und machten ihre Arbeit genauso wie zuvor.

Ich konnte es lange nicht glauben, was da alles vor sich ging. Mein Vater hatte immer gesagt: „Du musst zur Maxhütte, mein Junge, dann hast du dein Leben lang deine Arbeit!"

Fritz: Das richtige Parteibuch hatte früher die Einstellung bei der Maxhütte durchaus gefördert. Zur Gewerkschaft IG Metall musste man sowieso. Du hattest kaum das Werk betreten, schon warst du Gewerkschaftsmitglied. Ich hatte gerade meine Einstellungsprüfung bestanden, wurde ich auch schon ins Betriebsratsbüro von Richard Edenhofer gerufen und ein paar Minuten später war ich Gewerkschaftsmitglied.

Ernst: Irgendwann ließ es sich nicht mehr leugnen, nicht mehr verdrängen. Der letzte Tag, die letzte Schicht in der Maxhütte war angebrochen. Etliche Kollegen waren einfach nur froh, dass es nun vorbei war. Andere dagegen heulten wie die Schlosshunde vor sich hin.

Fritz: Die letzten Tage vor dem Ende haben wir die Pausen einfach verlängert. Als unser Betriebsleiter in den Aufenthaltsraum kam und meinte, was es denn zu feiern gäbe, erklärten wir ihm: „Das haben nicht wir zu verantworten, das war das Werk der obersten Bosse!". Dabei hatten wir bis zuletzt genügend Aufträge, z. B. bestand eine Lieferungsvereinbarung von zigtausend Tonnen Dynamoblech für Siemens. Die Firma Siemens hatte zuvor schon einen Platz im Werk Haidhof gesucht, um hier ein Feindrahtwalzwerk zu etablieren.

Warum daraus nichts geworden ist? Für mich war klar: Um die WAA durchzusetzen, musste die Maxhütte stehen bleiben! Übrigens haben wir bis zum letzten Tag gewalzt, vor allem Baustahl. Eines Tages entdeckten wir, dass in unseren Hallen ganze Berge von italienischem Baustahl gelagert wurden. Kein Wunder, dass wir unseren eigenen, qualitativ hochwertigen Stahl nicht mehr auf den Markt verkaufen konnten. Dabei war der

Baustahlbündelung im Stabeisenwalzwerk.

Maxhütte-Baustahl der Beste weit und breit, hart und unverwüstlich. Nicht umsonst haben wir Garantien für ihn gegeben, im Gegensatz zu den italienischen Stahlwerken.

MH-Zeichen auf den Eisenträgern

Ernst: Der Maxhütte-Stahl war einwandfrei, wenngleich es immer wieder Versuche gab, uns am Zeug zu flicken. Ich musste eines Tages mit einem Trupp in die damalige DDR, weil ein Tunnel zusammengebrochen war, in dem angeblich Eisenträger der Maxhütte verbaut waren. Wir hatten aber auf unseren Maxhütte-Stahlträgern Zeichen, wovon nur die Meister und die Oberen der Maxhütte wussten. Als wir in der DDR den zerborstenen Stahl untersuchten, stellten wir fest, dass da keine Stange Eisen aus der Maxhütte dabei war. Als der Rhein-Main-Donau Kanal gebaut wurde, war ich jeden Sonntag auf Schicht, um dessen einwandfreie Qualität zu kontrollieren.

Ernst: Ach ja, die letzte Schicht! Wir arbeiteten am letzten Tag der Maxhütte in Haidhof in der zweiten Schicht, die von 14 - 22 Uhr ging. Das war schon bedrückend. Die einen Kollegen haben nicht mehr gesprochen, andere dem Alkohol zugesprochen. Mit der Aktentasche in der Hand sind wir schließlich singend zum Werk hinaus. Viele Frauen standen vorm Tor 1 und warteten auf uns. Bis 20 Uhr hatten wir noch voll gearbeitet. Kollege Winkler hatte ein Spanferkel mitgebracht. Das haben wir uns danach schmecken lassen und ein letztes Mal über die Maxhütte geredet. Dann war es vorbei!

Fritz: Früher haben wir oft gekocht in den Betrieben der Maxhütte, meistens am Freitag zum Ende der letzten Schicht. Ich war in meiner Abteilung meistens der Koch. Einmal hatte ich 12 Gockerln und einige Schweinshaxn auf dem Grill. Als unser Betriebsleiter vorbeikam, meinte er schwärmend: „Da schmeckts ja wieder wie im Hotel hier." Dabei wollte er wissen: „Wie bringen Sie denn die Gockerln so braun?" Schlagfertig antwortete ich ihm: „Chef, Sie müssen Bockbier mitbringen. Damit pinsle ich sie ein." Das war natürlich ein Scherz. Mit dem Bockbier, das unser Betriebschef daraufhin mitbrachte, habe ich damals gleich meine Kehle gepinselt (alle lachen). Einmal fiel mir ein Glockerl vom Grill. Ich wusch ihn unter fließendem Wasser ab und dann hatte er wieder seine Bräune. Als ihn ein Kollege verzehrte, meinte er: „Heute ist er ja wieder besonders gut." Natürlich erzählte ich nichts von meinem Missgeschick. Am Freitag wurde fast in jeder Abteilung des Eisenwerkes gekocht und gebrutzelt: von Knöcherln bis zum Brüstl mit Kraut bis hin zum Grillgut. Ich habe immer einen Riesentopf Sauerkraut aufgesetzt, von dem am Ende der Schicht meist nichts übrig war. Wenn die Kollegen, die als Nebenerwerb eine Landwirtschaft führten, Surfleisch mitbrachten, schwärmten wir noch Tage später davon. Oder wenn die Bauern kurz vor Weihnachten metzgerten. Als ich die feinen Leber- und Blutwürste heiß machte, hielt es der Kranführer nicht länger aus. Er eilte herab und holte sich noch vor allen anderen eine üppige Portion. Leider vertrug sein Magen an diesem Tag die deftige Brotzeit nicht.

Heute ist das unvorstellbar. Die Maxhütte war eben mehr als nur unsere Arbeitsstelle. Wir haben die Reparaturen unserer Maschinen weitgehend selbst erledigt, selbst das Öl aufgefüllt oder sie gereinigt. Warum? Die Maxhütte war einfach ein guter Arbeitgeber und ein familiärer Betrieb. Als ich am 30. Juni 1990 aus dem Werk ging, sah ich mich noch etliche Male um. Zuvor hatte ich einen letzten Rundgang durch den Betrieb gemacht.

Ernst: Ich ging voran, die Kollegen unserer Abteilung hinter mir. Ich wollte

Letzte Schicht: „Die Maxhütte war ein guter Arbeitgeber."

mich nicht mehr umsehen. Ich wollte nicht in die enttäuschten Gesichter meiner Kollegen sehen, die ein halbes Leben mit mir in der Maxhütte verbracht hatten.

Fünf Jahre nach dem Ende des Eisenwerkes wusste ich noch, in welcher Schicht ich gerade gewesen wäre. Der Fritz und ich sind über den Sozialplan mit 52 und 53 Jahren ausgeschieden. Wenn ich heute an der Maxhütte mit meinem Enkel vorbeifahre, zeige ich ihm immer noch, wo ich gearbeitet habe. Dann kommen auch die vielen Erlebnisse wieder hoch. Überhaupt: Wir haben aufeinander geachtet in der Maxhütte. Eines Tages war während der Nachtschicht ein Arbeiter zu mir gekommen. Weinend hatte er mir erklärt: „Mein Bub ist sitzengeblieben. Gib mir eine andere Arbeit heute!" Ich habe ihn aus der Produktion genommen und ihm einen Besen in die Hand gedrückt.

Fritz: Mir geht es ähnlich. Auch ich erzähle meinem Enkel die Geschichten der Maxhütte, zeige ihm, wo und wie wir gearbeitet haben. Die jungen Leute können das oft gar nicht glauben. Es ist wie das Eintauchen in eine fremde Welt. Dabei war es meine Welt und so lange scheint mir das alles noch gar nicht her zu sein. Vor allem dann, wenn die Erinnerung wach wird, sei es bei Betriebsfesten oder Kameradschaftsabenden.

Fritz und Ernst: Wir sind heute noch stolz darauf, Maxhütte-Arbeiter gewesen zu sein, denn die Maxhütte war unsere Familie.

Die „Maxhütte“ als Urgestein der stahlindustriellen Entwicklung in Bayern

MANFRED LEISS

Viele Geschichtsschreiber haben immer wieder die Einmaligkeit des Namens „Maxhütte“ in der bayerischen Oberpfalz betont. Aber da gab es vorher schon eine Hütte gleichen Namens im Salzburger Land mit einem Hochofen am Fuße des Hochfelln, das Erzbistum Salzburg und Bayern teilten sich das gemeinsam Erzvorkommen fast 350 Jahre. 1824 verlieh König Maximilian I. dem Hüttenwerk seinen Namen. 1893 kam es zwischen dem Hüttenwerk Achthal zu einem Deal: Die Produktionskapazität und Produktionsquote wurde an die Maxhütte veräußert und 1925 schloss die „Maxhütte“ in Bergen Achthal. Die Schürfrechte für Erz standen der Maxhütte bis zum 1. Konkurs 1987 zu.

Friedrich List der große deutsche Volkswirt und Vorkämpfer für die deutsche Zollunion hat bei seinen Reisen in England die bedeutende Rolle der Eisenbahn erkannt und in einem Aufruf an die Bürger in Sachsen 1834 proklamiert: „Ganz Sachsen wird teilnehmen an dem Aufschwung der Industrie.“ Das gab den Bayern Ansporn und man wollte auch nicht länger auf Importschienen aus England für den Ausbau des bayerischen Schienennetzes zurückgreifen, Schienen, die zudem im Profil verschleißanfälliger waren. Die bayerische Staatsregierung war überzeugt, dass die Schienen im eigenen Land kostengünstiger erzeugt werden könnten. So erging der Ruf an die zwei wallonischen Industriepioniere Michiels und Goffard, die zunächst bei München ein Walzwerk errichten wollten. Als sich aber herausstellte, dass nur in der Oberpfalz ausreichende Roheisenmengen (Erz) vorhanden sein würden, reiste Michiels nach Burglengenfeld und schlug mit einer Eingabe an König Maximilian II. 1851 vor, das Schienenwalzwerk unter Verwendung bayerischer Pechkohle in der Oberpfalz zu errichten. Der Bau des Werkes zog sich wegen der Kapitalbeschaffung und unternehmerischer Zuständigkeitsfragen bis Ende 1852 hin und erst im Januar 1853 konnte der Betrieb aufgenommen werden. Es gab trotzdem noch weiter Bestrebungen in Oberbayem eine Eisenfabrik zu errichten, wie die Projektstudie „PROSPEKTUS zur Gründung der oberbayerischen Eisenfabrik Gmund bey Tegernsee vom 08.04.1853“ zeigt. Trotz der Liebeserklärung des jetzt hinzugekommenen Geschäftsführers Ernst Fromm stand die „Maxhütte“ am Rande der Insolvenz. Im Sommer 1854 musste die von der Nürnberger Bank gewährte Anleihe herangezogen werden, um den von der Eisenbahnkommission gewährten Vorschuss zurückzahlen zu können. Die Generalversammlung entschied im November 1854 das Unternehmen zu liquidieren - und das wäre der erste Konkurs gewesen - hätte nicht Joseph von Maffei, der Besitzer der Lokomotiven-Fabrik in der Hirschau bei München, die finanziellen Mittel für den Weiterbetrieb zur Verfügung gestellt. Die Maffei‘s sollten im Unternehmensgeschehen fortan eine große Rolle spielen. Es waren Unternehmerpersönlichkeiten, die dem Werk im Sauforst besonders zugeneigt waren und die Entscheidungen zugunsten Rosenbergs gelegentlich auch mit Zurückhaltung begegneten.

Die „Maxhütte“ – ein Werk zu Ehren des Königs.

Die Maxhütte in Haidhof boomt

1856 kam die Maxhütte zum erstenmal in den Besitz eigener Erzfelder und der 1857 geschlossene Vertrag mit der königlichen Eisenbahnkommission über Lieferung von Schienen war ein großer Wurf. Die Maxhütte fuhr Unternehmensergebnisse ein, um die sie beneidet wurde. Und als sie ab 1859 die Ostbahn als Transportweg benutzen konnte, lief die Produktion auf Hochtouren und die Anlagen waren längst an der Kapazitätsgrenze. Und auch damals wurde über Arbeitermangel geklagt. Die stetige Aufwärtsentwicklung hielt ungebrochen an, mit einem Rekordgewinn von 1.335.092 Gulden in 1872. Die Maxhütte hatte uneingeschränkte Bonität bei den Banken und die Aktionäre jubelten ob der üppigen Dividende.

Schon früher hatte die expansive Unternehmenspolitik als Folge der vorhandenen Ressourcen Erz- und Kokskohle und der Anwendung des Bessemerverfahrens in Haidhof begonnen.

1864 wurde in Rosenberg der erste Hochofen angeblasen, vielleicht jenes Datum, das als Beginn der späteren Dominanz Rosenbergs als Stahlstandort zu bewerten ist. Bis 1864 dominierte das Werk Haidhof das Stahlgeschehen mit optimaler Produktionsleistung. 1878 läuft die Bessemer-Stahlerzeugung in Haidhof aus, auch wegen technischer Aufwertung des Werks Unterwellenborn, 1889 ging in Rosenberg das Thomas-Stahlwerk in Betrieb und 1891 wurde dort ein Walzwerk gebaut; zwei Jahre später werden in Haidhof die letzten Schienen gewalzt. Anfang der 70er Jahre und bis zur Jahrhundertwende machen Konkurrenzkampf und Preisdruck der Maxhütte zu schaffen. Dazu kamen Interessenkonflikte der Aktionäre über Art und Höhe der Gewinnausschüttung, wobei wahrscheinlich auch die Einführung der einheitlichen Reichsgeldwährung Mark in 1873 eine Rolle gespielt haben könnte.

1899 gründete die Maxhütte eine eigene Sparkasse, in der die Beschäftigten zinsgünstig Geld anlegen sollten. Man kann vermuten, dass mit dem verfügbaren Kapitalvolumen auch an Kreditvolumen für das Unternehmen gedacht war und andererseits den Arbeitnehmern das Gefühl vermittelt werden sollte, dass das Unternehmen nicht nur an Aktionäre denkt.

Streik und Maßregelung

1907 brach in Haidhof ein vier Wochen dauernder Streik aus, bei dem es um Lohngruppen und Einstufungsfragen ging. Als Folge des Streiks folgten Maßregelungen und Beteiligte wurden aus dem Werkskonsumverein ausgeschlossen und verloren ihre Rechte an der Betriebskrankenkasse. Die Unternehmensleitung setzte der Gewerkschaft den „gelben Verein alter Maxhütterer“ entgegen; von den 950 Haidhofer Arbeiter traten 413 bei.

Der Zusammenbruch des Roheisensyndikats im Oktober 1908 führte zu einer labilen Marktlage. Die Stahlindustrie, so auch die „Maximilianshütte“ hatte in der Kriegswirtschaft des ersten Weltkriegs mit den üblichen Versorgungsengpässen zu kämpfen und es fehlte trotz der Beschäftigung von Kriegsgefangen an Personal. Trotz allem machte das Unternehmen einen Reingewinn von 4.268.117 Mark. Als die USA Deutschland 1917 den Krieg erklärten, sah Fromm darin das vordergründige Ziel der USA sich dauernd wirtschaftlichen Einfluss in Europa zu sichern; diese Ansicht vertreten auch Geschichtsschreiber.

Röchling ante Portas

1921 begann die stürmische Aktienbewegung in Richtung Röchling, die dann in den Besitz der Maxhütte kamen. Die Röchlings hatten in dieser zugegeben schwierigen Zeit mit galoppierender Inflation mit Investitionen wenig im Sinn, weder in Haidhof noch in Rosenberg. Allerdings entstanden in Unterwellenbom neue Produktionsanlagen, darunter auch die Gasmaschinenzentrale, die Röchling mit dem Geld aus Entschädigungssummen für die als Folge des 1. Weltkriegs in Lothringen verlorenen Werke erhalten hatte. Welche Dimensionen die Inflation auch bei ständig sinkender Produktion und Wertschöpfung erreichte, notierte Fromm mit einem Jahresergebnis 1923 von 430.751.394.362.524.856 Papiermark.

Als Flick ab 1928 begann, die Anteile der MH zu erwerben und 1930 im Vollbesitz der MH war, wurde erkennbar, dass er den Interessen des Naziregimes zu Pass kam und mit seiner Unternehmensplanung sich weitge-

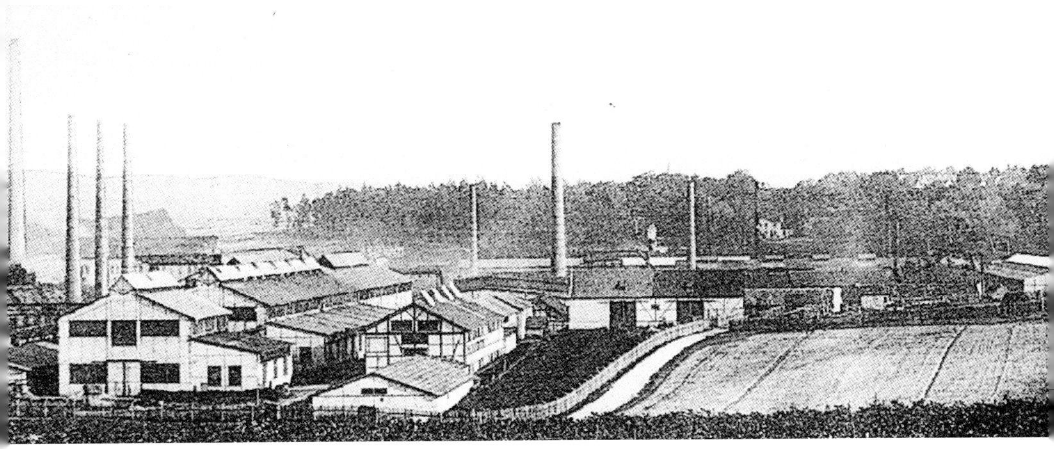

Hüttenwerk Haidhof 1925 - 1927. Blickrichtung Süden.

hend den Ansprüchen der Rüstungswirtschaft unterwarf. Eine besondere Favorisierung einzelner zum Unternehmensverbund gehörender Werke war zunächst nicht erkennbar. Im Verlauf des Kriegs ahnte Flick, dass er seine im Osten Deutschlands liegenden Werke verlieren würde und er setzte mehr auf die Maxhütte in Sulzbach-Rosenberg. Dass er sich stärker der MH zuwendete, hängt wohl damit zusammen, dass der Siegerländer Flick die Stahlgewaltigen des Ruhrgebiets nicht besonders mochte und diese ihn auch nicht sonderlich ernst genommen haben.

Und an dieser Stelle ist meine eigene Beobachtung zu erwähnen, dass die Bosse der Stahlindustrie auch ein ambivalentes Verhältnis zur MH hatten, manchmal mit der eher abfälligen Bemerkung „Stahl wird nur im Ruhrgebiet produziert".

Endzeitstimmung

Am 31.03.1945 hielt Flick im Sitzungszimmer der MH in Rosenberg eine Gesellschafterversammlung ab, in der gesellschaftsrechtliche Sicherungsmaßnahmen vor Kriegsende beschlossen wurden. Das vom Betriebsleiter des Werkes Haidhof am 17. April 1945 verfasste Schreiben spiegelt die Endzeitstimmung wieder: „Da jede Verbindung mit Rosenberg abgerissen ist, schicke ich wieder einen Kurier mit Fahrrad nach Rosenberg. Das wichtigste Ereignis ist der Bombenangriff, der heute, den 17.04. zwischen 4 und 4.30 Uhr Schwandorf betroffen hat ... Im Zuge der Ereignisse haben wir gestern alle Geheimakten in Bezug auf Partei, DAF, Gestapo, Rükdo, Reichsvereinigung Eisen, Esge, Gauwirtschaftskammer, Landwirtschaftsamt u. ä. vernichtet. ... Wie schon bei Abteilung Stahlwerk geschildert, sind alle Tschechen geflohen und dürften in ihre Heimat zurückgekehrt sein. ... Ebenso sind die Zigeuner, die bei uns beschäftigt waren, geflohen ... in unserer Kasse haben wir noch etwa RM 130.000 ..."

Im Juni 1945 wurde Flick verhaftet, nach zweieinhalb Jahren U-Haft vor das Militärtribunal in Nürnberg gestellt und im August 1950 begnadigt freigelassen. In dieser Zeit bestand ein Treuhanddirektorium mit den Herren Ceike und Zentzyki, die nicht von nazistischer Vergangenheit betroffen waren. Viele, besonders leitende Angestellte mussten sich dem Spruchkammerverfahren unterwerfen, hier besonders in der Grube Auerbach und am Standort Rosenberg. 209 mussten ihren Arbeitsplatz räumen. Für Haidhof liegen keine Zahlen vor, nach Zeitzeugenaussagen war die NSDAP-Zugehörigkeit bei den Beschäftigten dort geringer. Der Geschäftsablauf im Unternehmen war teilweise von Bezugscheins- und Tauschwirtschaft geprägt. Beispiele zeigen, dass die Haidhofer besonders findig waren; voran der Betriebsrat, der auf diese Weise Nahrungsmittel für die Belegschaft besorgte. Haidhof stand nach schwierigen Verhandlungen jetzt nicht mehr auf der Liste der Demontage.

Vielleicht war deshalb der Treuhänder Ceike so mutig „Bemerkungen über Zukunftsprobleme Maxhütte", in diesem Fall zu Haidhof, zu machen. Er verlangte die Angliederung einer Kaltzieherei und er empfahl dringend ein Kaltbreitbandwalzwerk mit 4 - 5 Gerüsten zu errichten. Die Erzeugung des Feinblechwalzwerks sollte vorteilhaft durch Angliederung von zwei Gerüsten für Kaltwalzung ergänzt werden.

Ob Ceikes Vorstellungen in den Diskussionen des Treuhanddirektoriums oder des Beirates (Aufsichtsrates) eine Rolle gespielt haben, ist nicht nachgewiesen.

Im April 1951 wurde die Friedrich Flick KG alleiniger Gesellschafter der Maxhütte und im Dezember 1951 beschloss der bayerische Landtag sich mit 20 Millionen DM an der MH zu beteiligen.

Die Hohe Kommission der Amerikaner verfügte ein Jahr später, dass die

100 Jahre Maximilianshütte. Bayerns Kultusminister und spätere Landtagspräsident Alois Hundhammer (links hinten), ihm gegenüber Friedrich Flick.

Flick KG ihre 26 % Anteile an das Land Bayern überträgt und sich an der zu gründenden Maxhütte mbH mit 74 % beteiligt. Eine Zeit lang gab es dann auch eine MH Aktiengesellschaft.

1953 feierte die MH ihr 100-jähriges Bestehen, das Rohrwerk wurde gebaut und trug zur Stärkung des Standortes Rosenberg bei und 1955 gehört die MH mit 100 % zur Flickgruppe.

Die Maxhütte als Umschlagplatz für Unternehmensbeteiligungen

Die Jahre 1955/56 waren eine Phase der expansiven Unternehmenspolitik in Richtung Beteiligungen, die dem Mitnahmeeffekt und natürlich den Interessen des Flickkonzems dienten. Sobald Ergebnisrisiken auftraten, wurden die Beteiligungen abgestoßen und die Erlöse für marktperspektivische neue Beteiligungen verwendet. Wer weiß schon, dass MH an der UFA Theater AG, an der Kernreaktorfinanzierungsgesellschaft, an der Industriekreditbank und an der Auto-Union-Gesellschaft beteiligt war.

Blick in die riesigen Hallen des Kaltwalzwerkes.

Und wegen des 1960 ausgebrochen Bierstreiks in der MH legte Flick ihr sogar nahe sich mit 35 Millionen DM an Löwenbräu zu beteiligen.

1961 wurde die MH wieder in eine GmbH umgewandelt und 1962 lief das Kaltwalzwerk in Haidhof an, das in der Anfangsphase im Fokus von Flick blieb, vermutlich auch wegen der späteren Beteiligung der Flick KG an Daimler Benz AG. An den MH-Vorstand schrieb Flick: „Das neue Kaltwalzwerk macht mir offen gestanden sehr erhebliche Sorgen. Wenn wir schon im alten Feinblechwerk keine befriedigenden Ergebnisse haben, so können wir uns zusätzliche Schwierigkeiten im neuen Kaltwalzwerk auf keinen Fall leisten."

Ende der Flick-Ära

In einer denkwürdigen Aufsichtsratssitzung am 22.12.1976 in München wurde der Übergang der Maxhütte auf Klöckner besiegelt; am 01.01.1977 wurden die Klöckner Werke zu 51 % an MH beteiligt und am 01.01.1979 war die MH mit 99,5 % fest in der Hand von Klöckner. Vorher waren unternehmensstrukturelle Veränderungen erfolgt: 1968 wurde der erste OBM-Konverter in Rosenberg in Betrieb gesetzt, in Haidhof wurden 1970 die veralteten Feinblech-und Eisenstraßen durch zwei moderne Kontistraßen ersetzt und in Salzgitter lief die Bandverzinkungsanlage an. Natürlich hat sich Flick vor Übergang auf Klöckner mit kräftigen Gewinnausschüttungen bedient.

Bei Bewertung der Fakten ist der Schluss gerechtfertigt, dass die Übernahme der MH durch Klöckner vom Kaltwalzwerk in Haidhof und vom OBM-Verfahren in Rosenberg bestimmt war. Die Überkapazitäten beim Vormaterial in Bremen brauchten Abnehmer. Gleichzeitig konnten die Streitigkeiten über den zwischen MH und Klöckner seit 1970 bestehenden Warmbreitbandvertrag bereinigt werden.

Das Kaltwalzwerk (KWW), mit 60 Millionen DM errichtet und 1963 und 1972 mit 33,5 Millionen nochmals erweitert, war also bilanziell und für die Abnahme von Vormaterial interessant. Die im KWW in 1978 erreichte Monatsproduktion ging zu 38,5 % an die Automobilindustrie, der Exportanteil des Versands betrug 17 %. Über einen von Klöckner diktierten Funktionspreisvertrag für Vormaterial wurde das Ergebnis für die MH gemindert und hinzu kamen Erlöseinbußen für an Daimler geliefertes Blech, verursacht durch Vormaterialfehler.

Das Kaltwalzwerk blieb fortan im Brennpunkt des Geschehens

In einem sogenannten Orientierungsgespräch zwischen MH-Vorstand und Klöckner im September 1985, dessen Ergebnis nicht protokolliert werden durfte, ging es um das Investitionsprogram der MH von 160 Millionen DM. Trotz des positiven Betriebsergebnisses wurde der Verkauf des Kaltwalzwerkes als „conditio sine qua non“ erklärt mit der abenteuerlichen Begründung, die Automobilindustrie steuere auf die vollverzinkte Karosserie zu und die MH könne den von den Blechabnehmern verlangten Qualitätsstandard nicht halten. 100 Millionen seien notwendig, um im Markt zu bleiben. In der dem Aufsichtsrat vorgelegten Antrag über den Verkauf kam es zu einer Pattsituation, weil der neutrale Mann mit der Arbeitnehmerseite gegen den Verkauf stimmte, Klöckner als herrschender Gesellschafter aber diesen Beschluss ersetzte. Das KWW wurde dann für 123,35 Millionen verkauft. In Gesprächen auch von der bayerischen Staatsregierung geltend gemachte Gegenpositionen und hinhaltender Widerstand der Arbeitnehmerseite waren vergeblich und wurden vom Konzern mit dem Vermerk beschieden: „Die Entscheidung über die Liquidation des Kaltwalzwerks liegt ausschließlich in der unternehmerischen Verantwortung." Damit war ein Schritt getan, der das Ende des MH-Gründerwerks Haidhof und schließlich die erste Insolvenz des Unternehmens einläutete.

Die Maxhütte im Schicksalsjahr 1987

Zur Stützung der Liquidität der MH entschloss sich die bayerische Staatsregierung unbebauten Grundbesitz der Maxhütte zum Preis von 52 Millionen DM aufzukaufen. In dem von Betriebsberatern beeinflussten und im Schnellgang vorgelegtem „Konzept zur Wettbewerbsfähigkeit" wurden teils sinnlose Maßnahmen verlangt, die die Existenzfähigkeit des Unternehmens in Frage stellten. Der Arbeitsdirektor wurde gegen jede Vernunft veranlasst, 1.000 Belegschaftsmitgliedern zu kündigen und falls er nicht unverzüglich reagiere, werde Klöckner ihn feuern.

Am 16. April 1987 war die Anmeldung des Konkurses mit 4346 Belegschaftsmitgliedern unvermeidbar. Der vom Vorstandsvorsitzendem aus dem Hut gezauberte Konkursverwalter war mit der Konkurssituation überfordert und dazu rechtlich unfähig, weshalb die Betriebsräte ultimativ seine Abwahl verlangten, was am 11. Juni gelang. Dr. Wellensiek nahm nun das Heft in die Hand, mit all seiner umfangreichen Konkurserfahrung und sozialem Einfühlungsvermögen.

Initiativen zur Bildung einer Auffanggesellschaft

Hier sollen jene erwähnt werden, die für Haidhof von Interesse sind. Da ist der Stahlunternehmer Korf zu nennen. Bei einem Rundgang mit ihm hatte ich den Eindruck, er war detailverliebt in die Haidhofer Aggregate.

Vom Betriebsrat Haidhof beauftragt und von der IG Metall finanziert, legte Professor Genosko, Uni Stuttgart-Hohenheim ein „Konzept für eine rechtlich selbständige Gesellschaft Walzwerk Haidhof" vor. Der damalige Wirtschaftsminister hatte im Gesamtkonzept dem Weiterbetrieb einer Walzstraße in Haidhof zugestimmt und war eventuell sogar bereit, das Rohrwerk Rosenberg zu opfern. Als die Umrisse des von den Beteiligten favorisierten Konzepts der Auffanggesellschaft klar wurden, ging es um die Bewältigung der sozialpolitischen Schritte, mit einem von mir Ende 1987 verfasstem Arbeitspapier. In einer Verhandlung Anfang Januar 1988 wird erwähnt: „Insbesondere ist zu prüfen, ob die Betonstahlstraße Mitte 1989 und die Stabstahlstraße erst im ersten Halbjahr 1990 stillgelegt werden kann."

Die sich abzeichnende Lösung für eine neue Maxhütte rief Leute mit Verwertungsinteresse für die Haidhofer Betriebsteile auf den Plan, seriös und weniger seriös und in der Nennung von Ersatzarbeitsplätzen mehr als vage. Im September 1988 gaben die Badischen Stahlwerke ihr Interesse an der Gründung einer gemeinsamen Vertriebsgesellschaft für die Produkte des Werkes Haidhof bekannt. Zwar kam es wegen eines Einwandes der Staatsregierung nicht dazu, aber nach der im Juni 1989 getroffenen Vereinbarung der Badischen Stahlwerke und Lechstahlwerke übernahmen die genannten Werke vom Konkursverwalter zu fest vereinbarten Konditionen die ex Haid-

Kontistraße II in Haidhof 1989.

hof bisher nicht verkaufte Produktion und bis 30.06.1990 die von der Straße 2 monatlich produzierten 2.500 to. In der Einnahme-Ausgabenrechnung des Konkursverwalters (KV) war dieser Deal ein beachtlicher Posten und für die Auslaufbeschäftigung des Werkes Haidhof eine sinnvolle Maßnahme.

Beschäftigungsgesellschaft

Mit einer in der Konkursabwicklung wohl einmaligen Maßnahme erklärte sich der Konkursverwalter bereit, zur „Bewältigung der sozialen Frage 240 Belegschaftsmitglieder der Maxhütte i.K. nach dem Betriebsübergang in einer Beschäftigungsgesellschaft aufzunehmen". Den Anstoß dazu hatten ein Mitglied des Gläubigerausschusses und ich gegeben. Beschäftigungsgesellschaften oder heute Transfergesellschaften genannt, sind inzwischen Steuerungselemente für Personalabbaumaßnahmen und es gibt derer ca. 300.

Im Februar 1991 sorgten in Haidhof 215 Maxhütterer der Jahrgänge 1938, 1939 und 1940 für die Erledigung von Restarbeiten, wie Zuschneiden von Walzmaterial, Überwachung der Abbauarbeiten und Wahrnehmung von Sicherheitsaufgaben. Der als Betriebsleiter eingesetzte ehemalige Betriebsratsvorsitzende Schäffer war als umsichtiger Koordinator tätig.

215 Maxhütterer blieben noch in der Beschäftigungsgesellschaft in Haidhof.

Umstrukturierung Maxhütte Haidhof - Ersatzarbeitsplätze

Am 30.06.1990 wurde das Werk Maxhütte-Haidhof geschlossen, ein Stück Industriegeschichte ging zu Ende. Einst hatte das Werk eine Produktionskapazität von 40.000 Monatstonnen. 3.500 Beschäftigte aus den Kommunen Maxhütte-Haidhof, Teublitz, Burglengenfeld und umliegenden Gemeinden hatten dort ihren Arbeitsplatz.

Am 13.09.1990 erwarb die Firma Läpple, Heilbronn, das Kaltwalzwerk mit Geländeumgriff, nannte ein Investitionsvolumen von 80 Millionen DM und die Beschäftigung von 400 Mitarbeitern.

Im Mai 1991 begann die Produktion und hatte 1992 472 Mitarbeiter, darunter 85 ehemalige Maxhütterer, 50 ehemalige Auszubildende kamen von anderen Firmen zurück.

Anfang 1992 erwarb die Firma Läpple die Hallen der ehemaligen Kontistraßen, sowie weitere Betriebsgebäude und Flächen mit einem Beschäftigungsziel von 750 Mitarbeitern.

Fortführung der bestehenden Ausbildungsverträge

Der Konkursverwalter hatte sichergestellt, dass das Berufsbildungszentrum der Maxhütte Haidhof bis Ende 1992 fortgeführt wird. Zunächst war dafür die ESTOR Verwaltungs-und Dienstleistungsgesellschaft zuständig, für die ich ein Verhandlungsmandat hatte.

Als Betreiber konnte der Deutsche Verband für Schweißtechnik (SLV) gewonnen werden, dem der Aufwand vom Konkursverwalter erstattet wurde. Mit dem Übergang der Ausbildungsstätte der MH i.K. auf die Läpple Verwaltungs-GmbH übernahm der SLV als Betreiber die Ausbildungsaktivitäten in vollem Umfang. Nachdem die Förderung der Ausbildungsstätte durch die Arbeitsverwaltung eingeschränkt wurde, übernahm Läpple diese in Eigenregie, wozu ich Herrn Läpple in einem schwierigen Gespräch überredet hatte.

Nach Errichtung einer überbetrieblichen Ausbildungsstätte in Schwandorf bildet Läpple nur für den eigenen Bedarf aus.

Jubilarehrung in Haidhof 1980: Am Pult Manfred Leiss.

In diesen Umbruchzeiten wurden wir von der Arbeitsverwaltung und den Kommunalpolitikern des Städtedreiecks wohlwollend unterstützt; die jahrelange gute und informative Zusammenarbeit war nicht vergessen. Da sei ohne Selbstgefälligkeit erwähnt, dass die Maxhütte eine weit und breit einmalige Ausbildungsquote vorzuweisen hatte und immer wieder mit Preisen der Industrie- und Handelskammer ausgezeichnet wurde.

Blick zurück

Bei vielen Anlässen, Arbeitsgesprächen, Belegschaftsversammlungen, Jubilarfeiern und Begegnungen mit Menschen in Maxhütte Haidhof hatte ich das Gefühl, dass sie meine Auftritte mit glaubwürdiger Darstellung der Lage angenommen haben.

Die Dominanz der an Ressourcen gebundenen Industrie Kohle und Stahl ist zu Ende gegangen. Die Erinnerung an ihre – ganze Regionen – prägende Rolle bleibt. Das Werk Maxhütte Haidhof hat da einen geschichtswürdigen Platz.

Die Sache mit den Konzern-Bossen

HEINER SCHÄFFER

1981 wurde ich zum Betriebsrat im Werk Haidhof gewählt; 1984 zum Betriebsratsvorsitzenden. Meine Wahl war durchaus überraschend, da mein Vorgänger eigentlich einen anderen Kandidaten vorgesehen hatte.

Es gab zu jener Zeit 1984 als erste Amtshandlung eine kalte Aussperrung der Belegschaft durch den MH-Vorstand. In Nordwürttemberg-Nordbaden wurde gerade gestreikt. Die Maxhütte lieferte damals ihre Bleche an die Unternehmen Daimler, Bosch usw., also in das Streikgebiet. Die Vorstände der Maximilianshütte haben daraufhin die Belegschaft des Kaltwalzwerkes kalt ausgesperrt, übrigens als einziges Stahl-Unternehmen der Bundesrepublik Deutschland.

Das hatte zur Folge, dass die Beschäftigten keinen Lohn erhielten. Für uns Betriebsräte war das völliges Neuland. Auch mein Kollege aus Rosenberg, der Betriebsratsvorsitzende Franz Kick, hatte noch nie damit zu tun gehabt. Die Bevollmächtigten der IG Metall Regensburg meinten, wir bräuchten in dieser Sache dringend juristischen Beistand. Ich fuhr daraufhin nach München zum zuständigen Bezirksleiter der IG Metall, dem Kollegen Eduard Schleinkofer. Er vermittelte uns mit Gerd Nies einen fachkundigen Anwalt in Sachen Arbeitsrecht. Gerd Nies und ich trugen vor dem Arbeitsgericht unsere Argumente gegen die kalte Aussperrung überzeugend vor, sodass wir den Prozess gegen die Maxhütte-Vorstände auf ganzer Linie gewannen. Die MHG musste die Prozesskosten und Lohnausfälle für die kalt ausgesperrten Arbeitnehmer bezahlen.

Das Kaltwalzwerk befand sich durchaus in einer prekären Lage. Obwohl kurzfristig ca. 15 Millionen DM genügt hätten, um es technisch wieder auf Vordermann zu bringen und in die Gewinnzone zu fahren. Der bayerische Wirtschaftsminister Anton Jaumann lehnte eine Unterstützung ab. Uns wurde klar: Klöckner war hinter der Produktion des Kaltwalzwerk Haidhof her, weil sein gigantisches Kaltwalzwerk in Bremen nie ausgelastet war und somit keine Gewinne abwarf.

Die bayerische Staatsregierung betonte damals, Klöckner könne mit dem Kaltwalzwerk (KWW) in Haidhof nicht tun was er wolle, zumal das Unternehmen durch vertragliche Verpflichtungen von der bayerischen Staatsregierung abhängig sei. Wir haben das so verstanden: Wenn die bayerische Staatsregierung nicht einverstanden ist, kann Klöckner die Produktion nicht einfach abziehen.

Anlässlich des 70. Geburtstags des bayerischen Ministerpräsidenten F. J. Strauß war die Frage, wer vom Unterbezirk der oberpfälzischen SPD zum Geburtstagsempfang der bayerischen Staatsregierung nach München fährt. Dietmar Zierer war zu der Zeit Unterbezirksvorsitzender; seine beiden Stellvertreter waren Landrat Hans Schuierer und Heiner Schäffer, BRV der Maxhütte. Hans Schuierer hatte abgelehnt; so wie die bayerische Staatsregierung im Zusammenhang mit der WAA mit ihm umgesprungen war, war das eine richtige Entscheidung.

Dietmar Zierer meinte, er denke nicht daran Strauß zu besuchen. Es blieb also nur noch ich übrig, zumal ich erst kurz vorher mit dem Bezirksleiter der IG Metall und stellvertretendem Aufsichtsratsvorsitzenden der Maxhütte zum Thema Erhalt der Maxhütte beim bayerischen Ministerpräsidenten gewesen war. Da uns Strauß bei einem Gespräch versicherte hatte „Wir, die Staatsregierung, stehen hinter der Maxhütte“, hatte ich kein Problem, zu seinem Geburtstag zu fahren.

Zusagen völlig wertlos

Also bin ich nach München gefahren, gab die Einladungskarte in der Vorhalle ab, danach stellte ich mich in die lange Reihe der Gratulanten. Als ich an der Reihe war, stand ich vor F. J. Strauß und seinen Kindern, um die Glückwünsche zu überbringen. Ich stellte mich als Betriebsratsvorsitzender der Maxhütte vor. Als Strauß „Maxhütte“ hörte, erkannte er mich wieder und sagte: „Die Maxhütte kann sich auf uns verlassen, das Werk wird erhalten bleiben.“ Das Problem sei Klöckner.

Beim anschließenden Empfang habe ich mich vergeblich nach SPD-Mitgliedern umgesehen. Nur an einen kann ich mich erinnern: Es war der Kollege Zimmermann aus dem Landkreis Cham.

Bei dem Umtrunk war ich nur kurz anwesend. Ich machte mich, nachdem ich die Aussage des bayerischen Ministerpräsidenten, er stehe hinter der Maxhütte und ihrer Belegschaft zum wiederholten Male gehört hatte, frohen Mutes auf den Heimweg. Leider kam es, wie wir wissen, letztendlich anders. Die positiven Aussagen waren, wie sich bald herausstellte, völlig wertlos.

Zum damaligen Zeitpunkt waren die dunklen Wolken am deutschen Stahlhimmel längst aufgezogen.

Ich erinnere mich: In einem der Platow-Briefe, einem Informationsdienst für Wirtschaft, Kapitalmarkt und Politik war vorausgesagt worden, dass in einigen Jahren Thyssen und Krupp in der Lage wären, die gesamte Stahlproduktion Deutschlands abzudecken. Für die Stahlwerke am Rande Deutschland, so auch die Maximilianshütte, war die Stahlproduktion schon immer eine Gratwanderung gewesen. Trotzdem: Das Kaltwalzwerk in Haidhof wäre zu retten gewesen. Obwohl die Baupläne für eine Bandverzinkung in Haidhof komplett fertig in der Schublade lagen, wurde die Bandverzinkung in Salzgitter gebaut. Die Verantwortlichen damals konnten oder wollten sich nicht durchsetzen.

Wir, die Betriebsräte und die gesamte Belegschaft, waren tief enttäuscht. Zumal uns mehrere Male bei Gesprächen zwischen Vertretern der Staatsregierung (Strauß und Jaumann) und den Arbeitnehmer-Vertretern im Aufsichtsrat versichert wurde: „Wir stehen hinter der Maxhütte und ihrer Belegschaft, darauf könnt ihr euch verlassen!“ Das Problem sei Klöckner, und das müsse man gemeinsam lösen.

Im Endeffekt ließ man die Beschäftigten im Regen stehen. Dabei hatte mich der Bezirksleiter der IG Metall, der Kollege Eduard Schleinkofer, wiederholt gewarnt: „Sei vorsichtig, Heiner, du kannst dich auf deren Aussagen nicht hundertprozentig verlassen.“ Er hat leider recht behalten.

Das Unternehmen Klöckner und die Maximilianshütte war vom Anfang an keine Liebesbeziehung. Weder die Beschäftigten noch die bayerische

Staatsregierung fanden je Gefallen an Klöckners Beteiligung an der Maxhütte.

Ich erinnere mich an ein Gespräch beim bayerischen Ministerpräsidenten Strauß, der nach dem Konkurs vom 16. April 1987 meinte: „Das größte Übel Klöckner sind wir nun los!“ Ich habe damals auf der Kundgebung in München vor dem bayerischen Wirtschaftsministerium dasselbe wiederholt. Ich hatte immer das Gefühl, Klöckner nimmt uns aus wie eine Weihnachtsgans. Darauf erhielt ich eine Anzeige vom Vorstandsvorsitzenden der Klöckner-Werke über ein renommiertes Anwaltsbüro in Frankfurt. Mit dabei war ein Vordruck. Wenn ich mich entschuldige und die Vorwürfe gegen Klöckner zurücknähme, würde man von einem Strafverfahren absehen. Mit dieser Klageschrift bin ich kurz darauf nach Frankfurt zum Vorstandsbüro der IG Metall. Dort nahm sich Chefjurist Kittner der Sache an. Ich hatte verschiedene Unterlagen von Sitzungen im Aufsichtsrat-Wirtschaftsausschuss in der Tasche. Nach dem Gespräch meinte der Jurist, ich solle mir keine Sorgen machen, ER sei in dieser Sache sehr zuversichtlich. Kurz darauf wurden die Drohungen gegen mich eingestellt. Ich habe damals schnell begriffen: Man musste sehr vorsichtig sein im Umgang mit diesen Konzernen und ihren Bossen.

Seltsame Umstände

Die Beschäftigten selbst waren ja schon einiges gewohnt, auch den zugweisen Abbau ihrer Arbeitsplätze. Bisher war der Prozess immer schleichend vor sich gegangen: Zuerst war die Gießerei stillgelegt worden, dann das Siemens-Martin-Werk und der Elektro-Ofen sowie die Verzinkerei. Im Weiteren wurde die Straße I im Stabeisenwalzwerk stillgelegt, sodass nur mehr die zwei Konti-Straßen übrig waren. Diese Anlagen waren wirklich in einem Top-Zustand. Ich habe damals den Vorstand der Klöckner-Werke gebeten, persönlich nach Haidhof zu kommen, um sich die Kontistraßen vor Ort anzusehen, zumal darüber fast bei jeder Aufsichtsratssitzung gelästert wurde. Sie meinten, sie würden im Werk Haidhof mit dem gesamten Vorstand erscheinen, aber natürlich sind sie nie in Haidhof aufgetaucht.

Am 16. April 1987 war um 15.45 Uhr am Amtsgericht Amberg nach zweistündiger Prüfung der Unterlagen vom Konkursgericht das Konkursverfahren über die Maxhütte eröffnet worden. Wir hatten an diesem Tag eine Gesamtbetriebsratssitzung in Rosenberg. Die Sitzung begann um 9 Uhr. Wir hatten bis ca. 13 Uhr die Tagesordnungspunkte abgearbeitet und gingen gemeinsam zum Essen.

Der neue Konkursverwalter Dr. Wellensiek im Haidhofer Werk.

Man hat uns dort gebeten, nicht nach Hause zu fahren, da wir noch etwas zu besprechen hätten. Ich hatte zu dem Zeitpunkt keine Ahnung, was das sein könnte. Auch die anderen Betriebsratsvorsitzenden wussten nicht was los war. Zu diesem Zeitpunkt lagen die Unterlagen bereits beim Konkursgericht.

Vor Ort war, wie wir später erfuhren, auch ein Jurist der Staatsregierung, was de facto bedeutete, dass die bayerische Staatsregierung eingeweiht war. Man wollte von beiden Seiten diesen Konkurs, um Klöckner aus dem Spiel zu nehmen.

Allerdings machten sie einen Fehler: Sie hatten bereits einen Konkursverwalter namens von der Beek dabei. Für ihn war der Konkurs der Maxhütte wie sich schnell herausstellte, einige Nummern zu groß. Dafür hatte er schon eine Summe parat, die ihm für die Abwicklung des gesamten Konkursverfahrens zustehen würde. Zum Glück hat nur Wochen später Dr. Wellensiek die Abwicklung des Maxhütte-Konkurses übernommen, was für die Beschäftigten ein Glücksfall war.

Für mich war der Konkurs, genau wie für das gesamte Betriebsratsgremium eine große Enttäuschung. Ich war mit dem Bezirksleiter der IG-Metall Schleinkofer wiederholte Male im bayerischen Wirtschaftsministerium gewesen. Dort hatte man uns immer wieder zugesagt: „Wir schaffen es gemeinsam, dass die Maxhütte bestehen bleibt."

Nach dem Konkurs war ein ehemaliger MH-Beschäftigter ins Betriebsratsbüro gekommen und wollte wissen, was mit dem Glockenturm auf dem ehemaligen Hauptgebäude (Lohnbüro, Sozial- und Personalabteilung) geschehen solle. Er kenne in Südtirol eine Kapelle, die dringend diese Glocken brauchen könne. Und so stellte sich die Frage: Wie bekommen wir die Glocken runter vom Gebäude? Einer meinte, es sei ein Fall für die Feuerwehr mit langer Drehleiter. Ein Anruf bei einem Bürgermeister aus dem Städtedreieck genügte. Im Zuge einer Feuerwehrübung konnten wir die Glocken, die viele Jahrzehnte jede volle und halbe Stunde angekündigt hatten, herunterholen. Heute läuten die Maxhütter Eisenwerksglocken in St. Vigil in Südtirol.

Zunächst lief, trotz Konkurs, alles seinen gewohnten Gang in Haidhof und Rosenberg. Für die Maxhütte i.K. bestellte das bayerische Wirtschaftsministerium bei der Schweizer Unternehmensberaterfirma Hayek schon mal ein Gutachten, wie es mit der Maxhütte weitergehen solle. Wir, die Arbeitnehmervertreter, waren in diese Planungen in keiner Phase miteingebunden. Ich hatte auch später mit Hayek keinerlei Kontakt. Meiner Meinung hatte das Gutachten nur ein Ziel: das Werk Haidhof dicht zu machen. Es war ein bestelltes Gutachten.

Treffen am Nürnberger Flughafen

Wir hatten uns inzwischen bei den badischen Stahlwerken umgesehen. Dieses Unternehmen hatte bereits ein Konkurswerk übernommen Stahlhersteller Willi Korf hatte uns auch Interesse am Werk Haidhof signalisiert. Ja, er hatte bereits ein fertiges Sanierungskonzept in der Schublade. Korf hat uns mitgeteilt, er lande mit seinem Privatflugzeug am Flughafen in Nürnberg und nehme sich zwei Stunden Zeit für uns. Wir fuhren sofort nach Nürnberg zum Flughafen, wo wir gleich in einen Konferenzraum gelotst wurden. Korf informierte uns, was er mit dem Werk Haidhof vorhabe. Er hatte auch schon eine bestimmte Beschäftigungszahl im Kopf. Über die beiden Kontistraßen im Werk Haidhof wusste er bestens Bescheid. Zum Schluss fragte er uns, wie wir als Arbeitnehmervertreter seine Vorstellungen einschätzten. Wir zeigten uns sehr interessiert, zumal das Werk Haidhof im Gegensatz zum Hayek-Entwurf damit weiterexistieren hätte können. Der Stahlhersteller gab uns noch einige ungeklärte Fragen mit, die wir im bayerischen Wirtschaftsministerium klären sollten. Korf selbst hatte sein neues technisches Konzept Anfang Dezember 1987 bereits ans Wirtschaftsministerium geschickt und um Termin mit dem Wirtschaftsminister und dem Ministerpräsidenten gebeten.

Wenig später erhielt ich vom bayerischen Wirtschaftsminister ein Schreiben, in dem stand, dass dieses Konzept von Korf nach genauer Prüfung nicht durchführbar wäre.

Das Werk Haidhof musste mit dem Formmaterial aus Rosenberg zurechtkommen, dessen Qualität nicht immer die Beste war. Als es in Rosenberg am Ofen eine längere, technische Störung gab, wurde für das Werk Haidhof eine größere Menge Formmaterial aus den Hamburger Stahlwerken bestellt.

Das Formmaterial aus Hamburg war qualitätsmäßig weitaus besser und vor allem kostengünstiger. Mit dem Vormaterial lief die Produktion auf allen Ebenen ohne Störung ab. Diese Erkenntnisse haben wir auf der nächsten Gesprächsrunde dem MH-Vorstand vorgetragen. Für uns war das der Beweis, dass die Haidhofer Kontistraßen sehr wohl mit Gewinn produzieren können, wenn das Vormaterial der erforderlichen Qualität entspricht. Unser Einwand hat trotzdem nichts bewirkt; das Vormaterial wurde weiter aus Rosenberg geliefert.

Am 29. Januar 1988 tagte die IG Metall in Kelheim; mit dabei war auch der bundesdeutsche IG-Metallvorsitzende Franz Steinkühler. Gegen 15 Uhr rief mich Walter Meyer, Bevollmächtigter der Verwaltungsstelle Regensburg, an und meinte, Franz Steinkühler und die Bezirksvorsitzenden würden gegen Abend im Werk Haidhof vorbeikommen. Da war guter Rat teuer. Wir informierten auf die Schnelle die Polizei, die Feuerwehren, das Landratsamt, die

„Maxhütte"-Betriebsräte und IG Metall-Chef Steinkühler Seite an Seite.

Bürgermeister des Städtedreiecks usw. Die Freiwilligen Feuerwehren des Städtedreiecks fuhren daraufhin durch die drei Städte und verkündeten per Lautsprecher-Durchsagen, dass um 18 Uhr der IG Metall-Vorsitzende Franz Steinkühler am Tor 1 im Werk Haidhof sprechen würde. Um ca. 18 Uhr standen 2.500 Menschen am Tor 1.

Wir waren überwältigt. Die Parkplätze rund um das Eisenwerk reichten nicht aus; die Polizei leistete hervorragende Arbeit bei der Verkehrsregelung. Franz Steinkühler erklärte mir anschließend in einem Vier-Augen-Gespräch: „Wir werden Euch weiter unterstützen, hier vor Ort seid Ihr wieder auf Euch gestellt. Lasst Euch nicht unterkriegen. Kämpft weiter um ein sozialverträgliches Ausscheiden der Beschäftigten!"

Auf der Aufsichtsratssitzung in München drohte man mir. Sollten wir im Werk Haidhof weiterstreiken, werde es Entlassungen geben. Dann stünden unsere Leute ohne Absicherung auf der Straße. Die Zusicherung auf Sozialplanverhandlungen wurde uns zugesagt. Weiter zu streiken war meiner Ansicht nach ein zu großes Wagnis. Wir, die Betriebsräte, setzten uns daraufhin zusammen und beschlossen den Streik zu beenden.

Letzte Hoffnung

Im Werk Haidhof war kurzfristig noch einmal Hoffnung aufgekommen. Professor Dr. Genosko von der Universität Stuttgart-Hohenheim hatte im Auftrag des Betriebsrates und der IG Metall ein Gutachten erstellt, wie man das Werk Haidhof gewinnbringend mit den zwei Kontistraßen betreiben könne. Da sich die beiden vorhandenen Kontistraßen im technisch guten Zustand befanden, würde sich das Konzept mit zwei Elektroöfen auf alle Fälle rechnen – mit einer Beschäftigungszahl von ca. 1.400 Arbeitnehmern. Wobei das Gutachten in der Hauptsache auf Qualitäts- und Edelstahl ausgerichtet war, wofür die technischen Voraussetzungen im Werk Haidhof vorhanden gewesen wären. Dieses Gutachten hatte uns starke Hoffnung gemacht, das Werk Haidhof aufrecht zu erhalten. Es wurde im bayerischen Wirtschaftsministerium gemeinsam mit dem Konkurs-Abwicklungsteam lange diskutiert. Aber letztendlich fand auch dieses Konzept von Professor Dr. Genosko und den Arbeitnehmervertretern, als letzter Versuch das Werk Haidhof zu retten, keine Zustimmung. Ab diesem Zeitpunkt war mir klar geworden, egal welche Konzepte bzw. Gutachten wir als Arbeitnehmervertre-

„Wir beschlossen den Streik zu beenden, um Entlassungen zu vermeiden!"

ter vorlegen würden, eine Zustimmung dafür sollte es nicht geben. Es fehlte schlicht der Wille. Von nun an war es unsere Aufgabe, für die Beschäftigten eine sozialverträgliche Absicherung (Sozialplan) zu erreichen. Dafür war uns jedes Mittel recht.

Am 30. Juni 1990 wurde das seit 1853 bestehende Werk Maxhütte-Haidhof offiziell geschlossen und damit ging ein Stück Industriegeschichte zu Ende.

Die Beschäftigten der Kontistraße II kamen am Freitag, 29. Juni zur letzten Schicht mit weißen Hemd und schwarzer Krawatte. Als der letzte glühende Knüppel aus dem Ofen kam, wurde die Ofentür für immer geschlossen. Wir haben uns dann im Brotzeitraum zusammengesetzt. Die vorhandene Stimmung kann man mit Worten nicht beschreiben. Ich habe noch nie so viele gestandene Mannsbilder weinen sehen. Erst jetzt ist uns bewusst geworden, dass es mit dem Werk Haidhof vorbei war.

Wir waren alle zutiefst ergriffen, es wurde in alle Richtungen diskutiert, niemand konnte es fassen, dass Walzenstraßen, die sich nachweislich rechneten, stillgelegt werden. Als wir schließlich aufbrachen und die Produktionshalle für immer verließen, standen mir die Tränen in den Augen. Es waren einige wenige, die die einst so stolze Maxhütte kaputt gerechnet haben. Am allerwenigsten Schuld an den Konkurs der Maxhütte traf die Beschäftigten. Dieses Werk passte einfach nicht mehr in die politische Landschaft. Man machte daher mit den Konzernen gemeinsame Sache.

Wenn ich dann noch sah, wie Bundestagsabgeordnete an den Werkstoren vor der Wahl Kugelschreiber verteilen, sich hinterher in Bonn mit Äußerungen, die Maxhütte sei veraltet und marode gewesen, rechtfertigten, machte mich das fassungslos. Man solle solche Gelder lieber in die geplante WAA investieren, das sei die Zukunft. Mit solchen Aussagen haben diejenigen der Belegschaft und dem Werk Haidhof einen sehr schlechten Dienst erwiesen.

In Zeiten der größten Produktion hatte das Werk eine flächenmäßige Ausdehnung von 274.000 qm, die maximale Produktionskapazität lag bei 40.000 moto. 3.500 Beschäftigte aus den Kommunen Maxhütte-Haidhof, Teublitz, Burglengenfeld und umliegenden Gemeinden hatten dort ihren Arbeitsplatz.

Die Mittelbayerische Zeitung (MZ) befasste sich Anfang Februar 1991 mit den „Restarbeiten“ in Haidhof und würdigte die Arbeit der 220 in der Beschäftigungsgesellschaft tätigen Arbeitnehmer, welche den Jahrgängen 1939/1940 angehörten. Das noch verfügbare Walzmaterial – meistens Ablängen – wurde auf Maß geschnitten und verkauft. Zeitweise standen mehrere Dutzend landwirtschaftliche Interessenten mit ihren Traktoren vor den Toren. Die ehemaligen Maxhütter mussten auch die Abbauarbeiten überwachen und Sicherheitsdienste übernehmen. Ich, der ehemalige BR-Vorsitzende, machte als eingesetzter Betriebsleiter meinen Job.

Am 13. September 1990 erwarb die Firma Läpple, mit Sitz in Heilbronn, das Kaltwalzwerk mit einem Geländeumgriff von 148.161 qm. Herr Läpple nannte ein Investitionsvolumen von 80 Mio. DM und die Beschäftigung von 700 Mitarbeitern, unter der Voraussetzung, dass Auftragslage und Konjunktur dies zulassen würden. Das Fertigungsprogramm des Teublitzer Werkes enthalte Pressteile und Zusammenbauten von Pressteilen, größtenteils für die Automobilindustrie.

Fast wäre die Übernahme noch an der Altlastenproblematik gescheitert. Zum Zeitpunkt des Übernahmevertrages war keineswegs sicher, dass Läpple das Berufsbildungszentrum (BBZ) übernehmen würde, aber er zeigte sich

Das Berufsbildungszentrum wurde von der Fa. Läpple übernommen.

„sehr interessiert“. Im Mai 1991 begann das Werk zu produzieren und beschäftigte am 31.Oktober 1992 bereits 472 Arbeitnehmer, davon 85 ehemalige Belegschaftsmitglieder der MH i.K. 50 ehemalige Auszubildende der Maxhütte kamen von anderen Firmen zurück.

Fortführung bestehender Ausbildungsverträge

Mit dem Übergang der Ausbildungsstätte der MH i.K. Haidhof auf die Läpple Verwaltungs GmbH und Co.KG, jetzt mit der Bezeichnung „BBZ Teublitz“, übernahm die schweißtechnische Versuchsanstalt München des Deutschen Verbandes für Schweißtechnik e.V. (SLV) ab 1. Juli 1991 als Betreiber die Ausbildungsaktivitäten in vollem Umfang. Ohne dass schon ein Übernahmevertrag für das BBZ Haidhof bestand, wies Wirtschaftsminister August Lang dies als Erfolg der Staatsregierung aus und Staatssekretär Otto Zeitler hob dessen Bedeutung für die notwendige Umstrukturierung hervor. Makaber, war Zeitler doch derjenige, der die Ausbildung in Sulzbach-Rosenberg schlecht redete und mutmaßlich das Verfahren wegen Verdacht auf Subventionsbetrug auslöste. Für den Abschluss des Vertrags, formal mit der ESTOR Verwaltungs- und Dienstleistungs GmbH und dem SLV, hatte mir der Konkursverwalter das Verhandlungsmandat übertragen. Dem SLV erstattete der Konkursverwalter bis zu 40 % der Lohn- und Lohnnebenkosten des Ausbildungspersonals und einen Pauschalbetrag von DM 850,- pro Ausbildungsmonat. Die Berufsausbilder und die unter Vertrag stehenden Auszubildenden blieben Belegschaftsmitglieder der ESTOR. So konnten die MH-Auszubildenden ihre Ausbildung zu Ende bringen und die von Läpple eingestellten 16 Lehrlinge planmäßig ausgebildet werden. Der Chef des SLV dankte für dieses Engagement im Juni 1993 persönlich Herrn Läpple, dem Konkursverwalter, dem Freistaat Bayern und auch mir für die zahlreichen Hilfestellungen.

Um diese Lösung zustande zu bringen, war es notwendig gewesen, Helmut Läpple von der Übernahme der Ausbildungsstätte zu überzeugen. Ich erinnere mich noch an jenen heißen Sommertag im Jahre 1991 bei ihm in Heilbronn und den Verlauf des Gesprächs. Von Mitbestimmung, Betriebsrat und Arbeitsdirektor hielt der autoritär denkende Unternehmer gar nichts. Erst als ihm Manfred Leiss über seine Schweißer-Ausbildung, während seiner Lehrzeit im Läpple-Betrieb in Weinsberg (1948), der damals ein dutzend Beschäftigte hatte, berichten konnte, stieg er in seiner Achtung und nach mehreren Viertele Trollinger-Wein willigte er in die Übernahme der Ausbildung ein, mit der Bemerkung: „Landsmann, ich übernehme die Nichtstuer".

Bevor es zu der geschilderten Lösung gekommen war, hatte es einige andere Irritationen gegeben. Wegen der Nähe Regensburgs und dort bestehender überbetrieblicher Berufsbildungseinrichtungen der Kammern brach bei den bayerischen Ministerien über unser Vorgehen keine Euphorie aus. Die örtliche Presse feierte dagegen das „Frühlingserwachen im Berufsbildungszentrum" und würdigte die guten Voraussetzungen für die Heranbildung eines berufstüchtigen Nachwuchses. Auch einige der Berufsausbilder Haidhofs schrieben böse Briefe, offensichtlich ohne Kenntnis der wahren Sachlage. Nachdem alles geritzt war, wurden wir bei jedem Besuch als ihr Retter gelobt. Tatsächlich haben die Ausbilder nahtlos ihre Tätigkeit fortsetzen können und teilweise noch Abfindungen erhalten; sie waren insoweit weit besser dran als ihre Kollegen in Sulzbach-Rosenberg. Nachdem die Förderung seitens der Arbeitsverwaltung eingeschränkt wurde, beendete der SLV sein Engagement und Läpple übernahm die Ausbildung längere Zeit in Eigenregie, bis zur Errichtung einer überbetrieblichen Ausbildungsstätte, die auf einem ehemaligem Gelände der OBAG in Schwandorf angesiedelt wurde. Läpple bildet seitdem betriebsintern nur für den eigenen Bedarf selbst aus.

Für das Werksorchester Haidhof, das viele Jahre auch musikalisches Aushängeschild der Maxhütte Haidhof gewesen war und für seine musikalischen Leistungen mit internationalen Auszeichnungen bedacht wurde, konnte ich bei dessen Auflösung 2001 eine Regelung finden: Instrumente und Notenmaterial standen fortan anderen Musikvereinen und der Jugendarbeit zur Verfügung.

Im September 1992 erwarb die Firma Läpple die Hallen der ehemaligen Kontistraßen, sowie weitere Betriebsgebäude und Flächen von 125.000 qm. Im Februar 1992 hatte die Firma Rietzler & Heidrich in Nürnberg eine weiterführende Altlastenuntersuchung im Bereich des ehemaligen Warmwalzwerkes Haidhof durchgeführt, mit Sondierungspunkten: Bodenuntersuchung, deutliche Teerverunreinigungen und Grundwasserpegel.

Betriebsratsvorsitzender Schäffer kämpfte bis zuletzt für seine Arbeiter.

Läpple setzte sich ein Beschäftigtenziel von 510 Mitarbeitern bis Dezember 1992 und plante eine Aufstockung der Beschäftigten bis Ende 1993 auf 750, je nach Verlauf der Automobilkonjunktur. Dieses Ziel wurde nicht nur erreicht, sondern übertroffen. Wenn ich heute am Werk vorbeikomme, spüre ich immer noch ein Stück Wehmut.

Ich habe 1953 habe in der Lehrwerkstätte als Lehrbub angefangen und bin nach der Lehre dem Steiner Sepp zugeteilt worden. Er war aus russischer Gefangenschaft zurückgekommen und ich wusste bald mehr über Russland als über die Maxhütte, denn der Mann war ein begnadeter Erzähler. Vom Ein-Schicht-Betrieb ging es in den Drei-Schicht-Betrieb des Stabeisenwalzwerkes. Ich habe in diesem Werk mein halbes Leben verbracht: Ich war Lehrbub, Schichtschlosser, Betriebsrat, Betriebsratsvorsitzender, Mitglied im Aufsichtsrat und im Wirtschaftsausschuss und ich habe das Eisenwerk Haidhof für immer zugesperrt.

Für mich als Betriebsratsvorsitzender war das Wichtigste, aber auch Erfreulichste am Konkursverfahren der „Maxhütte“, dass das Ausscheiden der Beschäftigten sozialverträglich über die Bühne ging. Ich bin all denen bis heute dankbar, die daran mitgewirkt haben.

Der Konkurs der Maximilianshütte und seine Folgen

JOBST WELLENSIEK

Mit Beschluss des Amtsgerichts Amberg vom 11. Juni 1987, 17.35 Uhr, wurde ich zum Konkursverwalter über das Vermögen der Eisenwerksgesellschaft Maximilianshütte (kurz genannt Maxhütte) bestellt, nachdem ich bei der zuvor stattgefundenen mehrstündigen Gläubigerversammlung, die wegen des großen Gläubigerandranges vom Amtsgericht Amberg in das Josefshaus in Amberg verlegt werden musste, mit großer Mehrheit als Nachfolger von Herrn Rechtsanwalt Heinrich von der Beek in mein Amt gewählt wurde.

Zur Geschichte der Maxhütte sei kurz festgehalten, dass deren Geburtsstunde der 26. September 1853 war.

Die Eisenschienenfabrik im Sauforst 1853 (Aus: „75 Jahre Maxhütte").

Die Gesellschafterverhältnisse entwickelten sich bis zur Eröffnung des Konkursverfahrens am 16. April 1987 wie folgt:

Dezember 1929:
Aktienmehrheit durch Familie Röchling
1930 - 1976:
Übernahme der Röchling-Aktien durch Friedrich Flick
1951 - 1955:
Übernahme bzw. Verbleib von 26 Prozent der MH-Geschäftsanteile beim Freistaat im Zuge der Entflechtung der deutschen Montanindustrie
1955:
Die Maxhütte gehört wieder zu 100 Prozent der Friedrich Flick Gruppe
31.12.1976 - 31.12.1978:
Die Klöckner-Werke AG erwirbt zunächst 51 Prozent, dann 100 Prozent des Stammkapitals der Maxhütte.

Zum Werk selbst ist zu bemerken, dass es sich um ein integriertes Hüttenwerk mit einer Rohstahlkapazität von ca. 900.000 Jahrestonne handelte. Seine Hauptbetriebsstätten befanden sich in Sulzbach-Rosenberg und in Haidhof in der bayerischen Oberpfalz, die früher auch als das „Ruhrgebiet des Mittelalters" bezeichnet wurde. Diese Feststellung beruhte darauf, dass in diesem Gebiet 1/6 der europäischen Gesamtproduktion an Eisen lag. Zum Zeitpunkt der Eröffnung des Konkursverfahrens war die Maxhütte das größte eisenschaffende Unternehmen und einzige integrierte Hüttenwerk im süddeutschen Raum.

Ihre Werksanlagen umfassten alle Erzeugungsstufen vom Erzbergbau (bis zum Konkurs) bis zur Fertigung von Profilen und nahtlosen Rohren, zum größten Teil als Qualitäts- und Edelstähle.

Den höchsten Beschäftigungsstand erreichte die Maxhütte Ende des Geschäftsjahres 1966 mit 9.397 Arbeitnehmern. Bei Konkurseröffnung waren es noch rund 4.500.

Wenn man die Zulieferindustrie der Region miteinbezieht, dürften im Zusammenhang mit dem Unternehmen Maxhütte noch rund weitere 500 Beschäftigte Arbeit gefunden haben. Es ist somit kein Wunder, dass die

„Wahrzeichen" des Hüttenwerks „Maxhütte". Das Bild hängt heute im Sitzungssaal des Maxhütter Rathauses.

Maxhütte ein bedeutender Wirtschaftsfaktor der mittleren Oberpfalz war. Struktur und Entwicklung dieses Wirtschaftsraumes wurden von ihr in entscheidendem Maße geprägt. Das am 16. April 1987 eröffnete Konkursverfahren zeigte dann aber blitzartig die Schattenseiten dieser Monokultur; es zeigte die verheerenden Wirkungen, die das Wegbrechen eines gewichtigen Industrieunternehmens wie die Maxhütte nach sich zieht.

Katastrophale finanzielle Lage

Die finanzielle Lage der Maxhütte war zum Zeitpunkt der Konkurseröffnung katastrophal. Trotz verschiedener Strukturprogramme in den letzten Jahren vor Konkurs wurden zuletzt bei einem monatlichen Umsatz von über 70 Millionen DM monatliche Verluste von rund 10 Millionen DM und mehr eingefahren. Dies führte per 16. April 1987 zu Passiva in Höhe von rund 900 Millionen DM, bei Aktiva in Höhe von rund 270 Millionen DM, so dass sich eine Überschuldung von rund 630 Millionen DM errechnete.

Selbstverständlich war dies ein Spiel mit Zahlen, denn nach welchen Bewertungsmaßstäben sollte bei der gegebenen Situation eine Bilanz erstellt werden? Fortführungswerte – Liquidationswerte – Mischwerte?

Zielsetzung war schon damals, das Postulat des seinerzeitigen bayerischen Ministerpräsidenten Franz Josef Strauß umzusetzen: „Erhaltung des Stahlstandortes mittlere Oberpfalz“ oder konkursmäßig ausgedrückt „retten, was zu retten ist“ bzw. „Sanierung des Unternehmens unter Erhaltung möglichst vieler Arbeitsplätze“.

Für die Erfüllung dieses Postulats mussten viele Problemfelder bewältigt werden, insbesondere die Wiederherstellung der Liquidität, die Erwirtschaftung eines ausgeglichenen Ergebnisses, Erhaltung der Kunden und der Folgen der Rechtsprechung des Bundesarbeitsgerichts zu § 613 a BGB. Erfreulicherweise – wenn auch nach schwierigen Verhandlungen von allen Beteiligten (Freistaat Bayern, Konkursverwalter, Gläubigerausschuss, Betriebsrat, Gewerkschaft) – konnte dieses Ziel durch folgende Maßnahmen erreicht werden:

a) Ausgliederung des Rohrwerks in Eschweiler per 1. Oktober 1987
b) Stilllegung der Erzgrube Leoni in Auerbach unter Übernahme der Kosten im Wege der Ersatzvornahme
c) Kündigung nebst sofortiger Freistellung von rund 420 Arbeitnehmern
d) Sozialverträgliche freiwillige Regelung durch den Freistaat Bayern in Gestalt der Zahlung von rund 4 Monatseinkommen, insgesamt rund 11.000 DM

Die günstige wirtschaftliche Entwicklung des Stahlmarktes trug dazu bei, dass das unter Konkursbedingungen – das heißt ohne Kapitaldienst, ohne Neuinvestitionen und befreit von Stilllegungskosten – erwirtschaftete ausgeglichene Ergebnis nach einigen Monaten sogar zu einem bescheidenen Gewinn führte.

Auf der Grundlage der gesicherten Fortführung der Maxhütte im Konkurs konnte ohne Eile ein Unternehmensträger gesucht werden. Letztlich kam eine Rahmenvereinbarung zwischen dem Freistaat Bayern und den deutschen Hüttenwerken zustande, die im Wesentlichen vorsah:

a) Fortführung des Unternehmens durch den Konkursverwalter bis 30. Juni 1990
b) Durchführung von Personalanpassungs- und Investitionsmaßnahmen
c) Stufenweise Schließung des Profilwalzwerkes Haidhof zum 30. Juni 1990
d) Übertragung des umgestalteten (sanierten) Unternehmens auf die Neue Maxhütte, die aus zwei Gesellschaften bestehen sollte:
Neue Maxhütte Stahlwerke GmbH mit den Gesellschaftern Thyssen Stahl AG, Thyssen Edelstahl AG, Krupp Stahl GmbH, Klöckner Stahl GmbH, Mannesmannröhren-Werke AG, Saarstahl GmbH über Lech Stahl GmbH (insgesamt 55 Prozent) und Freistaat Bayern (45 Prozent)
Rohrwerk Neue Maxhütte GmbH, woran die Neue Maxhütte Stahlwerke GmbH mit 85 Prozent und der im süddeutschen Markt tätige Röhrenhändler Manfred Kühnlein mit 15 Prozent beteiligt sind.

Es war sehr bedrückend, dass es trotz aller Bemühungen nicht gelungen ist, die Maxhütte Haidhof in das Postulat „Erhaltung des Stahlstandorts Mittlere Oberpfalz" mit einzubeziehen. Es konnte nur erreicht werden, dass

Oktober 1989: Besprechung mit dem Konkursverwalter: Schäffer, Kick, Kühnlein, Wellensiek, Bayerns Wirtschaftsminister Jaumann.

Schlüsselübergabe „Neue Maxhütte" am 6. Juli 1990 auf Schloss Theuern.

das Werk für eine Übergangszeit bis zum 30. Juni 1990 vom Konkursverwalter fortgeführt und stufenweise endgültig stillgelegt wurde.

Nach der Stilllegung der Betonstahlstraße III im September 1989 wurde die Stabstahlstraße II mit ca. 430 Belegschaftsmitgliedern bis 30. Juni 1990 weiterbetrieben. Danach waren bis 31. Dezember 1990 noch rund 135 Arbeitnehmer damit beschäftigt, die unadjustierten Bestände zuzurichten und zu Versand (rund 22.000 t) zu bringen. Bei einer Besprechung am 18. Mai 1990 über die Planung der Auslaufproduktion mit den Bevollmächtigten der Badischen Stahlwerke und Lech-Stahlwerke übernahmen diese vom Konkursverwalter zu fest vereinbarten Konditionen die bisher nicht verkaufte Produktion und die bis 30. Juni 1990 durch die Weiterführung der Straße II monatlich produzierten 2.500 Tonnen. Durch den Abschluss einer befristeten Bürgschaft wurde weitgehendst jedes Risiko bei der Auslaufproduktion ausgeschlossen.

Kaufvertrag mit Läpple

Dank vieler Kontakte wurde erreicht, das Berufsbildungszentrum der Maxhütte in Haidhof bis Ende 1992 fortzuführen und dann einem neuen Träger zu überlassen. Mit Kaufvertrag vom 6. August 1992 wurde vom Konkursverwalter an die Firma August Läpple GmbH & Co. KG. Verwaltungsgesellschaft mit Sitz in Heilbronn das ehemalige Stabeisenwalzwerk Haidhof

Besprechung mit Betriebsräten in Maxhütte-Haidhof.

verkauft, womit dieses sich gute Voraussetzungen für eine weitere Ausdehnung der dortigen Produktionsstätten geschaffen hat.

Die Firma Läpple hat auf die in der Beschäftigungsgesellschaft verbliebenen Arbeitnehmer für bestimmte Tätigkeiten zurückgreifen können. Diese Mitarbeiter haben auch die Aktivitäten der Firma Angermann GmbH bei der Verwertung von Maschinen und Geräten unterstützt; außerdem haben sie dazu beigetragen, die Medienleitungen funktionsfähig zu halten.

Die Schließung des Werkes Haidhof war auch deshalb besonders bitter, weil mit dem Arbeitsdirektor, Herrn Manfred Leiss, dem Betriebsrat, insbesondere mit dem Betriebsratsvorsitzenden Heinrich Schäffer, der gesamten Belegschaft und der Gewerkschaft ein hervorragendes Vertrauensverhältnis bestand und diese bereit waren, erhebliche Opfer zu bringen, um die Fortführung des Werkes zu ermöglichen.

Mit der mit Hilfe von Sachverständigen erarbeiteten Konzeption hoffte man, dass die Maxhütte die Chance erhalten könnte, nicht nur in den nächsten Jahren, sondern auch in der weiteren Zukunft fortzubestehen. Von der neuen Geschäftsführung konnte man die Aussage hören: „Wir sind eine kleine, aber feine Stahladresse."

Eine Zeit lang schien es, dass die Neue Maxhütte stabilisiert werden und längerfristig am Markt Erfolg haben könnte. Leider wurde diese Zielsetzung nicht erreicht, vielmehr wurde am 6. November 1998 beim Amtsgericht Amberg beantragt, ein Vergleichsverfahren zu eröffnen. Mit Beschluss des

Amtsgerichts Amberg vom 31. Dezember 1998, 10 Uhr, wurde dieser Antrag abgelehnt und das Anschlusskonkursverfahren eröffnet.

Auch in diesem zweiten Konkursverfahren gelang es, den Geschäftsbetrieb in vollem Umfange zu stabilisieren und dann noch einen Übernahmeinteressenten zu suchen, der bereit war, unter Erhaltung möglichst aller Arbeitsplätze sowohl das Stahlwerk als auch das Rohrwerk gemeinsam zu übernehmen. Am Anfang sah es so aus, dass dies mit Hilfe der Georgsmarienhütte gelingen könnte. Im Unterschied zum ersten Konkursverfahren war die Marktlage jedoch äußerst ungünstig und der erhoffte Anstieg der Stahlpreise trat nicht ein. Dennoch war es aufgrund der guten Zusammenarbeit vieler Beteiligter (Freistaat Bayern, Landrat, Bürgermeister, Konkursverwalter, Gläubigerausschuss, Betriebsrat, Gewerkschaft, Banken, Lieferanten, Kunden, dem Engagement und der Opferbereitschaft der Belegschaft) möglich, den Betrieb über drei Jahre ohne Entlassungen fortzuführen. Es wurde sogar eine große Zahl von Auszubildenden eingestellt.

Die Verhandlungen mit Übernahmeinteressenten – insbesondere der Georgsmarienhütte – nahmen allerdings einen dramatischen Verlauf, der wohl als beispiellos bezeichnet werden muss. Aufgrund der gegebenen Sach- und Rechtslage scheiterten letztlich die Übernahmeverhandlungen trotz des enormen Engagements von Herrn Ministerpräsidenten Dr. Stoiber und Herrn Wirtschaftsminister Dr. Wiesheu, eine Übernahme doch noch zu ermöglichen. Letztlich mussten der Konkursverwalter und die Mitglieder des Gläubigerausschusses froh sein, wenigstens das Rohrwerk veräußern zu können, wobei erfreulicherweise die bestehenden Arbeitsplätze erhalten wurden. Für viele war es allerdings sehr bedauerlich, dass ein Gesamtverkauf von Stahl- und Rohrwerk nicht geglückt war.

Dramatischer Verlauf

Der dramatische Verlauf war mit der Abwicklung des ersten Konkurses nicht vergleichbar. Es war eine große Enttäuschung und bittere Erfahrung – auch für den Konkursverwalter –, dass der im ersten Konkursverfahren erzielte Erfolg sich nicht wiederholen ließ. Letztlich musste eingesehen

Mit Ministerpräsident Edmund Stoiber und Wirtschaftsminister Otto Wiesheu bei einer Betriebsversammlung.

werden, dass die zunächst vielversprechend aussehende Suche nach Übernahmeinteressenten keinen Erfolg mehr zeitigen würde und die Maxhütte trotz aller Bemühungen und Opfer der Belegschaft aus eigener Kraft nicht saniert werden konnte. Die schon längst notwendigen Umweltinvestitionen in Höhe von über 20 Millionen Euro konnten nicht finanziert werden. Zur Vermeidung eines Totalabsturzes und um eine geordnete Abwicklung zu bewerkstelligen, wurde in Abstimmung mit allen Beteiligten und mit Zustimmung des Gläubigerausschusses am 24. September 2003 die Produktion eingestellt und anschließend der Geschäftsbetrieb abgewickelt.

Erfreulicherweise ist es gelungen, die nun nicht mehr bei der Maxhütte Beschäftigten in einer Beschäftigungsgesellschaft mit Hilfe des Freistaates unterzubringen. Nach langwierigen Bemühungen in Brüssel hat hierzu die Europäische Union ihre Zustimmung erteilt.

Ich selbst werde meine langjährige Tätigkeit bei der Maxhütte, den Kampf um die Fortführung des Werkes, das Ringen um den Erhalt der Arbeitsplätze und insbesondere das Zusammensein mit den Betroffenen in frohen und in traurigen Stunden, niemals vergessen. Sie haben mein Berufsleben entscheidend mitgeprägt. Ich danke auch an dieser Stelle für das mir entgegengebrachte Verständnis und Vertrauen.

50 Arbeitsjahre bei der Maxhütte

HANS SEITZ

Nach Abschluss der Volksschule in Sulzbach-Rosenberg im Jahr 1952 stellte sich auch für mich die Frage, welchen Beruf ich ergreifen sollte. Gerne hätte ich den Beruf des Uhrmachers erlernt, doch leider bekam ich keine Lehrstelle. Was lag da näher, als mich beim größten Arbeitgeber der Region, der Maximilianshütte, als Industrie-Facharbeiter zu bewerben. Ich hatte Glück und bekam einen Lehrvertrag zur Ausbildung als Betriebsschlosser vom 01.09.1952 bis zum 31.08.1955. Das war gar nicht so selbstverständlich gewesen, denn an der Aufnahmeprüfung hatten über hundert junge Leute teilgenommen und nur zwanzig wurden eingestellt.

Die Maxhütte hatte eine vorbildliche Ausbildung in Form einer Lehrwerkstatt und Werksberufsschule, in denen erfahrene Ingenieure unterrichteten.

Doch am 21. Mai 1955 kam der Schock: die Kündigung. Kurz vor dem 1. September 1955 erhielt ich doch die Zusage, in die Abteilung Stahlwerk-

Blick in die Lehrlingswerkstatt Sulzbach-Rosenberg.

Feineisenstraße III.

Werkstatt als Betriebsschlosser übernommen zu werden, worüber ich mich sehr gefreut habe.

Zu dieser Zeit betrug die Arbeitszeit 48 Stunden pro Woche. Am Sonntag wurden an den Anlagen Reparaturarbeiten durchgeführt. Von 6 Uhr morgens bis zur Fertigstellung arbeiteten wir manchmal mehr als acht Stunden; doch auch mit 10 Stunden war man noch gut bedient. Es hat mir nicht gefallen, immer so lange am Sonntag zu arbeiten, während meine Freunde im Sommer an der Vils schwimmen waren. Also überlegte ich, wie ich das ändern könnte.

Zufällig las ich, dass die Private Technische Lehranstalt Eckert Regensburg in Amberg eine Ausbildung zum Maschinenbautechniker mit sechs Semestern plante. Ich meldete mich sofort an. Und so drückte ich von Oktober 1961 bis Juli 1964 jeden Samstag von 8 Uhr bis 17 Uhr die Schulbank. Der Unterricht fand in der Kantine des Siemens-Gerätewerkes in Amberg statt. Die normale Samstagschicht konnte ich am Sonntag in der Reparaturschicht nachholen.

Im Februar 1964 sprach mich der Personalchef an, dass im Werk Haidhof geplant sei, neue Walzenstraßen zu bauen. „Da brauchen wir fähige Maschinenbauer wie Sie", so stachelte er meinen Ehrgeiz an. Ich fühlte mich geschmeichelt und sagte zu nach Haidhof zu gehen.

Bereits am 1. März 1964 konnte ich als Betriebstechniker im Stabeisenwalzwerk mit einer Einarbeitungszeit von sechs Monaten anfangen. Um auch im Bereich Betriebskosten und Rechnungswesen mitreden zu können, habe ich auf Empfehlung meines Chefs am Lehrgang „Ausbildung zum Wirtschaftsassistenten" beim Kolping-Bildungswerk in Amberg von Mai 1974 bis Juli 1975 teilgenommen. In den 26 Jahren im Stabstahlwerk wurde ich zum Assistenten, Betriebsleiter und am 1. Juni 1984 zum Betriebschef ernannt.

Zu dieser Zeit gab es im Stabeisenwalzwerk eine Mitteleisenstraße, bestehend aus einer 700er Vorstraße und einer mit fünf nebeneinander angeordneten Walzgerüsten und einem Parallelstrang mit drei Walzgerüsten. Der Walzendurchmesser betrug 550 mm. Die fertiggewalzten Profile wurden an einer Säge auf Kühlbettlängen unterteilt. Nach dem Abkühlen erfolgte das Teilen der Stäbe auf die Bestelllänge des Kunden. Außerdem gab es die Feineisenstraße III, mit nebeneinander angeordneten Walzgerüsten und vorgeschalteter Trio-Schöpfstraße und die 550er Triovorstraße. Ebenso die Feineisenstraße IV, mit nebeneinander angeordneten Walzgerüsten mit dem Schöpf-Vorgerüst.

Das Walzen des Eisens war harte Arbeit, besonders das Wenden der glühenden Stäbe erforderte viel Aufmerksamkeit und Geschick.

Die Walzer forderten mich heraus

Eines Tages forderten mich die Walzer heraus: Ich sollte das Wenden eines Walzstabes durchführen. Ich probierte es, aber die Walzer waren schon darauf vorbereitet, es für mich zu machen. Dass ich den Mut hatte, es zu probieren, reichte ihnen schon. Ich hatte hohen Respekt vor den Walzern.

In meiner Fortbildung zum Maschinenbautechniker wurde natürlich nichts von Umform- und Walzwerktechnik vermittelt. Von der Betriebsleitung des Stabeisenwalzwerks bekam ich jede Hilfe und Information, den Arbeitsablauf und die Aufgaben einer Führungskraft in einem Walzwerk zu erlernen.

Knüppeltransport vom Ofen zur Walze bei 1200 Grad.

Eines Tages traf ich den Werksdirektor, einen studierten Walzwerker, bei seinem Rundgang durch das Werk an der Mitteleisenstraße. Er fragte: „Sie walzen Rundstahl?“ „Ja“, antwortete ich. „Welche Abmessung?“, fragte er weiter. Ich ergänzte: „Rundstahl 50 mm.“ Schließlich folgte seine eigentliche Frage: „Wie groß ist das Vorquadrat bei Rund 50 mm?“ Ich überlegte und bekam dabei einen hochroten Kopf. „Ich weiß es nicht“, war meine ehrliche Antwort.

Der Werksdirektor forderte mich auf, in einer halben Stunde in sein Büro zu kommen. Ich befürchtete schon das Schlimmste. Also stand ich eine halbe Stunde später vor ihm. Er sagte: „Was ich Sie gefragt habe, können Sie als Maschinenbautechniker nicht wissen.“ Er drückte mir drei Bücher in die Hand mit den Titeln „Grundlagen der Walzwerkskunde und Kalibrierung“, „Was der Walzer von seiner Arbeit wissen muss“ sowie „Das Einstellen von Walzgerüsten“ und verabschiedete sich mit den Worten: „Lesen Sie das genau durch. Wenn Sie damit fertig sind, kommen Sie wieder in den Betrieb.“

Ich berichtete das meinem Chef und er meinte, das sei völlig in Ordnung. Wenn ich Fragen hätte, könne ich zwischendrin jederzeit zu ihm kommen. Der Werksdirektor und mein Chef wussten genau, was mir an Wissen für einen Walzwerksassistenten noch fehlte, wie sie mich vorwärtsbringen und mein Selbstbewusstsein steigern konnten. Ich habe die Bücher studiert, bekam so einen Einblick in grundlegende Begriffe wie „Walzwerk, Walzen, Profile, Walzspalt, Stichplan, Abnahme, Streckung, Voreilung, Rückstau oder Walzdruck". Es war eine hervorragende Ergänzung zur täglichen Praxis im Betrieb.

Meine Aufgabe im Walzwerk war es, die Produktion mit den Schichtmeistern zu steuern und zu überwachen, damit die Abläufe funktionierten und die Walzprodukte in Ordnung waren. Jeden Tag war um 8 Uhr Besprechung mit Themen zur Produktion vom Vortag, Störungsaufarbeitung, Halbzeug-Bestellung, Sicherheit und Unfallschutz, Verbesserungsvorschläge und Programmgestaltung für die nächsten Wochen und Monate und so weiter.

In der Regel arbeitete ich im Tagesdienst. Als Gastarbeiter aus Spanien wegen Personalmangels zu uns ins Werk kamen, musste ich für kurze Zeit in die Nachtschicht gehen, von 22 Uhr bis 6 Uhr. Zusammen mit einem Dolmetscher und dem Schichtmeister wurden die Spanier an den verschiedenen Arbeitsplätzen der Feineisenstraße IV im Bereich der Adjustage angelernt und im Besonderen auf Unfallgefahren hingewiesen.

Beginn der Betonstahlproduktion.

Glühender Stab schoss unters Hallendach

Nach der Umstrukturierung des Werkes Haidhof von 1969 bis 1971 verfügte das Stabeisenwalzwerk über zwei moderne kontinuierliche Stabstahlstraßen: die Konti III für Betonstahl-Fertigung sowie die Konti II für Stabstahlfertigung und eine mechanisierte Mitteleisenstraße. Alle drei Straßen hatten zusammen eine Monatskapazität von ca. 45.000 t bei einem Drei-Schicht-Betrieb in einer 5-Tage-Woche. Sämtliche Hallen des früheren Warmblechwalzwerkes wurden für die Neuanlagen genutzt, sodass die technische Konzeption der Neuanlagen weitgehend dem vorhandenen Hallenraum angepasst werden musste. So wurden keine Mammutanlagen geschaffen, deren wirtschaftliche Auslastung von Anfang an fraglich gewesen wäre, sondern es wurde eine einfache Konzeption gewählt, die aber sowohl in der Mechanik als auch im Steuerungsablauf auf den neuesten technischen Stand ausgerichtet war. Bevor wir die Kontistraßen in Betrieb nahmen, wurden die Walzmeister und ich vier Wochen an der Feineisenstraße im Hüttenwerk Salzgitter angelernt. Die Umstellung von den alten Anlagen auf die Kontistraßen war für unsere Walzmannschaft kein Problem. Obermeister, Meister und Vorarbeiter gewöhnten ihre Mitarbeiter schnell an die neuen Maschinen und Arbeitsbedingungen. So erreichten wir die angestrebte Produktion in kurzer Zeit.

An den neuen Kontistraßen gab es andere Gefahrenquellen als zuvor an den offenen Walzstraßen, beispielsweise, wenn ein Stab zwischen den Gerüsten ausbrach und bis unter das Hallendach schoss. Dann half nur noch die Flucht; schnell unter die abgesicherten Unterstände zu kommen.

Als ich 1979 ein Haus gebaut hatte, hörte ich von meiner Terrasse aus, wie die Bremsschieber des Kühlbettes auf und ab gingen, um den auflaufenden Walz-Stab auf das Rechenbett zu übergeben. Wenn die Bremsschieber längere Zeit nicht mehr zu hören waren, rief ich im Betrieb an und fragte, ob es eine Störung gäbe. Meistens war es keine, es wurden Kaliber oder eine Walze gewechselt. Der Walzmeister gab mir zu verstehen, er gebe Bescheid, wenn ich gebraucht würde. Es war einfach ein angenehmes, vertrauensvolles Arbeitsklima im Werk. Vom Chef über die Betriebsleiter, Kollegen bis zu den Mitarbeitern und den anderen Abteilungen. Dass wir bald nicht nur Rundstahl in Stäben walzten, sondern auch aufgewickelt zu einem Ring, brachte die technische Entwicklung und auch die Nachfrage unserer Kunden mit sich. Zum Aufwickeln der Rundstahlabmessungen wurde an der Kontistraße II eine Haspelanlage mit Hackenbahn zum Abkühlen der Ringe gebaut. Neben rissfreier Oberfläche wurde auch der Zustand gebeizt und gekälkt gefordert. Somit brauchte man eine Ringbeizanlage mit Kalkbecken und einen Hauben-Glühofen mit Schutzgasanlage. Der Aufstellort war die Gießhalle des ehemaligen Stahlwerkes. Damit konnten die Glüharten, G-weichgeglüht, BF – auf besondere Festigkeit, BG – auf besonderes Gefüge geglüht und GKZ – Glühen auf kugeligen Zementit, geliefert werden. Das Ringgewicht lag bei 800 kg, Bundgewicht 2.500 kg. Diese beiden Anlagen waren sehr gut ausgelastet.

Es lag eine schwere Traurigkeit in der Luft

Es war ein Schock, als am Gründonnerstag, den 16. April 1987, von Mund zu Mund die Kunde ging, die Maxhütte habe Konkurs angemeldet. Wir konnten es gar nicht glauben. Wir hatten doch genügend Aufträge, stellten gute Produkte her und lieferten einwandfreie Ware ab. Damals sagte man uns, das sei alles kein Problem. Und zunächst ging es ja auch weiter. Doch bald war klar: Das Konzept der „Neuen Maxhütte“ (NMH) sah keine Exis-

Letzte Schicht mit Betriebschef Hans Seitz (Mitte).

„Is Feierabend" – Trompetenklang, der alle berührte.

tenzberechtigung für das Werk Haidhof mehr vor. Das war der große Schönheitsfehler der so viel gelobten Lösung „Neue Maxhütte". Trotzdem arbeiteten wir weiter, als wäre nichts geschehen, machten unsere Arbeit gut und wären nie auf die Idee gekommen, unsere Arbeit schleifen zu lassen.

Je näher es dem Ende zu ging, desto unruhiger wurde es in der Belegschaft und es lag bald eine schwere Traurigkeit in der Luft. Die Konti III wurde am 31. August 1989 stillgelegt. Der letzte Knüppel, der aus dem Ofen lief, wurde nur zu zwei Drittel ausgewalzt. Vom Steuermann der Hauptsteuerbühne wurde die rotierende Häckselschere eingeschaltet und der Rest des Walzstabes landete in der Schrottmulde, als wollten sie etwas damit sagen.

Im selben Moment ertönten alle Warnsignale der Walzenstraßen, die Antriebsmotoren kamen zum Stehen, die glühenden Stäbe in der Schrottmulde strahlten die letzte Wärme ab. Es war still in der Halle. Plötzlich hörte man von der Ofenbühne her Musik, Trompeten mit klarem Klang, zwei Belegschaftsmitglieder spielten das Lied „ Is Feierabend, is Feierabend". Mir lief es kalt den Rücken runter und die Augen wurden feucht. In dieser letzten Schicht war ich bei meinen Walzern und dem Adjustage-Personal; der Betriebsrat kam auch dazu. Wir versuchten uns zu trösten, sagten uns aber auch Mut zu für einen neuen Anfang. Von anderen Betriebsabteilungen und aus Sulzbach-Rosenberg kamen die Betonstahl- und Stabstahlverkäufer, um uns in dieser schweren Stunde beizustehen.

Nochmal richtete ich ein Dankeschön an die Belegschaft der Konti III. Dann war es vorbei! Kurz danach kamen schon die Indonesier in den Betrieb, um die Anlage abzubauen, während wir parallel an der Konti II weiter walzten. Für die Belegschaft war es schon eine Zumutung, was da abgelaufen ist. In der Früh führte mich mein erster Weg trotzdem durch die Hallen der Konti III ins Büro und dann zur Konti II hinüber, wo wir walzten. Es war schon verdammt hart, das alles mitanzusehen. Auf der einen Seite die Demontage und der anderen Seite die Produktion. Wir wussten: Auch hier ist bald Schluss. Aber wir wollten das Ganze anständig zu Ende bringen.

Erinnerungsstück an das Werk Haidhof.

Der Meister der Walzendreherei kam auf die Idee etwas zu walzen, was an das Werk Maxhütte-Haidhof erinnern sollte. Nach kurzer Diskussion hatten wir die Lösung. Es sollte ein Flachstahl 40 x 8 mm sein, mit der Aufschrift: „MH Werk Haidhof 1853 bis 1990“. In den Walzballen einer Flachwalze wurde die Schrift von Hand eingemeißelt. Wir machten eine Probewalzung, nahmen kleine Korrekturen vor und legten mit der Walzung los. Unser Modellschreiner fertigte aus verschiedenem Restholz die Unterlage für das Flachstahlstück. Jedes Belegschaftsmitglied bekam dieses Erinnerungsstück, ebenso der Konkursverwalter Herr Dr. Wellensiek und Herr Rechtsanwalt Oberle.

Mein letzter Arbeitstag

Mein letzter Arbeitstag im Werk Haidhof war der 30. Juni 1990. Walzwerkleitung und Betriebsrat hatten schon vorher während der Brotzeit mit der Belegschaft gesprochen, wie es soweit kommen konnte und dabei betont, dass niemand von ihnen, niemand von uns, Schuld trage am Ende des Werkes Haidhof. Einige Arbeiter wussten da schon, dass sie im Werk Sulzbach-Rosenberg eine Weiterbeschäftigung finden, andere gingen in Rente oder in den Sozialplan, wiederum andere hatten sich bei BMW umgesehen.

Wir hatten eine große Menge Eisen vorgewalzt, sodass die Adjustage proppenvoll war. Das Material reichte noch Monate für die verbleibende Restbelegschaft, um es zu verarbeiten. Als wir mittags zu walzen aufhörten und alle weg waren, saß ich ein letztes Mal in meinem Büro und dachte: „Das war`s! Übermorgen geht es schon nach Rosenberg." Ich ging noch einmal ganz allein durch die Werkshallen, auch in Sorge, dass da noch ein Arbeiter sein könnte, der das Ende nicht verkraftet hatte. Mir fiel es unendlich schwer, Abschied zu nehmen.

Wenn ich heute auf das Werk Haidhof blicke, mit seiner neuen Bedachung, dann habe ich keinen Groll mehr. In meinen Gedanken sehe ich aber noch die Hallen mit ihren Kränen, die Anlagen vom Blockplatz, die Walzstraßen; in der Adjustage jede einzelne Maschine, wo sie stand und die Lagerhürden gefüllt mit Versand fertigem Material. Ich hoffe und wünsche der Firma Läpple, dass sie noch lange produziert und möglichst viele Arbeitsplätze für unsere Region sichert.

Schon am 2. Juli 1990, um 6 Uhr morgens, bin ich 50 km mit dem Auto zu meinem neuen Arbeitsplatz nach Sulzbach-Rosenberg gefahren. Nun war ich Betriebsleiter im Rosenberger Walzwerk; vier Jahre später übernahm ich die Leitung von Walzbetrieb und Adjustagen. Um 8 Uhr hatten wir unsere tägliche Besprechung. Ich informierte mich über den Ablauf der Nachtschicht und sah die Produktionsdaten vom Vortag an. Die Zeit im Werk Sulzbach-Rosenberg war für mich ein Heimspiel.

Freunde, die früher mit mir gelernt hatten, ein Steuermann auf der Blockwalze und Führungskräfte die ich gut kannte, haben mir geholfen mich schnell einzuarbeiten. Als Führungskraft waren meine Aufgaben klar definiert und ich wusste aus langjähriger Erfahrung aus dem Stabstahl-Walzwerk in Haidhof, was zu tun ist.

Es war jene Zeit, als die NMH, „Neue Maxhütte Stahlwerke", mit einer neuen Geschäftsführung das Kommando übernahm. Gesellschafter der NMH waren Klöckner Stahl GmbH, Thyssen Stahl AG, Thyssen Edelstahl AG, Lech Stahl GmbH und der Freistaat Bayern. Lange Zeit hat die Beteiligung der Ruhrwerke an der NMH nicht gedauert. Es kam der Unternehmer Max

Aicher von den Lech Stahlwerken, der nun die Führung der NMH übernahm und das Werk wollte. Interesse an der NMH hatte auch die Georgsmarienhütte in Osnabrück. Mit beiden wurde es nichts. Ende 1998 erlebte ich den zweiten Konkurs. Glücklicherweise konnte der Betrieb noch bis Ende 2002 unter der Führung des Konkursverwalters weitergeführt werden.

Auch das Rosenberger Walzwerk wurde zugesperrt

Unsere Produktion war bis zu zum letzten Tag in Ordnung, sowohl was die Qualität als auch die Leistung betraf. Das war der Verdienst der Belegschaft. Unsere Kunden hatten uns Aufträge gegeben, sodass wir auch in der letzten Schicht noch auftragsbezogen walzen konnten. Das ermöglichte, die Adjustagen länger zu betreiben. Ende September 2002 war es soweit: Der Warmbetrieb des Walzwerkes wurde stillgelegt. An 41 Anlagen mussten Stilllegungsmaßnahmen nach dem Ende der Produktion durchgeführt werden, damit keine Gefahr von jedem einzelnen Aggregat ausgehen konnte. Jedes Belegschaftsmitglied bekam als Erinnerung ein Stück Schiene mit der Aufschrift im Steg: MH S49 1853 - 2002.

Erinnerung an die Zeit im Walzwerk Rosenberg.

Als ich das Rosenberger Walzwerk zusperrte, war es für mich bei weitem nicht mehr so emotional wie beim ersten Mal in Haidhof. Ich hatte inzwischen mit 63 Jahren das Rentenalter erreicht.

Neue Konstruktionen für die Maxhütte

OTTO ROHLEDER

In der „Maxhütte" wurde ich am 1. Januar 1962 als Leiter des Technischen Büros im Werk Haidhof angestellt. Zuvor war ich bereits in den Jahren 1955-1957 als Konstrukteur der Maschinenbaufirma Firma Mabag aus Duisburg-Rheinhausen in Maxhütte-Haidhof bei den Modernisierungsmaßnahmen der Straße 1 des Stabeisenwalzwerkes führend tätig. Gleichzeitig hatte ich für das MH-Walzwerk in Sulzbach-Rosenberg die neue Schienen- und Träger-Adjustage verantwortlich geplant und gebaut. Das Kühlbett dieser Anlage musste für eine Schienenlänge von maximal 31 m ausgelegt werden; die Bundesbahn hatte als Kunde diese max. Länge für die Schiene 49 nach 1945 gefordert.

Ab Mitte Januar 1955 bis Juli 1957 war ich vor Ort in Maxhütte-Haidhof tätig, für die Durchführung der beiden Aufträge. Für die Planung und Baudurchführung der Schienen- und Trägeradjustage im Werk Rosenberg fuhr ich wöchentlich mindestens einmal in das Werk Rosenberg.

Im Werk Haidhof stellte ich mich am 19. Januar 1955 vor. Seitens der Maxhütte waren folgende Personen anwesend: Direktor Schilcher, Chef der Neubau-Abteilung, vom Werk Haidhof Direktor Ziegler, Direktor Teichmann, Dr. Horn sowie Professor Dr. Sedlarczek; von der Technischen Hochschule Aachen. Er wurde mir als Berater vorgestellt, mit dem Hinweis, dass Prof. Sedlarczek das Vorhaben der Modernisierung „Stabstahlstraße I" leite und dass wir, von der Firma Mabag, uns grundsätzlich an seine Ideen und Skizzen zu halten hätten, nach dem Motto: „Wer zahlt, schafft an!"

Für den Bau und die Planung der Schienenadjustage im Werk Sulzbach-Rosenberg war allein die Mabag verantwortlich. Vom ersten Tag an führte ich vorsichtshalber ein Konstruktionstagebuch. Aus den täglichen Eintragungen und meinen Handskizzen war ersichtlich, dass ich mit den Ideen und Plänen des beratenden Professors nicht immer einverstanden war. Die Stabstahlstraße I sollte als sogenannte Zick-Zack-Straße umgebaut und die Stabstahlstraße II stillgelegt werden. Der Motor der stillgelegten Straße II sollte als Antrieb des Zackstrangs verwendet werden.

Gefährliche Arbeit in der Stabstahlstraße.

Die Straße I hatte eine Durchsatzleistung von 12-15 t/h und sollte nach dem Umbau bis 30 t/h bei 60 - 70 % Ausnutzung ermöglichen. Die Monatsleistung sollte nach dem Umbau auf 12000 t/M gesteigert werden. Prof. Sedlarczek ordnete an, das Kühlbett der Straße von 52,5 m um 4,5 m auf 48 m zu verkürzen. Mein Einwand wurde abgewiesen. Der Wunsch von Dr. Horn hinter der Kaltschere das abgekühlte Walzgut im Fluss zu richten, wurde nicht berücksichtigt. Dazu wäre eine Verlängerung des Auslaufrollganges erforderlich gewesen, wie ich in Skizzen vorgeschlagen hatte. Der Grund der Ablehnung meines Vorschlages waren Mehrkosten in der Größenordnung von ca. 500.000 DM, die zu den bereits genehmigten Mitteln hinzugekommen wären. Nach den mir bekannten Unterlagen waren die voraussichtlichen Kosten „über den Daumen" ermittelt worden. Diese Ungenauigkeiten, ohne Angebote einzuholen, waren für mich später eine Lehre bei meinen Funktionen als Leiter der Technischen Büros (TB Haidhof, TB Rohrwerk, TB Bandverzinkungsanlage Salzgitter). Ich nahm es immer sehr genau bei den Kostenangaben für die jeweiligen Objekte und Vorhaben.

Die Schienenadjustage im Werk Rosenberg wurde planmäßig im Frühjahr 1957 anstandslos in Betrieb genommen, wofür allein die Mabag zuständig war. Im Werk Haidhof gab es hingegen Schwierigkeiten. Die Motorleistung für den Antrieb des Zackstrangs war zu gering; der Kühleffekt des Platinenkühlrollganges zu kurz. Der Materialfluss der Adjustage funktionierte nicht. Die geforderte Stundenleistung war unter diesen Voraussetzungen nicht möglich. Erst rund 30 Jahre später, nachdem Rinnenkanten, Rollenkanten und ein gesonderter Antrieb für Wechselgerüste verbessert wurden, konnte die Leistung der Straße I die angestrebte Menge erreichen.

Das Konstruktionstagebuch als Beweis

Wegen der Problematik wurde vom Technischen Vorstand, Dr. Leihener, zum 13. August 1958 eine Besprechung einberufen, zu der mein Chef, Direktor Schneider und ich von der Firma Mabag eingeladen wurden.

Von der Maxhütte waren anwesend: Der neue Direktor Dr. Meinert sowie Dr. Buchholz (die beiden Direktoren Ziegler und Teichmann waren entlassen worden), Dr. Horn, der Chef des Stabeisenwalzwerkes Dipl.-Ing. Kratzer, Oberingenieur Zidek vom Technischen Büro Haidhof und Dipl.-Ing. Böhaker. Prof. Sedlarczek als Hauptplaner kam nicht, trotz vorheriger Zusage. So war ich der Einzige, der Auskünfte über die vergangenen Jahre geben konnte. Anhand meiner Aufzeichnungen aus dem Konstruktionstagebuch und meiner Skizzen konnte ich glaubhaft auf Entscheidungen hinweisen, die ich als falsch erachtet hatte.

Aus der Besprechung gingen die Mabag und ich schadlos heraus. Mein Chef war zufrieden. Bei den Herren Leihener, Dipl.-Ing. Flügge und Dipl.-Ing. Kratzer, dem späteren Werksdirektor im Werk Haidhof, hatte ich einen positiven Eindruck hinterlassen.

Für mich sollte das für meinen weiteren beruflichen Weg durchaus hilfreich sein.

Bei der Fa. Mabag war ich danach noch als Konstrukteur bis Ende 1967 beschäftigt. Von Direktor Flügge hatte ich die Zusage erhalten, künftig bei der Maxhütte zu arbeiten.

Nach meiner Kündigung bei der Firma Mabag trat ich meinen Dienst am 1. Januar 1962 bei der Maxhütte an. Ich wurde Leiter des Technischen Büros in Haidhof und hatte beruflich Glück mit der Planung und Errichtung

Die Umstellung des Werkes Haidhof von Generatorengas auf Flüssiggas erforderte Speicherkapazität. Dazu war der Bau von zwei Kugelgasbehältern notwendig.

neuer Anlagen im Werk Haidhof. Mein erstes größeres Vorhaben war die Umstellung von Generatorgas auf die Versorgung mit Flüssiggas.

Mit dem ersten Investitionsantrag lernte ich die Schwierigkeiten kennen, die mit der nötigen Bewilligung der Investitionssumme zusammenhängen. Ich hatte zwei Millionen DM einkalkuliert. Der Leiter der Maxhütte-Wärmestelle hatte aber in einem Vorgespräch dem Technischen Vorstand Dr. Leihener eine Summe von 1,3 Millionen DM genannt. Wenn eine zu niedrige Zahl genannt wurde, war es sehr schwer, die Zahl aus den Köpfen der Herren zu bringen.

Kurz gesagt: Dr. Leihener sagte zu mir: „Wenn Sie mit der Summe von 1,3 Mio. DM nicht zurecht kommen und Sie es nicht verstehen, die fehlende Summe irgendwie legal zu beschaffen, gehören Sie nicht auf diesen Posten als Neubauchef." Vom Aufsichtsrat wurden tatsächlich 1,56 Mio. DM genehmigt. Die Rechnung nach Abschluss der Arbeiten ergab einen Betrag von 2,1 Mio. DM.

Durch viele kleine Genehmigungsanträge in der Größenordnung von max. 50.000 DM, die der Technische Vorstand genehmigen durfte, habe ich offiziell die genehmigte Summe von 1,56 Mio. DM nicht überschritten. Das war nur möglich, weil der Technische Vorstand wohlmeinend „mitspielte". Für die Stabstahlstraße I hatte das Technische Büro Haidhof den Stoßofen 1964/65 neu gebaut. Die Einsparungen an Schwer-Öl überschritten innerhalb eines halben Jahres die Neubau-Kosten. Von Direktor Kämpfer, dem Finanzvorstand der Maxhütte, bekamen wir dafür besonderes Lob.

Von der MH-Forschungsabteilung unter der Leitung von Prof. Dr. Brotzmann war das Vakuumentgasungsverfahren weiterentwickelt worden. Für das Siemens-Martin-Werk in Haidhof sollte deshalb zur Qualitätsverbesserung eine entsprechende Anlage geschaffen werden. Das Technische Büro Haidhof führte die Planung und die konstruktive Gestaltung in Zusammenarbeit mit Dr. Faßbinder durch.

Es bot sich an, gebrauchte Vakuumgebläse mit Antrieben von einem westdeutschen Hüttenwerk preiswert zu erwerben. Die Anlage wurde von Firmen aus der näheren Umgebung nach unseren Zeichnungen gebaut und Anfang 1965 erfolgreich in Betrieb genommen. Der Investitionsaufwand betrug 300.000 DM.

Ich war „gut angekommen" in der Maxhütte und so wurde mir am 11. März 1968 der Titel „Oberingenieur" verliehen.

Bau der Bandverzinkungsanlage in Salzgitter

Zusätzlich zu meinen Aufgaben im Technischen Büro in Haidhof wurde mir am 1. August 1977 die Leitung der Technischen Büros im Rohrwerk und in Sulzbach-Rosenberg übertragen. Dazu kam, dass die Maxhütte im Jahre 1968 die Investition für eine Bandverzinkungsanlage für kaltgewalztes Band plante. Ich wurde mit der Planung und Baudurchführung beauftragt. Dipl.-Ing. Hoffmann, Chef des Elektrobetriebes im Werk Haidhof, war für die elektrische Ausrüstung zuständig. Die Zusammenarbeit klappte reibungslos, wie bei allen bisher geschaffenen Anlagen im Werk Haidhof. Es folgte eine arbeitsreiche und verantwortungsvolle Zeit. Im Werk Haidhof zeichnete sich das Ende der Warmblechfertigung aufgrund der Entwicklung auf dem Kaltwalzsektor ab. Oberflächenbeschaffenheit und Planheit waren verfahrensbedingt im Vergleich zu kaltgewalzten Blechen nicht zu erreichen. Die im Werk Haidhof hergestellten verzinkten Bleche aus dem Warmwalzwerk konnten mit den verzinkten aus den Kaltwalzwerken nicht mehr konkurrieren.

Der Bau einer Bandverzinkungsanlage für das Werk Haidhof wurde von mir zunächst im nahen Bereich des Haidhofer Kaltwalzwerkes geplant. Technisch und baumäßig wäre das auch möglich gewesen. Der Betrieb einer solchen Anlage hätte für das Werk Haidhof für den künftigen Bestand sicherlich große Bedeutung gehabt. Der finanzielle Aufwand war von mir mit 60 Millionen DM errechnet worden, wobei der Neubau eines neuen erforderlichen Hallenkomplexes enthalten war. In Zusammenarbeit mit dem Werk Salzgitter bot sich jedoch eine weitaus günstigere Lösung mit einem Kostenaufwand von rund 38 Millionen DM an. Im Werk Salzgitter stand ein leerer Hallenkomplex, der für den Bau der Bandverzinkungsanlage genügend Hallenfläche bot. Bei einer kurzfristig anberaumten Dienstfahrt mit Prof. Dr. Knüppel in das Werk Salzgitter musste ich im betreffenden Hallenbereich ad hoc entscheiden, ob die Hallenfläche für die geplante Bandverzinkungsanlage (BVZ) passend sei. Sie war es! Anschließend trafen wir den Vorstand des Werkes Salzgitter und teilten ihm den Entschluss mit, die BVZ in Salzgitter zu bauen. Vertragliche Einzelheiten wurden umgehend zwischen den verantwortlichen Direktoren beider Werke getroffen. Der Finanzvorstand der Maxhütte Direktor Kämpfer nahm beim Bau eine neue Art der Finanzierung in Anspruch. Ein Leasing-Vertrag und die Einmietung

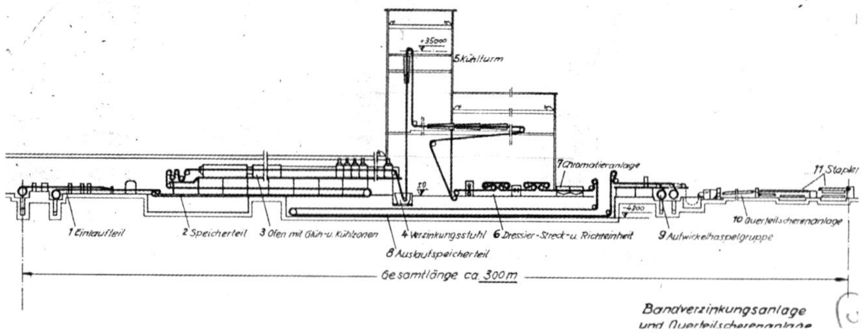

Otto Rohleder: Projektzeichnung der Bandverzinkungsanlage Salzgitter.

in den Salzgitter-Hallenkomplex machten dem Maxhütte-Aufsichtsrat den Entschluss zum Bau der Bandverzinkungsanlage leicht. Die gesamte technische Planung und die Baudurchführung wurden dem Technischen Büro Haidhof übertragen.

In enger Zusammenarbeit mit Dipl.-Ing. Hoffmann vom Elektrobetrieb Haidhof wurde das Bauvorhaben unter großem Zeitdruck durchgeführt. Dazu fuhren wir je nach den Erfordernissen, oft im werkseigenen PKW mit Fahrer, nach Salzgitter. Oft war auch Werksdirektor Kratzer mit dabei. Es war nicht immer leicht, angesichts der weiten Entfernung Maxhütte - Salzgitter, alles im Griff zu behalten. Die Hilfe der Mitarbeiter machte es möglich. Am 1. September 1970 wurde die Anlage in Betrieb genommen, nach einer Rekordbauzeit von rund 12 Monaten.

Der Winter 1969/70 war besonders hart und schneereich gewesen, was für die Monteure der Stahlkonstruktion eine besondere Härte bedeutete und die Arbeiten in großer Höhe erheblich erschwerte. Die gesamte Bauabwicklung war unter höchstem Zeitdruck gestanden. Die erste Baustufe der Bandverzinkungsanlage Salzgitter war ausgelegt für eine Produktion von 15.000 - 18.000 t/M. Die Bandbreite betrug 600 - 1.500 mm, die Banddicke 0,35 -3,00 mm. Die Bandverzinkungsanlage war für die Maxhütte und auch für das Hüttenwerk ein in der Folge gewinnbringendes Unternehmen.

Leider musste vertragsbedingt die BVZ nach 15 Jahren von der Maxhütte an Salzgitter abgegeben werden. Die Beschaffung des nötigen Personals hatte sich als schwierig erwiesen. Im Raum Salzgitter, Braunschweig, Hannover war zu dieser Zeit der Arbeitsmarkt wie leergefegt. MH-Personalchef Lanz aus Haidhof fuhr deshalb mit dem spanisch sprechenden Herrn Gondrow nach Spanien um dort 30 Männer anzuwerben.

Die Führungsmannschaft wurde aus dem Werk Haidhof rekrutiert. Ingenieur Meyer, Ing. Schanderl und mehrere Mitarbeiter nahmen trotz der Schwierigkeiten die Bandverzinkungsanlage zügig in Betrieb.

Ab dem 1. September 1970 wurde verzinktes Band produziert und verkauft. Der Verzinkungsteil, der Kern der Anlage mit dem Zinkkessel, in dem sich rund 500 Grad Celsius heißer, flüssigen Zink befand, war mit einem Abquetschrollenpaar bestückt.

In einem bekannten Werk waren versuchsweise die Abquetschwalzen durch ein berührungsloses Verfahren, „Jet-Prozess“ genannt, ersetzt worden. Bei diesem Verfahren wurde eine bessere Zinkoberfläche erzielt und dabei noch Zink eingespart. Das Technische Büro hatte diese neuartige Konstruktion der Jet-Einrichtung „nachempfunden“ und die Detailzeichnungen für die entsprechenden Maschinenteile gefertigt.

In der Gießerei in Fronberg wurden die beiden Düsenbalken gegossen und die anderen notwendigen Antriebsteile im Maxhütte-Maschinenbetrieb Haidhof gefertigt. Die Umstellung auf den Jet-Prozess erfolgte während des geplanten „Weihnacht-Stillstandes“ der Bandverzinkungsanlage Ende Dezember 1972.

Am 2. Januar 1973 wurde die Bandverzinkungsanlage Salzgitter mit dem neuen berührungslosen Verfahren, dem „Jet-Prozess“ wieder in Betrieb genommen. Das für mich persönlich riskante Unternehmen war dank der Mitarbeit von Dipl.-Ing. Hoffmann vom Elektrobetrieb Haidhof und Dipl.-Ing. Schanderl und vielen anderen Facharbeitern auf Anhieb erfolgreich. Die Zinkoberfläche war hervorragend und die Einsparung von Zink wurde voll erreicht. Direktor Kratzer, dem die Anlage unterstand, meldete mit Schreiben vom 8. Januar 1973 dem Technischen Vorstand Prof. Dr. Knüppel den erfolgreichen Start. Prof. Knüppel und Direktor Kämpfer war das Risiko des Umbaus auf das Jet-Verfahren durchaus bekannt gewesen. Darum genehmigten sie allen 25 Mitarbeitern, die mitgewirkt hatten, eine Sonderzahlung. Gleichzeitig mit der Planung und dem Bau der Bandverzinkungsanlage Salzgitter wurden für das Werk in Maxhütte-Haidhof Möglichkeiten für dessen Weiterentwicklung gesucht.

Das Ende des Walzblechwerkes

Seit der Inbetriebnahme des Kaltwalzwerkes am 6. Dezember 1961 konnten die Werke der Automobil-Industrie mit Karosserieblechen in Tiefziehgüte beliefert werden. Im Vergleich dazu war das warmgewalzte Blech verfahrensbedingt dem Blech aus dem Kaltwalzwerk unterlegen. Das Ende des Warmblechwalzwerkes war deshalb abzusehen. Eine geringe Berechtigung

Dezember 1961: Das Kaltwalzwerk wird in Betrieb genommen.

bestand für die Produktion von warmgewalzten Dynamo- und Trafoblechen, aber dazu waren die Absatzmengen zu niedrig.

Auf dem Stabeisensektor hatte der Betrieb der alten Straßen III und IV auf lange Sicht ebenfalls keine Zukunftschancen. Nach längeren Überlegungen und Planungsuntersuchungen kamen wir zu der Überzeugung, dass der Bau von zwei Kontistraßen für die Zukunft am zweckmäßigsten sei. Dabei spielte der Hallenbereich des Stabeisen- und Warmblechwalzwerkes eine wichtige Rolle. Allerdings setzten diese Planungen die Stillsetzung und Demontage der Stabeisenstraßen III und IV und des gesamten Warmblechwalzwerkes mit den Blechstraßen II, III und IV voraus. Es war nicht leicht, unsere Gedankengänge dem Vorstand überzeugend darzulegen. Der Bau- und Investitionsaufwand für nur eine Hochleistungskontistraße mit demselben Produktionsvolumen wie die der beiden Kontistraßen hätte ca. 70 Millionen DM betragen. Für die beiden von uns geplanten Kontistraßen wurde von mir ein Kostenaufwand von 45 Millionen ermittelt. Die Kostenermittlung beruhte auf Angeboten von Walzwerksbaufirmen und für die elektrische Ausrüstung von den Firmen Siemens, AEG und BBC. Die voraussichtlichen Kosten für Infrastrukturmaßnahmen, Fundamente usw. wurden nach den gängigen Preislagen zusammengestellt. Der Bau der beiden Kontistraßen wurde auf dieser Grundlage entschieden, der Betriebsrat informiert. Alle Beteiligten waren sich der zu erwartenden Schwierigkeiten bewusst. Die erforderlichen Stilllegungen der alten Anlagen, der Neubau und die Inbetriebnahme der neuen Walzenstraßen mussten weitgehend reibungslos erfolgen. Die Personalprobleme, die mit allen diesen Maßnahmen verbunden waren, wurden dabei nicht vergessen.

Und so wurde folgender Generalplan unter Mitwirkung von Direktor Kratzer, Oberingenieur Jungk, Hrn. Feuerer (Kalibrierung), Dipl.-Ing. Fischer (Stahlwerker), Obering. Hoffmann (Elektrobetrieb), Hrn. Lamprecht (Maschinenbau), Ing. Seitz (Stabeisenwalzwerk), Ing. Lück (Gießerei), Ing. Kahn (Bauabteilung), dem Gesamtbetriebsratsvorsitzenden Edenhofer und anderen erstellt.

Für den Bau der beiden neuen Straßen wurden vom Aufsichtsrat der Maxhütte insgesamt nur 40 Mio. DM genehmigt; 21 Mio. DM für den Bau der Konti-Straße II und 19 Mio. DM für die Konti-Straße III.

Die Umstrukturierungsmaßnahmen wurden planmäßig durchgeführt. Viele Mitarbeiter waren direkt von Versetzungen in neue Bereiche betroffen, bis hinauf nach Salzgitter zur Bandverzinkungsanlage.

Im Stabeisenwalzwerk Haidhof wurden ab 1971 Umbau- und Verbesserungsmaßnahmen besonders bei der Straße I durchgeführt, die bis zum Jahre 1972 andauerten. Zur Erleichterung bei der händischen Arbeit wurden in die Wippen vor dem 700er Vorgerüst eine Kant- und Verschiebeeinrichtung eingebaut. In die 550er Fertigstaffel des Zickstranges wurden Wechselgerüste und Kant- und Verschiebeeinrichtungen eingebaut, die von der Steuerbühne aus bedient wurden. Die Walzgerüste 4 und 5 der 500er Fertigstraße wurden vom Hauptstrang abgekoppelt und erhielten einen separaten Antrieb.

Konkurrenz aus Italien

Trotz aller Verbesserungen konnte die Maxhütte mit den Veränderungen auf dem Formstahlmarkt auf die Dauer mit den kontinuierlichen Walzenstraßen der Konkurrenz nicht mithalten. Dazu kamen die Überkapazitäten moderner Straßen; die Quotenregelung tat ein Übriges. Inzwischen hatten unsere neuen Kontistraßen II und III bei guter Nachfrage unserer Kunden in den Jahren 1973 und 1974 ihre Leistungsfähigkeit voll erreicht. Die Planungszahl von 24.000 t/M wurde mit 35.000 t/Monat um 45 % überschritten. Die Gesamt-Produktion des Stabeisenwalzwerkes Haidhof wurde von 1962/63: 19.200 t/M auf 1973/74: 48.000 t/M gesteigert.

Im Jahre 1977 kam es zum Verbund mit den Klöckner-Werken: 49% verblieben bei der Maxhütte, 51 % der Anteile gingen an Klöckner. In dieser Zeit fiel die Auftragslage bis zu 60 %; Kurzarbeit in Maxhütte-Haidhof war die Folge. Bei den Klöckner-Werken in Hagen-Haspe und Georgs-Marienhütte wurden die Feineisenstraßen stillgelegt. Im Stabeisenwalzwerk Haidhof konnte der Betrieb aufrecht erhalten werden; die Kontistraßen II und III blieben in Betrieb. Im Stabeisenwalzwerk wurde unter Oberingenieur. Jungk in Verbindung mit dem Technischen Büro durch neue Verfahren die Wirtschaftlichkeit der Straßen erhöht; die sogenannten Temlor- und Splitting-Verfahren wurden eingeführt. Hinter der Konti-Straße III wurde zur Rationalisierung in der Adjustage vom Technischen Büro in Verbindung mit dem Stabeisenwalzwerk eine automatische Bindeanlage geplant und installiert. Sie konnte 1985 erfolgreich in Betrieb genommen werden; ein deutlicher Einsparungseffekt wurde erreicht. Trotzdem konnten wir mit den oberitalienischen „Bresciani-Werken“ kostenmäßig nicht konkurrieren.

Bei der Kontistraße II wurde für die Ringfertigung eine Haspel- und Ringtransportanlage installiert. Beim Bau der Straße war das Fundament für

Die neue Bindeanlage im Werk sorgte für erhebliche Einsparungseffekte.

die Haspel vorsorglich geplant und in Beton gegossen worden. Die Hapsel selbst wurde von dem stillgelegten Klöckner-Werk Hagen-Haspe kostengünstig übernommen. In der ehemaligen Halle des Siemens-Martin-Werkes wurde 1984 - 1985 eine vollautomatische moderne Beiz- und Glühanlage installiert und in Betrieb genommen. Die Halle wurde vorher vollkommen gereinigt und farbig gestaltet. Es sah aus, als wären die Hallen neu gebaut worden.

Die MH-Bandverzinkungsanlage im Werk Salzgitter lief in Zusammenarbeit mit dem Stahlwerk Salzgitter bis 1985 auf höchstem Niveau. Besonders das vom Technischen Büro Haidhof gefertigte Jet-Verfahren brachte unter Leitung von Oberingenieur Schanderl hohe Qualitäts- und Einsparungsergebnisse. Die erfolgreiche Anlage ging fertigungsbedingt nach 14 Jahren an das Werk Salzgitter über. Gemeinsam mit Salzgitter plante die Maxhütte 1984/85 eine elektrolytische Verzinkungsanlage, die „Salmax". Für die Planung, gemeinsam mit dem Technischen Büro Salzgitter, wurde ich mit einem Schreiben vom 3. Oktober 1984 beauftragt. Diese Anlage wurde mit mehreren japanischen Firmen und der Firma Ruthner/Wien gründlich technisch durchgeplant und der voraussichtliche Investitionsaufwand mit 100 Mio. DM beziffert. Nach dem Konkurs der Maxhütte 1987 brach diese Gesellschaft auseinander. Salzgitter baute die Anlage alleine. Die Leitung des Bauvorhabens stand von Anfang an unter der Führung von Oberingenieur Schanderl, der nach Salzgitter wechselte.

Kaltwalzwerk in Haidhof

Qualitäten und Mengen des Kaltwalzwerkes Haidhof wurden seit dem Anlauf 1961/62 laufend gesteigert. Im Oktober 1974 betrug die Höchstleistung 38.255 t/M. Ständige Verbesserungen „auf allen Gebieten" ermöglichte einen hohen Qualitätsstandard, Kundennähe und Liefergenauigkeiten zeichneten das Kaltwalzwerk Maxhütte-Haidhof aus. Die Warmbandlieferung musste Anfang der 70er Jahre von der Voest/Linz auf das Klöckner-Werk Bremen umgestellt werden.

Aufgrund der höheren Coil-Einsatzgewichte mussten im KWW-Haidhof in der Folge entsprechende Änderungen bei den Anlagen durchgeführt werden. Außerdem wurde die Halle II für die Erweiterung des Haubenglühofens verlängert.

Im Oktober 1973 wurde eine zweite Bandspalt- und Umwicklungsanlage und zur Rationalisierung zudem eine neu gebaute Verpackungsanlage für Spaltband in Betrieb genommen. Durch die gestiegene Produktion war der Neubau einer sechsten Halle erforderlich geworden und somit die Hallenfläche auf 48.500 qm erhöht worden. Zur Qualitätsverbesserung wurde 1981 eine hydraulische Anstellvorrichtung für das Reversiergerüst geplant und installiert. Damit konnten einige Dichtentoleranzen beim Fertigband über die Gesamtbreite der Bänder gewährleistet werden. Weitere Verbesserungen wurden vom Betrieb gemeinsam mit dem Technischen Büro geplant und die Kosten dafür ermittelt.

Es half alles nichts

Trotz aller Verbesserungen wurde am 8. Dezember 1986 das letzte Band gewalzt und das Kaltwalzwerk stillgelegt. Vom 6. Dezember 1961 bis zum 8. Dezember 1986 wurden vom Reversiergerüst 7.136.300 Tonnen in 25 Jahren gewalzt.

Trotz aller Mühen konnte nicht verhindert werden, dass rund 700 Arbeitsplätze verloren gingen. Alle Maschinen und Geräte des KWW waren durch die vorbeugende Instandhaltung in bestem Zustand. Die Anlagen wurden in die USA und an das Klöckner-Werk in Bremen verkauft.

In den Hallen des KWW installierte die Fa. Läpple im Jahre 1991, zum Glück für die Städte der näheren Umgebung, ein modernes Presswerk, in denen 700 - 800 Arbeiter Arbeit fanden.

Unter der Leitung des Technischen Büros wurden im Rohrwerk ab 2. August 1977 neue Einrichtungen geschaffen und das Produktionsprogramm erweitert. So wurden dort nun auch kaltgewalzte Kugellagerrohre gefertigt.

Die bisherige Beizanlage wurde durch eine vollautomatische Salzsäure-Beizanlage mit Zusatzeinrichtungen ersetzt. Die alte Schwefelsäurebeizanlage war für die gestiegenen Anforderungen nicht mehr ausreichend, auch in Hinblick auf den Umweltschutz. Für eine Präzisionsrohrproduktion von 1.200 t/M war die neue Beize ausgelegt. Für die Fertigung von Kugellagerrohren waren zwei Kaltpilgermaschinen erforderlich sowie ein Weichglühofen zur Gefügeumwandlung der warm gewalzten Kugellagerrohrlippen.

Die neuen Fertigungsanlagen benötigten eine Personalanhebung auf 800 Mitarbeiter im Rohrwerk.

Mit dem Eigentümerwechsel durch die Klöckner-Werke AG zum 1. Januar 1976 veränderte sich auch die Bereitschaft zu Investitionen. Trotzdem konnte zur Sicherung der Kugellagerproduktion ein Weichglühofen angeschafft werden.

Den Konkurs im Jahre 1987 konnte das Rohrwerk zum Glück überleben; das „Rohrwerk Neue Maxhütte GmbH“ wurde gegründet. Im Jahr 1997 wurde das Rohrwerk von der Firma Max Aicher-Gruppe übernommen. Das weitere Schicksal ab 1998 im „Zweiten Konkurs“ ist mir nicht bekannt.

Im Juli 1986 ging ich mit 65 Jahren in den Ruhestand. Von allen Mitarbeitern, den Vorgesetzten und vom Vorstand der Maxhütte wurde ich herzlich verabschiedet. In der Maxhütte habe ich arbeitsreiche, aber auch erfolgreiche Berufsjahre erlebt. Es gab auch schwierige Zeiten. Dabei habe ich oft die Gelassenheit von Mitarbeitern und Kollegen bewundert, mit der sie ihre Aufgaben gemeistert haben. Die Mitarbeiter in dem von mir geleiteten Technischen Büro im Werk Haidhof, im Rohrwerk und in der Bandverzinkungsanlage in Salzgitter erfüllten stets verlässlich und vertrauensvoll ihre Pflicht für die Maxhütte.

Man sagt ja gerne „In der Vergangenheit war alles besser“. Ich denke jedenfalls gerne an die Zeit bei der Maxhütte zurück. Von meinen Vorgesetzten habe ich oft wohlwollende Förderung erfahren, mit den Betriebsräten immer vertrauensvoll zusammengearbeitet. In der „Maxhütte“ verbrachte ich die beste und schönste Zeit meines Berufslebens.

Ein ganzer Straßenzug mit Werkswohnungen

ERWIN SOUTSCHEK

Ich kehrte aus dem Krieg zurück und traf in Nürnberg meine aus den Ostgebieten geflüchteten Eltern wieder. Mit ihnen zusammen zog ich zunächst nach Winklarn bei Oberviechtach. Da mein Vater Maler und Lackierer war, suchten wir einen Ort, wo er Arbeit finden konnte und so kamen wir 1946 nach Maxhütte-Leonberg. Auch ich fand im Maxhütter Depot einer amerikanischen Dienststelle, die in Hohenfels ihren Sitz hatte, schnell Arbeit und blieb sechs Jahre, bevor ich 1954 zur Maxhütte kam.

Mein Schwiegervater, der damals in Pension ging, schaffte es, dass ich in der Sozialabteilung als Sachbearbeiter eingestellt wurde. Ein Jahr später bekam ich den Posten des stellvertretenden Abteilungsleiters angeboten, eine Aufgabe, die ich über 20 Jahre lang erfüllte. Nach dem Ausscheiden meines Vorgängers Franz Lanz wurde mir am 31. August 1976 die Leitung der Sozialabteilung Haidhof übertragen und gleichzeitig wurde ich zum Sozialleiter ernannt. Zu meinem Aufgabengebiet in Haidhof gehörte die Personalabteilung der gewerblichen Arbeitnehmer (ca. 2.000 Arbeitnehmer), das Lohn- und Tarifsachgebiet, die Sozialbetriebe (Hüttenschänke, Kantinen, allgemeiner Dienst, Reinigungsdienst), die Wohnungsverwaltung (ca. 600 Wohneinheiten), das Lohnbüro (ca. 2.000 Lohnempfänger) sowie die Ausbildungs-, Fortbildungs- und Umschulungsstätte.

Ich hatte mich inzwischen intensiv ins Lohnsachgebiet eingearbeitet, wobei wir in der Sozialabteilung in Haidhof immer eng mit dem Maxhütte-Werk in Sulzbach-Rosenberg zusammenarbeiteten. Ich blieb 30 Jahre in der Maxhütte. Am 1. Oktober 1984 schied ich einvernehmlich bei der Eisenwerk-Gesellschaft Maximilianshütte mbH nach Sozialplan aus. Bis dahin war ich auch als Sozialrichter beim Sozialgericht München tätig gewesen.

Die Sozialabteilung war früher auch für das Werksorchester der Maxhütte zuständig. Die Abrechnungen des Orchesters liefen über unsere Abteilung, ebenso die Einkäufe der werkseigenen Hüttenschänke sowie des Casinos. Das Werksorchester der Maximilianshütte hat übrigens sogar Langspielplatten herausgebracht, von denen heute noch eine in meinem Plattenschrank steht. Die Sozialleistungen der Maxhütte liefen auch noch weiter, als es der Maxhütte nicht mehr so gut ging. Wenn ich heute am Werk Haidhof vorbeikomme, spüre ich immer noch die Verbindung zur Maxhütte. Es sind gute Gefühle, die da rüberkommen, wenngleich das Ende wenig erfreulich war. Da wurden Arbeiter entlassen, die 40 Jahre und mehr für die Maxhütte da gewesen waren.

Über lange Zeit war die Maxhütte ein guter Arbeitgeber gewesen. Die Urlaubsverschickung verdienter Maxhütte-Arbeiter war schon eine herausragende Sache: Vierzehn Tage bzw ein vierwöchiger, kostenloser Erholungsurlaub in Oberbayern für langjährige Mitarbeiter, das bot nur die Maxhütte ihren Beschäftigten. Mit den Vertragsheimen in Bad Tölz oder Garmisch-Partenkirchen handelte unsere Abteilung die Verträge aus. Die großen Werksveranstaltungen fanden alle in der Hüttenschänke statt. An die 1. Mai-Feiern in der Hüttenschänke kann ich mich noch gut erinnern. In der Hüttenschänke konnten die Beschäftigten nach Dienstschluss sich für kleines Geld satt essen, was vor allem diejenigen in Anspruch nahmen, auf die keine Familie zu Hause wartete.

Geld in Lohntüten ausbezahlt

Die Sozialabteilung, der ich vorstand, war auch für das Lohnbüro zuständig. Früher wurde der Lohn alle acht Tage ausbezahlt – in richtigen Lohntüten. Die Arbeiter kamen ins Lohnbüro und bekamen von meinen Mitarbeitern die Lohntüte überreicht.

Rund um das Eisenwerk gab es jede Menge Wirtshäuser damals. So mancher Eisenwerk-Arbeiter machte sich, sobald er seine Lohntüte in Händen hielt, gleich auf den Weg dorthin. In einer Lohntüte steckten im Schnitt 100 DM. Die Maxhütte zahlte auch aber auch Vorschüsse aus. Das lief so ab:

Erwin Soutschek: Abschied von den Kollegen/innen der Sozialabteilung.

Ein Beschäftigter kam in die Sozialabteilung, trug sein Anliegen vor und begründete es. War es hinreichend begründet, wiesen wir die Kasse an, den entsprechenden Betrag auszuzahlen.

Es kamen auch Frauen von Maxhütte-Arbeitern zu uns und baten um Vorschuss, nicht selten fürs Essen. In der Regel betrug der Vorschuss 20 DM. Brauchte jemand einen größeren Vorschuss, um beispielsweise die Raten fürs eigene Häuschen abzuzahlen, reichten wir den Antrag an die Bauabteilung in Sulzbach-Rosenberg weiter.

Das Eisenwerk in Haidhof hatte 1946 durch die vielen Flüchtlinge starken Zulauf bekommen, doch das Werk brauchte nach dem 2. Weltkrieg auch dringend neue Arbeiter. So wurden zusätzliche neue Werkswohnungen gebaut. Entlang der Regensburger Straße entstand ein ganzer Straßenzug mit Maxhütte-Werkswohnungen.

Die Sozialabteilung, in der zehn Mitarbeiter beschäftigt waren, war schließlich für insgesamt 600 Werkswohnungen in Haidhof zuständig, ebenso wie für die Löhne oder die sozialen Einrichtungen wie die Hüttenschänke oder die Werkskantinen. Wer eine Werkswohnung suchte, ging zu einem meiner Sachbearbeiter, füllte einen Antrag aus und bekam im glücklichen Fall eine preisgünstige Wohnung zugewiesen. Ich habe mir zum Schluss, als die Werkswohnungen verkauft wurden, auch ein Zweifamilienwohnhaus aus diesem Bestand gekauft.

Die Löhne, welche die Maxhütte ausbezahlte, waren gestaffelt; so verdiente beispielsweise der 1. Walzer mehr als der 2. Walzer. Die Schlosser und die Elektriker verdienten auch gutes Geld, weil sie dafür verantwortlich waren, dass die Maxhütte-Betriebe reibungslos liefen.

Als dann in der Folge von Massenentlassungen Sozialpläne aufgestellt wurden, wurden diese von der Zentrale in Sulzbach-Rosenberg aus gemanagt, in enger Abstimmung mit dem Gesamtbetriebsrat.

Im Werk Haidhof arbeiteten einst 2.000 Arbeiter. Ich denke, das Ende der Maxhütte war tragisch für unsere Region. Aber für die ausscheidenden Beschäftigten wurde eine gute sozialverträgliche Lösung gefunden und darüber bin ich heute noch froh. Die Beschäftigten konnten mit 58 Jahren aus dem Arbeitsverhältnis ausscheiden. Ich habe diese Möglichkeit auch wahrgenommen.

Ansprechpartner für unsere Abteilung waren meist die Betriebsleiter, sei es im Kaltwalzwerk oder im Stabeisenwalzwerk. Wenn diese Betriebsleiter geeignete Arbeiter brauchten, haben wir versucht, das mit zu organisieren.

Auch die Ausbildungsstätte des Eisenwerkes gehörte zu unserem Aufgabengebiet, also die Ausbildung der Maxhütten-Lehrlinge. Die dort ausgebildeten jungen Fachleute brauchte die Maxhütte. Wir kümmerten uns aber auch um die externen Lehrgänge, die in der Lehrlingswerkstatt Haidhof durchgeführt wurden. Unsere Sozialabteilung und das Büro des Betriebsrates waren im selben Gebäude, direkt beim Pförtner 1, untergebracht.

Mein Nachfolger in der Sozialabteilung wurde schon bald nach meinem Ausscheiden nach Sulzbach-Rosenberg versetzt und leitete von da an Haidhof mit.

Im Übrigen war die Sozialabteilung auch für die Renovierung der Werkswohnungen zuständig. Dafür hatten wir einige Handwerker in der Wohnungsverwaltung zur Verfügung, die wir einsetzen konnten, wenn es dringenden Reparaturbedarf gab. Ansonsten kamen Fremdfirmen zum Zug.

Die Haidhofer Maxhütte-Arbeiter kamen vorwiegend aus dem Städtedreieck, aber auch aus Ramspau, Hirschling, Schmidmühlen sowie aus

Die Sozialabteilung war auch für die Werkswohnungen in der Regensburger Straße zuständig. Bild: Festzug zur Stadterhebung.

dem Regental. Früher kamen die meisten Arbeiter mit dem Fahrrad zum Werk, später mit den von uns eingesetzten Bussen. Mit den regionalen Busunternehmen schlossen wir feste Verträge ab. Diese Busse waren ständig für das Werk im Einsatz, da im Drei-Schichten-Betrieb gearbeitet wurde.

Wenn Arbeiter Verbesserungsvorschläge machten, kamen die Betriebsleiter zu uns in die Sozialabteilung. Wir haben deren Prämienvorschläge geprüft und dann die Anträge nach Sulzbach-Rosenberg weitergeleitet, wo es eine eigene Abteilung dafür gab.

Mit der Werkskapelle auf der Musikolympiade

FERDINAND DEINZER

Als ich, Jahrgang 1953, in der Maxhütte anfing, wurde gerade das neunte Pflichtschuljahr eingeführt. Mein Onkel hatte mir als Jugendlicher bereits das Trompete spielen beigebracht. Es war die Zeit der Beatles und der Tanzkapellen. Natürlich war ich auch bei einer mit dabei. Als damals beim Feuerwehrfest in Leonberg die Eisenwerkskapelle aufspielte, fragte mein Onkel dessen Leiter Ludwig Pinzl, ob er denn noch einen Trompeter in seinem Orchester brauchen könne. Trompeter habe er genug, meinte der Pinzl, aber einen Waldhornisten suche er dringend. Darauf erlernte ich bei Karl Weniger und Adolf Roth aus Maxhütte, dem 1. Hornisten im Werksorchester, das Waldhornspiel.

Mit diesem Trumpf im Ärmel bewarb ich mich um eine Lehrstelle bei der Maxhütte, die in jenem Jahr nur für je zwei Elektriker und Schlosser eine Lehrstelle anbot. Da ich die Eignungsprüfung problemlos bestand, begann ich im September 1969 meine Lehre im Eisenwerk Haidhof, die bis 1972 dauerte.

Von Beginn meiner Lehre an spielte ich im Werksorchester Haidhof mit. Knapp ein Jahr später nahm ich bereits am ersten Wertungsspiel in Auerbach teil, danach führte uns eine musikalische Reise über die alte Brennerstraße nach Meran in Südtirol. Für mich bedeutete das ein verlängertes Wochenende. Wir waren als Haidhofer Werkskapelle in der Folgezeit oft auf internationalen Musikwettbewerben, wo wir in der höchsten Klasse, in der Kunststufe, starteten. In Meran holten wir tatsächlich zwei Goldmedaillen: Im Konzertmusikwettbewerb und im Marschmusikwettbewerb. Ich war mächtig stolz, diesem tollen Orchester anzugehören.

Große Privilegien hatte ich als Werksmusiker im Grunde nicht. Wenn ich

1. Schicht hatte, ging ich wie jeder andere zur Arbeit. Jeden Donnerstag-Abend war ab 19 Uhr Musikprobe im Saal der Hüttenschänke. Wenn wir zu Wertungsspielen fuhren, gab es zusätzliche Proben, meist zwei Stunden am Samstag- oder Sonntagvormittag. Unser Orchester war zur Blütezeit weit über 50 Mann stark. Darunter waren viele erfahrene Musiker, die im Dritten Reich zum Teil im Reichsmusikkorps oder im Polizeimusikkorps gespielt hatten. Um diese Vollblutmusiker, die nach dem Krieg im Eisenwerk Haidhof Arbeit gefunden hatten, war die Werkskapelle aufgebaut worden, dessen Leiter und Dirigent Ludwig Pinzl war.

Als es Ende der 70er Jahre mit dem Eisenwerk Maxhütte bergab ging, litt auch die Werkskapelle darunter. Immer mehr Musiker verloren ihren Arbeitsplatz und die Werkskapelle wurde regelrecht ausgedünnt.

Auch die Proben fanden immer unregelmäßiger statt. Später machten wir im Feuerwehrhaus Leonberg noch eine Zeit lang weiter, aber nicht mehr in voller Besetzung. Als Ludwig Pinzls Kräfte für die Leitung des Werksorchesters nicht mehr ausreichten, stellte auch die Werkskapelle ihr musikalisches Wirken ein.

Gulasch unter der Berg-Isel-Schanze

Zum Wertungsspiel nach Meran 1974 waren wir mit dem Bus der Firma Högl gefahren, der jeden Tag die Maxhütte-Arbeiter zur Schicht brachte. Bevor wir damals losfuhren, wurde in der Hüttenschänke noch eine riesige Box mit Gulaschsuppe eingeladen, sowie diverse andere Lebensmittel. In Innsbruck, direkt unter der Berg-Isel-Schanze, machten wir Halt und Brotzeit. Das Wertungsspiel in Meran fand im dortigen Kurhaus statt; Unterkunft fanden wir in einer Pension in Bozen. Nach den Wettbewerben nahmen alle Kapellen, so auch wir, an einem großen Festzug teil, der durch ganz Meran führte. Menschenmassen säumten unseren Weg. Das Spielen des Kaiserjägermarschs, dem Heeresmarsch der Tiroler Kaiserjäger und der österreichischen und deutschen Gebirgsjäger war übrigens zu jener Zeit noch verboten. Bezahlt wurde unser musikalischer Ausflug von der Sozialabteilung des Werkes. Herr Lanz, deren Leiter, war ein begeisterter Fan der Werkskapelle.

Die Haidhofer Musiker in Holland bei der Musikolympiade. Vorne weg: Der Leiter der Werkskapelle Ludwig Pinzl.

Wenn wir, die Mitglieder der Eisenwerkskapelle, von jenen Auftritten nach Hause kamen, begrüßte uns sogar der Werksdirektor persönlich.

So auch nach der Teilnahme an der Musikolympiade 1974 in Holland. Ich leistete von 1972 bis 1974 meinen Grundwehrdienst bei der Bundeswehr in Regensburg ab und hätte eigentlich gar nicht mitfahren dürfen, doch Betriebsleiter Eberhard Lanz, Chef der Sozialabteilung, reichte bei der Bundeswehr ein Gesuch ein und so ich durfte ich mit einer Ausnahmegenehmigung doch noch mit. Beim Konzertwettbewerb in Holland gewannen wir die Goldmedaille, sowie eine Silbermedaille im Marschmusikwettbewerb. Als ich in die Kaserne zurückkehrte, war ich im Batteriegebäude als Sieger „ausgehängt“. Das hatte mich mächtig beeindruckt.

Normalerweise probten wir außerhalb unserer Dienstzeit. Dafür bekamen wir ein Probengeld von 5 Mark. Dafür konnte man sich in der Hüttenschänke drei bis vier Halbe Bier kaufen. Gewöhnlich fanden die Proben Donnerstagabend in der Hüttenschänke statt, in der Regel von 19 - 21.30 Uhr. Wenn ich 2. Schicht hatte, durfte ich bereits um 19 Uhr Schluss machen. Natürlich saßen wir nach den Proben noch länger beieinander. Wir waren trotz der Altersunterschiede in der Werkskapelle ein verschworenes Team, in dem sich jeder auf den anderen verlassen konnte. Oft spielten die „Alten" nach der Probe noch Karten in der Wirtsstube, während wir „Jungen" den Spielern fasziniert zusahen und dabei so manchen Trick abguckten. Manchmal packten wir nach einer oder zwei Halben Bier die Instrumente wieder aus und spielten bis Mitternacht in der Hüttenschänke weiter.

Im Elektrobetrieb, wo ich arbeitete, war ich nicht der einzige Musiker. Da gab es noch den Vogl Franz aus Katzdorf, unseren Schlagzeuger – den Hartl Philipp aus Maxhütte, den Reisinger Hans aus Meßnerskreith und auch den Schmid Heinz. Als ich in der Werkskapelle zu musizieren begann, trugen wir Werksmusiker alle noch Uniformen, die aussahen wie verschlissene Polizeiuniformen. Als wir in Holland auftraten, spielten wir bereits in neuer Tracht.

Werksmusik auf Schallplatte

Die Haidhofer Werkskapelle hatte sich da längst einen Namen weit über die Region hinaus gemacht. Wem unsere Musik gefiel, konnte sie sich in Form einer Schallplatte sogar nach Hause holen. Bei den Schallplatten-Aufnahmen waren wir im Grunde weit weniger aufgeregt als bei den Wertungsspielen, denn die entsprechenden Stücke wurden so oft gespielt und aufgenommen, bis alles perfekt passte. Da standen wir bei den musikalischen Wettbewerben durchaus unter einem größeren Druck. Als wir im holländischen Kerkrade bei der Musikolympiade spielten, kam vor uns ein tschechisches Werksorchester zum Einsatz. Als dieses Orchester einen Einsatz verpasste, nahmen die Wertungsrichter es sofort aus dem Wettbewerb.

Die letzte Schallplatte des Haidhofer Maxhütten-Orchesters nahmen wir nicht in einem Tonstudio auf, sondern im Foyer des Burglengenfelder Gymnasiums. Ein andere Platte wurde im Hüttenschänke-Saal aufgenommen. Die Finanzierung unserer musikalischen Aktivitäten lief über die Sozialabteilung des Werkes, das diese Schallplatten vertrieb und natürlich auch für Werbezwecke verwendete. Insgesamt vier Schallplatten spielte die Werkskapelle der Maximilianshütte ein; bei zwei Aufnahmen war ich auch dabei. Tantiemen für die Musiker gab es anlässlich der Schallplatten-Aufnahmen keine. Wenn wir auf Festen spielten, bekamen wir Musiker ein kleines Handgeld und natürlich eine Brotzeit.

„Auf geht's" mit dem MH-Werksorchester. Vier Schallplatten nahm das Werksorchester auf.

Ein großes musikalisches Ereignis fand auf dem ehemaligen Volksfestplatz von Maxhütte-Haidhof statt, anlässlich der Feierlichkeiten zu „25 Jahre Werksorchester Maxhütte-Haidhof". Damals kamen viele andere Werksorchester zu uns nach Maxhütte, deren Musiker bei uns übernachteten. Ich nahm einen Musiker von Wacker Chemie Burghausen auf. Das Werk in Rosenberg hatte übrigens eine eigene Werkskapelle, die allerdings bei weitem nicht so erfolgreich war wie das Haidhofer Orchester.

Die Maxhütter Werkskapelle spielte fast bei allen großen Festen hier in der Gegend, sei es bei Feuerwehr-, Burschen- oder Schützenfesten. Bei den jeweiligen Festzügen war die Werks-Blaskapelle aufgrund ihrer starken Besetzung zum Teil mit zwei Gruppen vertreten.

Die 1. Mai-Feiern im Städtedreieck waren früher wie ein Volksfest. Da spielten wir jedes Jahr. Unser Standkonzert morgens um 9 Uhr besuchten bereits zahlreiche Besucher, sei es in Teublitz meistens im Stadtpark oder in Maxhütte-Haidhof auf dem Rathausvorplatz.

Das langsame Sterben der Werkskapelle zeichnete sich ab, als der Leiter der Sozialabteilung, Franz Lanz, schwer erkrankte. Das Werksorchester war ihm wie eine Familie gewesen. Wenn wir Gelder brauchten, lief Herr Lanz von Pontius zu Pilatus, um das möglich zu machen. Gleichzeitig machte sich die Altersstruktur des Orchesters immer stärker bemerkbar. Es wurde immer schwieriger, je mehr junge Musiker wir integrierten, unseren musikalischen Standard zu halten.

Es fand sich auch kein Nachfolger für unseren musikalischen Leiter Ludwig Pinzl. Natürlich wirkte sich irgendwann auch der wirtschaftliche Niedergang der Maxhütte auf die Förderung der Werkskapelle aus. Immer mehr Arbeiter schieden aus dem Traditionsbetrieb aus oder mussten, weil in Haidhof immer mehr Stellen abgebaut wurden, nach Rosenberg ins Stahlwerk. In der Folge kamen immer weniger Musiker zu den Proben oder sie fielen gleich ganz aus.

Ich machte 1977 meine Meisterprüfung, zu einer Zeit, als immer mehr Betriebsteile stillgelegt wurden: der Siemens-Martin-Ofen, die Gießerei, die Mitteleisenstrecke und so fort. Da auch immer mehr Elektriker-Stellen abgebaut wurden, kam ich zuerst in die Wärmestelle, dann ins Kaltwalzwerk.

Musiker demonstrierten

Im April 1987 meldete die Maxhütte Konkurs an. Ich hätte nun täglich nach Sulzbach-Rosenberg pendeln müssen. Da das Werk Haidhof nicht sofort alle Arbeiter ausstellte, lehnte ich eine Versetzung nach Rosenberg ab. Stattdessen bewarb ich mich für eine Weiterbildung als Elektromeister. Nach der Meisterprüfung kam ich zurück ins Werk Haidhof, wo ich bis zum Herbst 1987 blieb. Danach machte ich mich selbstständig.

Zu dieser Zeit gab es noch erstaunlich viele Musiker im Werk Haidhof. Bei den großen Demonstrationen für den Erhalt des Standortes Haidhof unterstützten diese Musiker den Protest auf musikalische Weise.

Als die Hüttenschänke nach dem Konkurs der Maxhütte schloss, war es

Orchesterprobe in der Hüttenschänke.

endgültig vorbei mit unseren gemeinsamen Orchesterproben. Einige von uns probten noch eine Zeit lang im Leonberger Feuerwehrhaus. Damals gründete der Sepp Reischl die Jugendblaskapelle Leonberg, zusammen mit mir und dem Amann Georg, Feuerwehrkommandant aus Leonberg.

Die Zeit nach dem Konkurs der Maxhütte war verdammt hart. Als wir frühmorgens zur Arbeit gingen, rätselten wir: Werden wir morgen auch noch hier sein? Dieses bedrückende Gefühl machte uns allen zu schaffen.

In der Wärmestelle hatte ich mich abends noch als Elektroniker fortgebildet, doch schon bald wurde auch diese Stelle aufgelöst. Das Werk starb scheibchenweise. Es machte keine Freude mehr zur Arbeit zu kommen, den sicheren Tod des Werkes vor Augen. Ich glaube, ich schrieb in dieser Zeit über 100 Bewerbungen.

Die BBI (Bayerische Braunkohle-Industrie AG) in Wackersdorf schloss damals auch den Betrieb und fiel als Arbeitgeber aus. BMW war noch nicht in der Region ansässig. Die Möglichkeiten, in der Region Arbeit zu finden, waren äußerst begrenzt. Die Stellenanzeigen in den Zeitungen und Anzeigenblättern boten vor allem Arbeitsplätze in Nürnberg, München oder Stuttgart an. Meine Eltern waren verzweifelt, als mein Bruder, der vorher bei Triumph in Schwandorf beschäftigt war, nach München pendelte, um im dortigen BMW-Werk neu anzufangen. Meine Eltern hatten Angst davor, ihren Lebensabend ohne ihre Kinder verbringen zu müssen.

Ein letztes Konzert der Haidhofer Werkskapelle hat es leider nicht mehr gegeben. Ich habe in anderen Gruppierungen nach meinem Ausscheiden aus dem Eisenwerk noch lange mit Musikern der ehemaligen Werkskapelle zusammengespielt. Die Älteren unter uns nannten sich später selbstironisch „Beerdigungssinfoniker", da sie vorwiegend bei Beerdigungen ihre Einsätze hatten. Als der Reischl Sepp die Jugendblaskapelle Leonberg dirigierte, war die Werkskapelle längst auseinandergebrochen.

In der Blütezeit des Eisenwerk-Orchesters hatten fast alle Musiker ihren Arbeitsplatz in der Maxhütte. Dadurch war ein natürlicher Zusammenhalt entstanden, der nun nicht mehr gegeben war.

Meine Zeit im Werksorchester war eine wunderschöne Zeit, wenngleich der Leiter, Ludwig Pinzl, ein dominanter Dirigent, uns viel abverlangte. Ich hatte in der Werksmusikkapelle einen Startvorteil genossen, da ich Multiinstrumentalist war. Als Jugendlicher hatte ich Trompete erlernt, im Werksorchester dann Waldhorn. Zudem hatte ich als Jugendlicher in Tanzkapellen wie „Alfredos Atlantis", „Sound Express", „Das grüne Band" oder „The Entertainers" gespielt und dort musikalische Erfahrung gesammelt. In der Werkskapelle erlernte ich später auch noch Tenor- und Baritonhorn. Gegen Ende meiner Zugehörigkeit zum Maxhütter Werksorchester legte ich mir noch eine Posaune zu und spielte begeistert Jazz-Musik. Der 1. Posaunist des Werksorchesters unterstützte mich beim Lernen. Aufgrund meiner musikalischen Vielfältigkeit war ich im Laufe der Zeit quer durchs Orchester „gewandert". Mit dem Leiter des Werksorchesters Pinzl hatte ich des Öfteren auch in kleiner Besetzung gespielt.

Ich hätte mir gewünscht, dass es anders zu Ende gegangen wäre mit dem Haidhofer Werksorchester. Mit einem richtigen Abschiedskonzert, das allen Maxhüttern ein Leben lang in Erinnerung geblieben wäre.

Meine Mutter sagte einst, als ich anfing bei der Maxhütte: „Da hast du eine gute Arbeitsstelle, mein Junge. Die Maxhütte steht dem Staat als Arbeitgeber in Nichts nach." Leider kam es nicht so. Ich wäre glücklich gewesen, in diesem familiären Werk bis zur Rente bleiben zu können. Es war eine harte, oft auch schmutzige Arbeit, doch die Kameradschaft unter uns war unübertroffen, im Werksorchester sowieso.

Respekt vorm Dampfschiff

REINHARD VINZENZ GAMPE

Zu meinen Kindheitserinnerungen aus den sechziger Jahren zählen unter anderen die Besuche beim Friseur Mandl in der Wilhelm-Rabe-Straße am Fuß des Ziegetsbergs in Regensburg. Und dabei habe ich gemischte Gefühle. Denn der alte Mandl Hugo – später folgte ihm sein Sohn Hugo jun. nach – betrieb neben seinem Friseursalon auch noch ein Schreibwarengeschäft, in dem es Schulsachen, Zeitschriften, aber auch Spielwaren und Süßigkeiten zu kaufen gab. Das sind die angenehmen Erinnerungen. Der Hugo lag genau auf meinem Schulweg von der Immelmannstraße zur Wolfgangschule in der Theodor-Storm-Straße. Praktisch, denn damit hatten meine Freunde und ich eine dritte Option, neben den beiden Kiosken, die ebenfalls auf dem Weg lagen. Von Bubble Gum mit Abziehbild bis zu den beliebten Brausebonbons bekamen wir alles, was einem den Schulalltag damals buchstäblich versüßen konnte. Und natürlich darf man die Tauschbilder und Quartett-Kartenspiele nicht vergessen.

Aber der Mandl Hugo war halt auch Friseur. Und den Gang zum Friseur habe ich gehasst. Schon als kleines Kind. Meine Mutter hatte zu tun, mich über die Augsburger Straße zu bringen, wenn ein Haarschnitt anstand. War es die elektrische Haarschere, die auch mal schmerzhaft ins Ohr fuhr, oder bereits eine Vorahnung auf kommende, spannende Zeiten, in denen lange Haare ein Statement bedeuten sollten? Auch dass man als Kind auf den roten Kunstledersesseln noch ein Unterkissen bekam, um die Schneidehöhe zu erreichen, empfand ich eher als Herabsetzung.

Auf jeden Fall war der Mandl Hugo für mich damals alternativlos, was das Haareschneiden betraf. Denn alle aus der Siedlung gingen da hin. Für mich stand fest, es gab keinen anderen Friseur in der Stadt.

Dabei war die Ganghofersiedlung einfach nur unsere kleine Welt, und in der konnte man überleben, ohne das Viertel zu verlassen. Es gab den

Metzger Preuschl, den Metzger Springer, den Schuster Geier, den Gasthof Hubertushöhe, die Bäcker Gunda, den Edeka und daneben den Friseur Mandl. Da traf man alle Leute irgendwann wieder, ob man wollte oder nicht.

„Maxhütte"-Song „Dampfschiff": Kritischer Blick auf die Stahlregion.

Und alle aus der Siedlung lebten in den gleichen kleinen Häusern mit höchstens vier ebenso kleinen Wohnungen, dafür aber alle mit einem großen Garten hinterm Haus, allesamt bewirtschaftet, denn man musste damals haushalten. Die Ganghofersiedlung war ein Arbeiterviertel. Erbaut in den 1930er Jahren von den Nationalsozialisten, als Quartier für die Mitarbeiter der Messerschmitt-Werke, von 1945 bis 1949 von den Amerikanern als Lager für „displaced persons" genutzt (das waren ukrainische Kriegsgefangene), lebten hier ab 1950 vor allem Handwerker und Angestellte mit ihren Familien, wie mein Vater, der „Siemensler" war. Wir wohnten in der Immelmannstraße, neben der Von-Richthofen-Straße und der Boelcke-Strasse eine von drei „Fliegerstraßen" am westlichen Rand des Ensembles. Was für mich persönlich besonders wichtig war: einen Steinwurf weit von unserem Haus gab es den Fußballverein TSG Regensburg-Süd. Meinen Verein. Dort war ich Torwart in der Schüler-, Jugend- und später in der Herrenmannschaft. Der Südplatz war mein zweites Zuhause und so habe ich auch die Oberpfalz erst richtig kennengelernt. Denn unsere Auswärtsspiele führten mich dann unter anderem auch nach Schwandorf, Nabburg, Bruck und Haidhof.

Der erste Schritt aus diesem Mikrokosmos am Ziegetsberg war mit zehn Jahren mein Entschluss, aufs Gymnasium zu wollen. Das war so nicht vorgesehen. Der Hauptschulabschluss auf der Wolfgangsschule und eine anschließende Lehre wäre der normale Lauf der Dinge gewesen. Auch meine

Maximilianshütte: „Eine Seele aus Rauch und heißem Stahl."

Lehrerin in der vierten Klasse fand wohl nicht, dass ich zwingend auf eine „höhere Schule" gehörte. Aber das habe ich irgendwie durchgesetzt und so besuchte ich ab 1970 das Goethe-Gymnasium im Stadtwesten von Regensburg. Eine ganz neue Welt, traf ich doch dort Mitschüler, die zum Teil in ganz anderen sozialen Verhältnissen lebten: In Einfamilienhäusern im Stadtwesten; deren Eltern waren oft selbst Lehrer. Das hat mir aber trotz anfänglicher Unsicherheit eine ganz neue Perspektive eröffnet und war nicht weniger wichtig für mein späteres Leben. Zum Friseur bin ich ab dieser Zeit nur noch selten gegangen, dafür hat mein Vater dem Mandl Hugo bis vor wenigen Jahren die Treue gehalten und war zuletzt sein ältester Kunde.

Musikalischer Blick auf die Stahlregion

Sie werden sich jetzt fragen, was hat das alles mit der Geschichte der Maxhütte-Werke zu tun? Ich habe als Erwachsener weder in einem der Betriebe gearbeitet, noch jemals im „Revier" gelebt. Überhaupt beruflich einen anderen Weg eingeschlagen. Nach ein paar Semestern Germanistik war ich erst mal vier Jahre LKW-Fahrer bei der Post, lernte danach Schriftsetzer und arbeitete viele Jahre als Grafiker bei einem Magazin. Heute bin ich wieder LKW-Fahrer, dazu noch Musiker. Aber ich bin ein Arbeiterkind. Und das Thema Arbeit und soziale Identität bewegt mich persönlich wie politisch und kommt auch in den meisten meiner Lieder immer wieder vor.

Das Auf und Ab der Region rund um die Maxhütte, den Kampf um die

Arbeitsplätze und letztlich die Abhängigkeit der Menschen in ihrer Existenz von wirtschaftlichen Interessen und Entwicklungen habe ich aus der Ferne durchaus mitbekommen. Nicht zuletzt deshalb habe ich irgendwann vor ein paar Jahren Oskar Duschinger angeschrieben, ob er mir sein Buch über die „Maxhütte" schicken könne. Denn ich wollte ein Lied darüber schreiben (Der Song heißt „Dampfschiff", Anm des Autors). Trotzdem, mein Blick auf die Stahlregion hatte eher etwas Romantisches. Ich dachte dabei auch immer an das berühmte Foto von den Arbeitern, auf einem Stahlträger des Rockefeller-Centers sitzend. Da schaffen Menschen mit ihrer Hände Arbeit etwas ganz Großes. Aus Stahl. Zugegeben, ich schreibe darüber natürlich ein bisschen wie Karl May über die Indianer. Die Menschen in diesen großen Stahlbetrieben erschienen mir immer als verschworene Gemeinschaft, in der keiner mehr galt als der andere, der Zusammenhalt großgeschrieben wurde und die, gewerkschaftlich gut organisiert, so ihre Rechte besser wahrnehmen konnten. Und vor allem stolz auf ihren Beruf waren. Es gab ein großes Band, das alle zusammenhielt und nachdem ich durch Oskar Duschinger die Geschichte der „Maxhütte" in der Oberpfalz näher kennengelernt habe, fielen mir erst einige Parallelen zu meinem Viertel auf, der Ganghofersiedlung, obwohl hier die Leute ja nur wohnten und völlig unterschiedlichen Berufen nachgingen, das berufliche Band also fehlte.

Was aber beiden gemeinsam ist, ist der Wandel und die Veränderungen, die nicht immer durch die Menschen gewollt und bestimmt wurden. Und damit komme ich wieder zur Geschichte der Ganghofersiedlung.

Wie bereits erwähnt, wurde sie in den dreißiger Jahren (1936 bis 1939) von den Nationalsozialisten erbaut, weil man Wohnraum für die Messerschmitt-Arbeiter benötigte. Sieht man sich Bilder aus dieser Zeit an, so wirkt die strenge und gleichförmige Anordnung der Häuser wie ein architektonischer Exerzierplatz. Häuser in Reih und Glied. Die Hakenkreuzfahnen taten ein Übriges dazu. Das Ensemble hieß zu der Zeit „Siedlung Göring-Heim" .

Die Häuser und Wohnungen waren für die „wertvolleren Teile" der Arbeiterschaft bestimmt und ihre Größe überstieg die der damals üblichen Volkswohnungen und Kleinsiedlerstellen (Bayerisches Landesamt für Denkmalpflege). Dreißig Jahre später empfanden wir die Wohnungen als Kinder schon als klein und eng. Nach dem Ende des Zweiten Weltkrieges übernahmen die Amerikaner die Verwaltung der Siedlung und die bisherigen Bewohner mussten allesamt ihre Häuser verlassen. Die ehemalige Mustersiedlung der Nazis wurde zu einem Lager für „displaced persons", ehemalige Zwangsarbeiter, Flüchtlinge und Vertriebene aus der Ukraine. Viele von ihnen wurden während des Krieges bei Messerschmitt und den menschenunwürdigen Bedingungen ausgebeutet und hofften jetzt in ihrer „kleinen Ukraine" auf eine bessere Zukunft. Eine viel zu selten beleuchtetes Kapitel Regensburger Geschichte.

Doch weiter in der Geschichte: Kommen wir zu der Ganghofersiedlung, wie ich sie kenne. Um 1950 wurde das Lager von den Amerikanern aufgelöst und die früheren Bewohner konnten zum Teil wieder zurück, aber auch viele neue Familien fanden hier ein neues Zuhause, unter anderem mein Vater, der als junger Mann, als der Krieg zu Ende war, nach seiner Flucht aus der französischen Gefangenschaft zurück in seinen Geburtsort im Sudetenland feststellen musste, dass da niemand mehr aus seiner Familie war. Das war ein Ergebnis der Verbrecherherrschaft der Jahre 1933 bis 1945. Nach und nach hat er seine Familie wieder zusammengesucht und so wohnten schließlich auch meine Großeltern in der Brentanostraße unweit der Wolfgangschule.

„Maxhütte" – ein eigener Kosmos

Ich habe Regensburg Anfang der Achtziger Jahre verlassen und bin nach München gegangen und habe dort selbst eine Familie gegründet, aber meine Eltern und meine Schwester lebten auch 2008 noch in der Immelmannstraße, als sich eine neue Zeitenwende ankündigte. Als „Revitalisierung" angekündigt von einer Immobiliengesellschaft mit dem verheißungsvollen Namen „Grüne Mitte", stellte sich schnell heraus, dass es nichts anderes als die Nitrifizierung dieses attraktiv gelegenen Stadtteils geplant war und auch so umgesetzt wurde. Die meisten der langjährigen Bewohner sind so aus der Siedlung verschwunden; die kleinen Häuser stehen zwar noch, wurden aber grundsaniert und größtenteils um schicke Anbauten erweitert.

Die gestiegenen Mieten beziehungsweise die Preise für den Kauf konnten und wollten viele der Ganghoferer nicht aufbringen. Das Viertel hat sich jedenfalls grundlegend verändert und ich bin sicher, es wird nicht das letzte Mal sein. Ich denke aber immer gern an meine Zeit dort, habe ich doch meine ältesten Freunde hier getroffen und das Leben zwischen TSG-Süd-Platz und St. Wolfgang-Schule, zwischen Hubertushöhe und Café Süd hat meinen Blick auf die Welt geprägt, obwohl es nur wenige Quadratkilometer waren, auf denen es sich abgespielt hat.

Von Oskar Duschinger weiß ich, dass sich auch die „Maxhütterer" in ihrem eigenen Kosmos befanden. Es gab auch einen Fußballclub mit Werksfußballern, viele andere Vereine und soziale Einrichtungen. Das Leben in der Region war ohne das Werk nicht vorstellbar. Aber wie so oft in der Geschichte: Nichts bleibt für ewig.

Man kann es sich bisweilen nicht aussuchen, manche Dinge werden einem von außen auferlegt und so ging es vermutlich auch den Arbeitern und Familien, die in der Maxhütte ihre Heimat gefunden hatten.

Der Wandel in der Industrie, Konkurrenz in der Weltwirtschaft, aber auch private wirtschaftliche Interessen führten zu einem andauerndem Auf und Ab, Angst und Hoffnung wechselten sich ab bis zum Tag der letzten Schicht.

Die Belegschaft konnte das Ende zwar nicht aufhalten, aber sie kämpfte um ihr Werk, im wahrsten Sinne des Wortes. Und ich glaube, dieser Kampf und auch der damit verbundene Stolz, für seine Existenz eingestanden zu haben – die Mitarbeiter hatten schließlich auch den langjährigen Erfolg erarbeitet – mag auch ein Grund sein, dass ausgerechnet in der benachbarten Oberpfalz die Wiederaufarbeitungsanlage in Wackersdorf durch den anhaltenden Widerstand der Bevölkerung verhindert werden konnte.

Mit dem Satz zu enden, dass das einzige Beständige im Leben der Wandel und die Veränderung sind, mag banal klingen, trifft aber umso mehr zu. Die Oberpfalz hat sich gewandelt, vieles ist gutgegangen und die Spuren der Zeit, die so sehr vom Stahl geprägt war, sind spürbar und Gott sei Dank auch in Teilen noch sichtbar. Und wenn Orte auch über eine Seele verfügen, dann ist es im Fall der Region um die „Maxhütte" sicher eine Seele aus Rauch und heißem Stahl. Und dazu sage ich nur: Respekt vorm Dampfschiff!

Läpple entscheidet sich für die Maxhütte

WERNER KLENK

Ab Mitte der Achtziger Jahre entwickelte sich die Automobilindustrie rasant und es wurden immer mehr Teilefertigungen an Lieferanten vergeben. Diese Entwicklung brachte Läpple zu Platznöten am Stammsitz in Heilbronn. Es waren dort alle freien Flächen überbaut und aufgrund der angrenzenden Bebauung anderer Industriebetriebe keine Flächenzukäufe möglich. Da man im Inland auch weiterhin wachsen wollte, wurde Ausschau nach einem möglichen Standort im näheren Umkreis von Heilbronn gesucht.

Dass man schließlich in Maxhütte/Teublitz landete, ist eher einem Zufall geschuldet. Als Läpple-Manager eines Tages auf einer Geschäftsreise in der Gegend waren, schauten sie interessehalber auch bei der stillgelegten Maxhütte vorbei und aßen in der Hüttenschänke zu Mittag. Die Spesenrechnung

Besuch von Staatssekretär Spitzer im Werk, mit Werner Klenk (Mitte) und Helmut Läpple (rechts).

ließ den Firmenchef Helmut Läpple aufhorchen: „Was machen meine Leute in Haidhof?“ So interessierte sich der Heilbronner Industrielle Helmut Läpple erstmals für die Industriebrache in Haidhof/Teublitz. Eine kleine Rechnung war der Schlüssel für eine sich fortschreibende Entwicklung. Die riesigen Hallen mit Kranen bestückt, der Gleisanschluss, die gute Autobahnanbindung und die Nähe zu den bayerischen Automobilisten überzeugten Läpple. Bei den Kaufgesprächen kam neben einem attraktiven Preis und möglichen Subventionen auch eine unglaubliche Unterstützung der kommunalen und politischen Vertreter dazu. Aufgrund dieser Gegebenheiten war es möglich, sofort nach dem Erwerb mit der Produktion in den ehemaligen KWW-Hallen zu beginnen. Das Ganze entwickelte sich so zu einem Glücksfall für Läpple und die ganze Region.

Wechsel von Südafrika nach Maxhütte/Teublitz

Das Start-up der Läpple Blechverarbeitung Bayern (LBB) erfolgte durch Verlagerungen des laufenden Geschäftes aus dem Stammwerk und wurde von je einem erfahrenen Kaufmann und Techniker aus Heilbronn gemanagt. Infolge des weiteren Wachstums aller Läpple-Werke und entsprechend der weltweiten Organisationsstrategie sollte auch bei LBB ein gesamtverantwortlicher Geschäftsführer die weitere Entwicklung verantworten. Für diese Aufgabe mit enormen Entwicklungsmöglichkeiten war ein Gestalter und kein Verwalter gefragt.

Für den Firmenchef war ich die erste Wahl, da ich das Geschäft von der Pike auf gelernt sowie mit einem technischen und kaufmännischen Studium alle erforderlichen Qualifikationen in einer Person vereinte. Zudem hatte Läpple vollstes Vertrauen zu mir, da ich mich intern über Jahre vom Werkzeugmacher bis zum Geschäftsführer in Südafrika hochgearbeitet hatte. So dauerte es nicht lange, bis Helmut Läpple bei mir in Südafrika anrief und mir mitteilte, dass in der ehemaligen Maxhütte die nächste große Herausforderung auf mich warte. Innerhalb von sechs Monaten war der Wechsel über den Äquator mit fünfköpfiger Familie und Stabübergabe bei Läpple-Südafrika bzw. LBB vollzogen.

Ein Werksrundgang und eine Bahnfahrt

Im Rahmen der Einführung auf die neue Aufgabe erfolgte auch ein Werksrundgang und eine Bahnfahrt über das riesige Werksgelände. So waren 150 Jahre Industriegeschichte, aber auch zarte Pflänzchen von High-Tech Blechteilefertigung zu sehen. Viele Gedanken rasten durch den Kopf. Da waren einerseits die warnenden Worte vertrauter Kollegen „Hast du dir das wirklich gut überlegt, diesen Schrotthaufen zu übernehmen?", anderseits schon die in die Zukunft gerichtete Gedanken, was aus der Industriebrache alles gemacht werden könne.

Und so wurde gleich im Anschluss an die Bestandsaufnahme dem Firmenpatriarchen auf den Zahn gefühlt, ob er für die Zukunftsvisionen seines neuen Standortfürsten auch die finanziellen Mittel bereitstellen würde. Es wurde vor Ort festgestellt, dass die alte Pflasterstraße mit Senkungen für Fischteiche mit Staplern oder Pkws nicht befahrbar war und umgehend erneuert werden sollte.

Ähnlich sah es bei einer alten Halle aus, die nur mit Schutzhelm zu betreten war, weil Dachscheiben herausfielen. Auch sie sollte umgehend saniert werden. Ansonsten war es möglich, in dem noch gut erhaltenen Kaltwalzwerk durch Umlagerung von Teilen und nicht ständig benötigten Betriebsmitteln wertvolle Produktionsflächen zu generieren. Für den Produktionsbereich wurde vereinbart, die Schrottentsorgung auf Unterflur umzustellen. Mit einer Investitionsfreigabe in Höhe von fünf Millionen DM setzte Läpple bei der Einführung das klare Signal, diesen Standort zu einem hochmodernen Blechteilfertiger zu entwickeln.

Das Teuerste beim Bau von Industriehallen waren die Fundamente sowie der schwere Stahlbau, um den Kran und schwere Lasten zu tragen. An diesem wertvollen Kern hatte die Maxhütte nicht gespart, da Stahl ja selbst produziert wurde. Die Hallen waren für Läpple wie ungeschliffene Diamanten. Sie eröffneten die Möglichkeit, kurzfristig und kostengünstig enorme Produktionsflächen zu generieren. Dieser Umstand war bei der Akquisition von Großaufträgen ein Wettbewerbsvorteil. Zudem erfreute es das Herz des Maschinenbauingenieurs, die nostalgischen Hallen zu erhalten, die aufgrund der schweren Nietkonstruktion so überhaupt nicht mehr zu erwerben wären.

Für Läpple war es ein Glücksfall, dass für den Werksaufbau noch zahlreiche erfahrene Mitarbeiter der ehemaligen Maxhütte mit viel Wissen zur Verfügung standen. Man muss sich vor Augen halten, dass das Werk eigentlich ausgeschlachtet war, Stromkabel einfach abgezwickt worden waren. Ohne das Wissen der Insider wäre der Werksaufbau deshalb für Läpple eine langwierige und riskante Angelegenheit gewesen. Getreu dem Sinnspruch über dem Eingang des Maxhütter Rathauses „Wille schafft Werke" brachten ehemalige „Maxhütterer" gemeinsam mit den Investitionen von Läpple neues Leben und Arbeitsplätze in die im Dornröschenschlaf liegenden Hallen. Der Erfahrung, dem unglaublichen Wissen und dem unermüdlichen Einsatz dieser Mannschaft war es zu verdanken, dass Läpple unter den gegebenen Umständen so schnell und erfolgreich gestartet ist. Die „Maxhütterer" waren höchst motiviert, dass sie mit Läpple den Wandel gestalten konnten. Wie früher, funkensprühend und voller Energie, belebten sie erneut die Hallen. Wo früher glühendes Eisen floss und Schmiedehämmer werkten, verrichteten nun im Zuge des Wandels blitzende Schweißroboter und hochpräzise Blechumformpressen ihre Arbeit. Dieses Meisterstück war keine Einzelleistung, sondern vielen fleißigen Händen, dem Einsatz erfahrener „Maxhütterer" und einigen Visionären zu verdanken.

Eine Pfeife, die nie ausging

Der Mann der ersten Stunde im neuen Läpple-Werk in Haidhof war Dipl. Ing. Gerhard Hoffmann. Bevor es die Firma LBB gab, war er bereits persönlicher Berater von Läpple, da er alle örtlichen Gegebenheiten kannte und über ein ausgezeichnetes Netzwerk verfügte. Sein menschliches Wesen, sein Erfahrungsschatz sowie seine vielfältigen Kontakte waren für Läpple in den Anfängen unbezahlbar. Er war höchstmotiviert und war, wie seine Pfeife, die nie ausging, überall ein Türöffner.

Herr Breitfelder war der erste Betriebsrat im Haidhofer Läpple-Werk. Obwohl er aus der mitbestimmten Maximilianshütte kam, vertrat er keine

Besuch aus Heilbronn im Salonwagen, anlässlich 50 Jahre Stadterhebung und Ernennung Helmut Läpples zum Ehrenbürger: Helmut Läpple (li). und Gattin.

Arbeitnehmerforderungen, die im Widerspruch zu einem schnellen und erfolgreichen Werksaufbau standen. Sein Credo lautete: „Wenn es der Firma gut geht, geht es auch uns Arbeitnehmern gut."

Der neue Besitzer der Maxhütte hatte ein Hobby und das war die Eisenbahn. Am Stammsitz wurden über Jahrzehnte maßstabsgetreu funktionsfähige Lokomotiven gebaut. Zur Aufbewahrung der Liebhaberstücke hatte Helmut Läpple den Fohlenstall zu einem Museum umgebaut. Um diesem Hobby noch intensiver nachzugehen, hatte er sich für das Schienennetz der Maxhütte einen alten Eisenbahn-Salonwagen gekauft und herrichten lassen. Bei wichtigen Kundenbesuchen und sonstigen Veranstaltungen konnte er dann die Gesellschaften mit der eigenen Werksbahn übers Firmengelände fahren und so gleichzeitig seinem Hobby nachgehen. Bei Werksbesuchen ließ sich der Firmenchef immer durch ein Nebentor einfahren und benutzte den Hintereingang der Produktionshalle, um das Werk und die Mitarbeiter unvorbereitet im Alltagszustand anzutreffen.

Maxhütte Ja – WAA Nein!

HANS SCHUIERER

Die Überlegungen, ob eine WAA in Wackersdorf gebaut werden sollte und die folgenden Auseinandersetzungen um die geplante Atomfabrik sowie der Niedergang des Eisenwerkes Maxhütte mit der Folge des Konkurses und der Stilllegung des Werkes Haidhof verliefen weitgehend im selben Zeitraum. Für mich und meine Mitstreiter im Kampf gegen die Wiederaufarbeitungsanlage (WAA) drängte sich deshalb schnell der Verdacht auf, dass die Stilllegung der Braunkohle- sowie der Stahlindustrie genutzt werden sollten, um die Akzeptanz der Wiederaufarbeitungsanlage im Landkreis Schwandorf zu erhöhen.

Die mittlere Oberpfalz war zu jener Zeit als Armenhaus des Bundesrepublik Deutschland verschrien. Plötzlich tauchte die WAA als vermeintlicher

Viele Eisenwerkarbeiter beteiligten sich am Protest gegen die WAA – auch im Taxöldener Forst bei Wackersdorf.

Heilsbringer für diesen wirtschaftlich schwer angeschlagenen Landstrich auf. Der Landkreis Schwandorf hatte damals mit die höchsten Arbeitslosenzahlen in der ganzen Bundesrepublik. Nun sollte die atomare Wiederaufarbeitung in den gebeutelten Landkreis kommen; eine Technologie, die den Landkreis Schwandorf ins moderne Wirtschaftszeitalter katapultierte?

Schon bald fanden zeitgleich Demonstrationen für den Erhalt der Maxhütte und gegen die WAA statt. Ich war fast immer dabei, wenn es darum ging, für den Erhalt der Arbeitsplätze der Maxhütte zu kämpfen. Bei den Demonstrationszügen waren von Anfang an unzählige Schilder „Maxhütte Ja – WAA Nein" zu sehen. Viele Maxhütten-Arbeiter, die ihren Arbeitsplatz bedroht sahen oder schon verloren hatten, machten ihrem Unmut auch bei Demonstrationen gegen die WAA, ob in Wackersdorf oder anderswo, Luft. Ich bin mir nicht sicher, ob sich so viele Beschäftigte der Maxhütte den Anti-WAA-Demonstrationen angeschlossen hätten, wenn ihre Arbeitsplätze im Eisenwerk sicher gewesen wären. Gerade die Maxhütten-Arbeiter aus dem Städtedreieck waren eine eingeschworene Truppe, die den verantwortlichen Politikern in München zeigen wollte, dass man nicht alles mit ihnen machen könne. An ihrer Spitze marschierte meist Betriebsratsvorsitzender Heiner Schäffer, der auch auf jener legendären Osterdemonstration 1986 auf dem WAA-Gelände zu den Demonstranten sprach.

Die Maxhütten-Arbeiter und ihre Familien waren enttäuscht, nicht wenige sogar verbittert. Unternehmer und Politiker hatten ihnen in aller Deutlichkeit vor Augen geführt, dass Ihr traditionsreiches Eisenwerk nichts mehr wert war. Dabei hatten ganze Generationen von Familien aus dem Städtedreieck im Maxhütten-Werk Haidhof gearbeitet. Die Maxhütte hatte sie alle ernährt. Das war nicht irgendein Unternehmen – das war Ihre Maxhütte. Ich war damals sehr enttäuscht von der bayerischen Staatsregierung, weil ich nicht den Eindruck hatte, man wolle dort alles dafür tun, dieses Werk zu erhalten. Die Betriebe, die sich in jener Zeit im Landkreis ansiedelten, hatten wir weitgehend selbständig an Land gezogen. Ich denke da an Firmen wie Benkiser und Hansa, sowie weitere Betriebe in Nabburg, Schwandorf oder Wackersdorf. Das Wirtschaftsressort im Landratsamt leistete da ganze Arbeit.

Ich glaubte nicht, dass das Eisenwerk keine Zukunft hat

Ich habe mir damals nicht vorstellen können, dass die Oberpfalz als Stahlstandort auf verlorenem Posten steht. Viele Beschäftigte der Maxhütte sahen das ähnlich. Immer wieder tauchten Fragen auf wie: Warum wird die Maxhütte wirklich dicht gemacht? Wird der Betrieb bewusst geschlossen, um die Akzeptanz für eine WAA zu erhöhen?

Das Landratsamt Schwandorf erhielt von der Staatsregierung in Sachen Eisenwerk kaum Informationen. Einzig Maxhütte-Arbeitsdirektor Manfred Leiss war bis zu seiner Entlassung in Folge des Konkurses des Öfteren im Landratsamt, um mich auf den neuesten Stand zu bringen.

Die Gespräche mit Wirtschaftsminister Anton Jaumann waren dagegen grenzwertig. Ich hatte nie den Eindruck, dass er besonderes Interesse am Erhalt der Maxhütte hatte. Dagegen sprach er immer wieder von einer „Umstrukturierung der Region hin zu zukunftsträchtigen Technologien".

Ich glaubte den Aussagen nicht, dass das Eisenwerk Maxhütte keine Zukunft hätte. Die Maschinen und Technologien im Kaltwalzwerk und auch im Werk Haidhof waren ja nicht alle veraltet. Natürlich bestand teilweise Sanierungsbedarf, hätten neue Technologien zum Einsatz kommen müssen. Aber das ist heutzutage nicht anders.

Sollte die Schließung der „Maxhütte" die Akzeptanz für den Bau der WAA erhöhen?

Am 16. April 1987 kam es zum Konkurs der Maxhütte. Arbeitsdirektor Manfred Leiss hat mich noch am selben Tag informiert. Er hatte zuvor in Gesprächen mit mir immer wieder betont, dass die Maxhütte nicht zwangsläufig stillgelegt werden müsse. Doch von der obersten Firmenleitung wurde sie längst „totgeredet".

Wenn ich heute an den Hallen des ehemaligen Eisenwerkes bzw. des Kaltwalzwerkes vorbeifahre, gehen mir viele Gedanken durch den Kopf.

Die Firma Läpple beschäftigt heute mehr Arbeiter als einst das Kaltwalzwerk. Ich habe den Übergang zu Läpple miterlebt und den Verkauf der Werkshallen mit auf den Weg gebracht. Der damalige Läpple-Geschäftsführer Sandner kam kurz vor dem Notartermin zu mir ins Büro des Landratsamtes und meinte, der Landkreis müsse die Garantie für eventuelle Altlasten übernehmen. Wenn der Landkreis das nicht mache, werde der Notartermin um 11 Uhr abgesagt. Der Geschäftsführer wollte eine Garantie mit meiner Unterschrift, dass der Landkreis eventuelle Folgekosten übernehme. Ich habe damals mit meinem juristischen Berater, Regierungsrat Haberland, die Sache besprochen und gemeinsam mit ihm ein Papier aufgesetzt, das so raffiniert formuliert war, dass der Geschäftsführer es akzeptierte und wir keine Folgekosten befürchten mussten.

Nach dem Notartermin fuhren wir nach Kallmünz zum Mittagessen, zu dem auch Seniorchef Helmut Läpple dazukam und mir das Du anbot. Läpple kam in den Folgejahren öfter mal aus Heilbronn nach Haidhof und rief mich auch immer wieder mal an. Eines Tages lud er mich ins Werk Haidhof ein, wo wir mit einem Zug durch das Werksgelände fuhren. Ich wusste damals nicht, dass Helmut Läpple ein ausgesprochener Eisenbahn-Fan war. Eines Tages bekam ich von ihm auch eine Einladung zu einem Fest in seiner Heimatstadt Heilbronn. Ich bin seiner Einladung gerne gefolgt und habe ihn dort als eloquenten und sympathischen Menschen kennengelernt.

Im Rückblick muss ich sagen: Die Schließung des Kaltwalzwerkes und die Stilllegung des Werkes Haidhof waren ein Schicksalsschlag für die Arbeiter, ihre Familien und für die Stadt Maxhütte-Haidhof. Doch die Stadt hat sich in der Folge durch die Ansiedelung verschiedener Firmen, allen voran von Läpple und Netto, rasch fortentwickelt. Vor allem die Verhandlun-

Historie und Moderne – auf dem Gelände der ehemaligen „Maxhütte" ist beides noch sichtbar.

gen zur Ansiedelung des Netto-Zentrallagers waren extrem schwierig. Der Grundstückseigentümer hatte den Notartermin zweimal platzen lassen. Bürgermeister Humbs wollte schon kapitulieren, aber ich habe meinen Sachbearbeiter für Wirtschaftsfragen, Herrn Reger, angewiesen, weiter zu verhandeln – bis wir Erfolg hatten. Der Netto-Geschäftsleiter hatte uns damals klargemacht: Entweder diese Fläche oder keine. Ansonsten siedle sich das Netto-Zentrallager im Landkreis Regensburg an. Der Standort direkt an der Autobahn-Ausfahrt hatte es ihm angetan.

Wenn ich heute am ehemaligen Eisenwerk-Standort Haidhof vorbei komme, ist die typische Silhouette immer noch erkennbar. Das Eisenwerk war ein Traditionsbetrieb von größter Bedeutung für die Region, für das Städtedreieck und natürlich für die Stadt Maxhütte-Haidhof im Besonderen. Nicht umsonst trägt die Stadt den Namen des Betriebes. Insofern halte ich die Idee eines Industrie-Museums auf dem ehemaligen Werksgelände für wichtig. Leider ist vieles verloren gegangen in den letzten 30 Jahren.

Die aufregende WAA-Zeit hat die Ereignisse rund um die Stilllegung des Maxhütten-Werkes schlicht überlagert. Es wurde in der Folge zu wenig darüber nachgedacht, was für die Nachwelt erhaltenswert wäre.

Eisenwerk und Kirchengemeinde

PFARRER VOLKER DÖRRICH

Schon seit frühen Zeit waren Eisenwerk und Kirche miteinander verbunden. Wer heute von Regensburg oder Burglengenfeld kommend ins Zentrum von Maxhütte-Haidhof fährt, steuert direkt auf die evangelische Kirche zu. 1891 wurde sie eingeweiht, für Diasporaverhältnisse ziemlich früh. Das hängt auch damit zusammen, dass die leitende Belegschaft des Eisenwerks evangelisch war und den Bau der Kirche ideell und finanziell unterstützte.

Erbaut ist die Kirche aus Schlackensteinen, die aus Abfällen der Eisenproduktion hergestellt worden waren. Viele Gebäude des Eisenwerks sind aus diesen Steinen gemacht – und eben auch die evangelische Kirche. So ist die Verbindung von Eisenwerk und Kirche augenscheinlich dokumentiert.

Ich erinnere mich noch gut, wie ich als angehender Pfarrer im Alter von 25 Jahren meinen ersten Einsatzort erfuhr. Ich bekam einen gewaltigen Schrecken. Es war für mich schon aufregend genug, eine Pfarrstelle vertre-

Die leitende Belegschaft des Eisenwerkes unterstützte den Bau der evangel. Kirche in Maxhütte-Haidhof. Blick vom oberen Teil der Bahnhofstraße 1938.

tungsweise allein versorgen zu müssen, so doch erst recht diese Stelle, von der ich aus der Ausschreibung im kirchlichen Amtsblatt wusste: „Es wird ein jüngerer Pfarrer gewünscht, der Geschick im Umgang mit der Arbeiterbevölkerung hat. Besonderer Wert wird darauf gelegt, daß der Pfarrer sowohl mit der Werksleitung der Maxhütte wie auch mit der Belegschaft, dem Betriebsrat und Gewerkschaft gut zusammenarbeitet. Er soll die Belange der Diasporagemeinde mit Einfühlungsvermögen und Tatkraft vertreten."

Als ich schließlich meinen Dienst antrat, lernte ich sehr schnell Details der Prägung der Kirchengemeinde durch das Eisenwerk kennen: Im Kirchenvorstand waren die meisten Mitglieder Arbeiter oder Angestellte der Maxhütte bzw. deren Ehefrauen. In fast allen Kirchengemeinden Bayerns waren Arbeiter so gut wie nicht vertreten, nicht einmal in meiner Heimat-Kirchengemeinde St. Johannes in Ingolstadt, wo ein Großteil der Belegschaft von Audi lebte und arbeitete. Die Kirchenvorstandssitzungen begannen auch zu einer ungewöhnlichen Zeit um 18 Uhr und dauerten auch nicht bis tief in die Nacht hinein. Um Punkt 20 Uhr musste Schluss sein, denn dann waren es nur noch zwei Stunden bis zum Schichtwechsel um 22 Uhr. Vertrauensmann Karl-Heinz Kruse wachte unerbittlich über die Einhaltung dieser Zeiten.

Meinen Dienst trat ich im Jahr 1984 – wie könnte es passender sein – an einem 1. Mai an. Kurt Winke, Maxhüttenarbeiter und Mitglied im Kirchenvorstand, hatte mir am Vortag klar gemacht, dass die Maikundgebung eine Pflichtveranstaltung für den Pfarrer von Maxhütte sei. Er würde mich an der Straßenkreuzung erwarten und einweisen. Pflichtschuldigst stand ich am Morgen bereit und wollte mich bescheiden irgendwo in der Marschkolonne einreihen. Aber Kurt Winke schickte mich zur Spitzengruppe des Zuges, wo sich die Vertreter des Werks und der Öffentlichkeit versammelt hatten. So erlebte ich meine erste Maikundgebung, an deren Ende mich völlig überraschend rechts und links eine Hand kräftig packte und wir stehend „Brüder, zur Sonne, zur Freiheit ..." sangen. Ich summte nur die Melodie mit, der Text war mir gänzlich unbekannt. Ein Jahr später hatte ich ihn mir allerdings besorgt und auswendig gelernt und konnte die Strophen sicher mitsingen.

Seit Beginn meiner Dienstzeit kam über die Maxhütte eine Krise nach der anderen. Das Wort von der „Salamitaktik" machte die Runde. Immer wieder wurde die Produktion am Standort Haidhof beschnitten und wurden Werksteile geschlossen. Irgendwann würde der restliche Teil dann überhaupt nicht mehr konkurrenzfähig sein und geschlossen werden, so die begründeten Befürchtungen.

Die Orgel blieb stumm

Dieser Zeitpunkt war am Gründonnerstag 1987 gekommen. In der Kirche vergegenwärtigte man sich das letzte Abendmahl Jesu Christi, in der Maxhütte wurde das Aus des Werkes verkündet. Am nächsten Tag sollte dann der Karfreitagsgottesdienst wie alle Jahre stattfinden. Dieser Gottesdienst war damals noch sehr gut besucht, verstanden viele den Karfreitag doch als höchsten Feiertag der Protestanten. Allerdings ereilte mich am frühen Morgen der Anruf von Margret Hoffmann, der Ehefrau von dem eingeteilten Organisten Gerd Hoffman, dass dieser die Orgel nicht spielen könne, er sei wegen einer Krisensitzung am Morgen unabkömmlich. So mussten wir diesen Gottesdienst ohne Orgelspiel feiern. Zu Beginn teilte ich die näheren Umstände den Versammelten mit und stimmte dann das erste Lied an. Allerdings war es dann doch ein ziemlicher Kampf, denn Menschen, die nur selten singen, neigen dazu, im Laufe des Liedes in der Stimmhöhe beständig zu sinken. Ich hielt mit aller meiner stimmlichen Kraft dagegen und konnte so verhindern, dass wir bei der letzten Strophe im „Keller landeten". In den kommenden Jahren hielten wir diesen Brauch aufrecht. Die Orgel blieb am Karfreitag stumm, so wie auch Jesu Stimme nach einem letzten Ruf am Kreuz verstummte – aber auch zur Erinnerung an den Konkurs der Maxhütte.

Seit den 1970er Jahren fuhren die Mitarbeitenden der Kirchengemeinde jährlich zu einem Arbeitswochenende in die Gemeindeakademie in Rummelsberg. Hier wurde miteinander erörtert und beratschlagt, was die Aufgabe der Kirchengemeinde in der konkreten Situation vor Ort ist. Auf einem solchen Seminarwochenende wurde 1986 die Idee geboren, mit den von der Schließung des Kaltwalzwerkes betroffenen Arbeitern und ihren Familien einen Gottesdienst zu feiern, in dem sie ihr Leid klagen und die Trauer über den Verlust ihrer Arbeitsplätze artikulieren könnten. Als wir dem Betriebsrat diese Idee vortrugen, konnte sich dieser dafür überhaupt nicht erwärmen. Statt „Sterbebegleitung“ wünschte man sich von der Kirche Hilfe im Überlebenskampf.

Pfarrer Dörrich: „Ich verspüre Wut in mir, wie eiskalt hier mit dem Schicksal von tausenden Familien umgegangen wird.“

Den Startschuss dafür legte ein Grußwort auf einer Bürgerversammlung, zu dem das evangelische Pfarramt eine Einladung erhalten hatte. Gerne nahm ich diese Einladung an und entwarf für Veranstaltung eine kurze, aber kämpferische Kurzansprache. Meine Zeilen ließ ich von Bruno Viertlmeister, Mitglied im Kirchenvorstand, gegenlesen und bekam von ihm Zustimmung.

An diesem 12. Juli 1987 feierte die Kirchengemeinde allerdings das 25-jährige Bestehen seines Kindergartens. Schon lange war dieser Termin festgelegt und die Gäste dazu eingeladen worden. Wir feierten einen fröhlichen Gottesdienst im Garten des Kindergartens und lauschten der einen oder anderen Erinnerung der Ehrengäste. Danach eilte ich zur Kundgebung. Erstmals hatte ich dazu meinen Lutherrock angezogen, den ich für besondere Anlässe hatte schneidern lassen. Als ich ankam, war die meisten Reden schon gehalten, man war zum geselligen Teil übergegangen und die eine oder andere Mass Bier war bereits die Kehlen hinuntergeflossen. Jetzt wurde das Grußwort des Pfarrers angekündigt. Ich erklomm das Podium, trat an das Pult und begann zu sprechen. Mein Gefühl dabei war eher so, dass ich wie ein Störenfried der Geselligkeit wirkte, zumal die Verstärkeranlage ziemlich laut eingestellt war und meine Worte wie Peitschenschläge durch das Zelt knallten. Schon nach wenigen Sätzen änderte sich aber die Lage, als ich sagte: „Ich verspüre in mir Wut und Zorn darüber, wie eiskalt hier mit dem Schicksal von Tausenden von Familien, mithin einer ganzen Region umgegangen wird." Die Gespräche an den Tischen verstummten und die Menschen wurden ganz Ohr, als ich in das Mikrofon rief: „Die Politiker müssen merken, dass die gesamte Bevölkerung empört ist und auf die Barrikaden steigt, nicht nur ein Betriebsrat und eine Gewerkschaft. Wir müssen gemeinsam handeln, anders und geschlossener als bisher. Alle gesellschaftlichen Gruppen, d. h. alle Parteien, Verbände, Betriebe und Geschäftsinhaber und nicht zuletzt die Kirchen beider Konfessionen, wir alle müssen jetzt zusammenstehen, denn nur gemeinsam sind wir stark. Der angekündigte Sternmarsch durch das Städtedreieck ist ein erster wichtiger Schritt in diese Richtung. Ich werde dabei sein und aus Solidarität der Evangelischen Kirchengemeinde mit den Arbeitern der Maxhütte von 7.45 - 7.55 Uhr die Glocken läuten. Ich werde außerdem alle meine Kollegen im Städtedreieck bitten, ebenfalls zu dieser Zeit zu läuten." Danach zeichnete ich ein düsteres Bild der Zukunft, das die Region ohne das Eisenwerk erwarte würde, und schloss mit den Worten: „Kämpfen wir gemeinsam und geschlossen für unsere Zukunft in Maxhütte. Schließen wir uns zusammen, denn – so heißt es in einem modernen Kirchenlied: ‚Einsam sind wir klein, aber gemeinsam werden wir Anwalt des Lebendigen sein.'"

Es erhob sich lauter Beifall, ich setzte mich zu den Veranstaltern an den Tisch und trank ein Bier, das mir schnell in den Kopf stieg.

Alle Glocken läuteten

Die Ernüchterung kam am nächsten Tag, als ich den Bericht über diese Veranstaltung in der Zeitung las. Denn dort hieß es, dass alle Kirchen zu Beginn des Sternmarsches die Glocken läuten würden. Noch hatte ich nämlich niemanden gefragt und hatte mir dies erst für Montag vorgenommen. Die Zeitung war mir mit ihrer voreiligen Meldung zuvorgekommen. Mit zitternden Händen wählte ich die Telefonnummer von Pfarrer Adalbert Brun-

„Kämpfen wir geschlossen und gemeinsam für unsere Zukunft." Auch die Kindergärten nahmen am Sternmarsch für den Erhalt der „Maxhütte" teil.

ner aus Leonberg, der damals katholischer Dekan für den Bezirk war, und schilderte ihm die Situation. Doch meine Sorge, ich könnte die katholischen Amtsbrüder verprellt haben, bestätigte sich nicht. Sinngemäß sagte Brunner: „Wenn Menschen in Not sind und ihre Gebete mit Glockengeläut zum Himmel schicken, ist das legitimer Ausdruck ihres Glaubens." Entsprechend werde er die Glocken in Leonberg läuten und seine Mitbrüder ersuchen, dies ebenfalls in ihrer Ortschaft zu tun. Und so kam es dann auch. Alle Kirchenglocken läuteten zu Beginn des Sternmarsches zum Erhalt der Maxhütte. Wenige Tage später veröffentlichte übrigens die Zeitung den wohl kürzesten Leserbrief in ihrer Geschichte. In ihm hieß es lediglich: „Danke, Pfarrer Dörrich!"

Im Juli 1987 führte dann ein Gottesdienst auf dem Parkplatz vor dem Haupttor des Eisenwerks eine Schar von ungefähr 3.000 Christ/innen und ihren Geistlichen zusammen. Zwölf Pfarrer beider Konfessionen standen am vom Eisenwerk aufgebauten Altartisch. Einige Schulen hatten sogar ihren Schüler/innen frei gegeben bzw. eine Fahrt mit Schulbussen organisiert. Für die mehrheitlich katholischen Christen war es ein bis dahin ungewohnter Anblick. Ein in der Menge aufgeschnapptes Gespräch zweier älterer Frauen belegt dies: „Du, wer san denn die Schwoarzen mit den weißen Bandeln am Hals?" – „I glaab, des san die Evangöllischen."

Geistliche aus dem Städtedreieck, vereint in der Besorgnis um die Arbeitsplätze.

Für diesen Gottesdienst hatte ich mich um einen prominenten Prediger bemüht und im Landeskirchenamt in München angerufen und den Bischof zu sprechen versucht. Von seinem Sekretariat erfuhr ich, dass er und alle Oberkirchenräte zu einer mehrtätigen Klausurtagung zusammen wären und nicht erreichbar seien. Ich ließ nicht locker und erhielt schließlich einen Rückruf vom für gesellschaftliche Fragen zuständigen Oberkirchenrat Adolf Sperl. Diesem schilderte ich die Not der Belegschaft und ihrer Familien und er signalisierte mir Unterstützung, die dann in Form der Entsendung von Pfarrer Max Seufferlein aus München geschah. Dieser war mit dem Bereich der Jugendsozialarbeit in Bayern betraut und er reiste im Auftrag des Landeskirchenrats nach Maxhütte und hielt bei dem Gottesdienst die Predigt. Auch die katholische Kirche hatte prominente Unterstützung zugesagt und Diözesanpräses Konrad Seidl zu dem Gottesdienst gesandt. Oberkirchenrat Sperl versprach darüber hinaus einen Besuch in der „Maxhütte", den er einige Zeit später abstattete und sich vom Konkursverwalter und dem Betriebsrat über den Stand der Dinge informieren ließ. In Vertretung des erkrankten Regionalbischofs ging ein Grußwort von Dekan Günter Heidecker aus Sulzbach-Rosenberg für den Gottesdienst im Pfarramt ein, das ich zu Beginn des Gottesdienstes verlas. In ihm hieß es: „Ich versichere Ihnen, dass die evangelische Kirche an der Seite all derer steht, die um ihren Arbeitsplatz bangen müssen. Vor einer Woche habe ich die Sorgen und Nöte der Sozialpläner Bundesarbeitsminister Blüm vorgetragen. Am Tage darauf habe ich Wirtschaftsminister Jaumann gebeten, die Erhaltung möglichst vieler Arbeitsplätze in der Maxhütte als wesentlichen Bestandteil aller Sanierungskonzepte anzusehen. Wir bitten alle Verantwortlichen in Staat und Wirtschaft, notwendige Umstrukturierungen so vorzunehmen, dass sie sozialverträglich durchgeführt werden können und nicht Arbeitslosenhilfe oder gar Sozialpläne als Lohn für jahrzehntelange treue Arbeit vorsehen. Lasst uns nicht nachlassen im Gebet um die Erhaltung der in Zukunft möglichen und um die Schaffung der notwendigen neuen Arbeitsplätze!"

Ich beschloss damals diesen Gottesdienst mit einem Gedanken von Dietrich Bonhoeffer: „Unser gemeinsamer Gottesdienst geht zu Ende. Wir haben geklagt, gesungen, gebetet. Wir haben Zuspruch erfahren in unserer Not. Wir sagen Gott dafür Dank, dass wir dies tun durften. Wenn wir nun wieder an unsere Arbeit oder nach Hause gehen, möge uns ein Wort Dietrich Bonhoeffers begleiten, jenes Pfarrers, der vor 42 Jahren im KZ hingerichtet wurde, weil er in das Attentat vom 20. Juli verwickelt war. Er beschrieb das Leben der Christen als eingespannt zwischen die Pole Widerstand und Ergebung. Er meinte: „Widerstand heißt, dass wir so viel aufhebbares Leid wie nur irgend möglich aus der Welt schaffen sollen. Vergebung heißt, dass wir das eigene unaufhebbare Leid annehmen und es so verarbeiten sollen, dass es uns wiederum befähigt, das Leid anderer mitzutragen. Ich wünsche uns, dass Gott uns die Kraft gibt zu Widerstand und Vergebung." Mit dem Lied „Im Frieden dein, o Herr mein, lass zieh mich meine Straßen" endete der erste Gottesdienst im Bemühen um den Erhalt von Arbeitsplätzen in Maxhütte.

Neu formuliertes Glaubensbekenntnis

Der nächste ökumenische Gottesdienst fand am Vorabend des Weihnachtsfestes, am 23. Dezember auf dem Gelände der Maxhütte statt. Präses Konrad Seidl von der katholischen Kirche hielt die Predigt. In einem neu formulierten Glaubensbekenntnis, das bei dem Gottesdienst gesprochen wurde, hieß es: „Wir glauben, dass Jesus Christus Mensch wurde, damit wir menschlicher werden. Wir glauben, dass jede Arbeiterin und jeder Arbeiter mehr wert ist, als alles Gold der Erde. Wir glauben an die Würde des Menschen und setzen uns deshalb ein, wenn Menschen entmündigt, verachtet und ausgebeutet werden. Wir glauben daran, dass jeder Mensch ein Recht auf Arbeit hat und kämpfen für dieses Recht.“

Ein weiterer ökumenischer Gottesdienst folgte im Februar 1988 in der katholischen St. Barbara-Kirche. Ich vermute, dass es der erste Gottesdienst dort war, in dem jemals ein evangelischer Pfarrer die Predigt gehalten hat. In der Ansprache, zu der diesmal ich eingeladen war, nahm ich Bezug auf das immer rauer werdende politische Klima und einen Streik wenige Zeit zuvor und sagte: „Ruhig ist es zur Zeit um die Maxhütte geworden, sie ist nicht mehr in den Schlagzeilen wie vor vier Wochen. Da standen die Räder bei uns in Haidhof still, mit einer Arbeitsniederlegung wurde versucht, auf unsere verzweifelte Situation aufmerksam zu machen. Das Ergebnis war dann immerhin ein kleines Entgegenkommen bezüglich der Auslauffrist von Haidhof, wenn es nicht bei einer reinen Willenserklärung bleiben sollte. Nun ist es ruhig geworden, manch einer sieht darin vielleicht die Ruhe vor dem großen und letzten Sturm.“

Ich hielt dann eine sozialkritische Ansprache zu dem Prophetenwort Jeremia 9, 22 - 23, warnte die Mächtigen und Reichen, sich auf ihre Macht und ihren Reichtum zu verlassen, und rief im Sinne der Bibelstelle dazu auf, Barmherzigkeit, Recht und Gerechtigkeit Raum zu geben als Abbild dessen, wie Gott den Menschen begegnet. Wörtlich sagte ich: „Wenn wir Barmherzigkeit üben sollen, dann nicht nur denen gegenüber, die mit uns um selben Boot sitzen – und oft genug fällt dies schon schwer genug im Konkurrenzplatz um den Arbeitsplatz – wenn wir Barmherzigkeit üben sollen, dann auch denen gegenüber, die an der Misere mit schuld sind. Das heißt dann, einen Minister, der nicht willens oder nicht in der Lage zu sein scheint, das Unheil abzuwenden, eben nicht zum Teufel zu wünschen, sondern für ihn zu beten, dass er zur Einsicht kommt und Kraft findet, die nötigen Schritte zu tun.“ Nach dem Gottesdienst hatte uns Pfarrer Gietl zu einer Brotzeit und einem Umtrunk ins Pfarrhaus eingeladen. Wir stärkten uns und tran-

„Wir glauben, dass jeder Mensch ein Recht auf Arbeit hat."

ken krügeweise Schnaps – allerdings aus Krügen, die das übliche Maß von zwei Zentilitern enthielten.

Der nächste Gottesdienst fand in der Passionszeit/Fastenzeit statt und war als ökumenischer Kreuzweg gestaltet. Wir pilgerten von der evangelischen Kirche über die katholische Kapelle bei der Hugo-Geiger-Siedlung zum leer stehenden Kaltwalzwerk. Mit dabei hatten wir drei Holznägel und einen ca. zwei Meter langen Balken, der an das Querholz erinnern sollte, das Jesus nach Golgatha getragen hatte. In meiner Begrüßung sagte ich: „Im Leiden unseres Herrn Jesus Christus werden wir die Leiden unserer Welt wiedererkennen, das Kreuz soll uns zum Zeichen der unbesiegbaren Liebe Gottes werden".

Die einzelnen Stationen waren überschrieben: Station 1 - Mediation zum Holzbalken / Aufnahme des Querholzes // Station 2 - Jesus nimmt das Holz auf sich / Die Last der Funktionalisierung des Menschen in der modernen Arbeitswelt // Station 3 - Jesus wird aus der Stadt gestoßen / Arbeitslosigkeit als Ausgestoßenwerden aus der Gesellschaft // Station 4 - Simon von Cyrene trägt das Kreuz / Die internationalen Probleme der modernen Arbeitswelt // Station 5 - Das Kreuz als Zeichen des Heils / Zusammenfügen des bereit liegenden senkrechten Balkens mit dem Querbalken.

Tränen stiegen in die Augen

Es war ein bewegender Moment, als ehemalige Arbeiter der Maxhütte die beiden Balken zusammenfügten und mit wuchtigen Hieben die drei Nägel zur Stabilisierung ins Holz trieben. Laut hallten die Hammerschläge durch die leere, dunkle Halle. Manch einem, der eigentlich das Kaltwalzwerk nie wieder betreten wollte und für diesen Gottesdienst eine Ausnahme gemacht hatte, stiegen die Tränen in die Augen. In der Meditation dazu sagte ich: „Jesus stirbt, die Mächtigen haben ihren Willen durchgesetzt. Heißt das: Gott ist mit seinem Willen zum Heil gescheitert? Gescheitert an der Bosheit und der Macht der Menschen? Jesus – ist er gescheitert mit seiner Sendung? Sein Tod - das Nein zu allem, was er gelehrt und gelebt hatte? Und wir - sind auch wir gescheitert, gescheitert mit unserem Kampf um den Erhalt des Eisenwerks. Macht diese leere Halle nicht überdeutlich klar, wer Herr dieser Welt ist, wer wirklich die Macht in Händen hält? Sprechen die Wände dieser Halle nicht: Umsonst is euer Tun, umsonst ist euer Gebet? Das Kreuz ist errichtet. Und der Längsbalken trägt die Last, trägt den gemarterten und hingerichteten Gottessohn, trägt die Schuld der Welt, die er auf sich genommen hat. Seht hin, dort steht das Kreuz. Der Längsbalken, das eine Ende steht auf der Erde, aber das andere strebt nach oben, streckt sich zum Himmel. Himmel und Erde kommen sich nahe. Gottes Wille zum Heil bleibt bestehen und wird die Mächte des Unheils überwinden. Das sagt uns dieses Kreuz, deshalb sind wir diesen Kreuzweg gegangen. Das Werkzeug des Henkers, das Symbol des Todes ist für uns zum Zeichen der überwindenden Liebe Gottes geworden. Es ist Symbol unser Hoffnung, dass Gott auch unsere Last, die wir tragen, wandeln wird in Segen.“

Das Kreuz blieb übrigens einige Zeit in der Halle stehen und wurde dann der evangelischen Kirchengemeinde übergeben. Immer wieder wurde es in späterer Zeit für andere Kreuzweg-Andachten verliehen.

„Für den 10. Mai 1988 laden die Gemeinden beider Konfession alle Gemeindeglieder zu einem ökumenischen Bittgang ein. Es ist ein alter Brauch der katholischen Gemeinden, an den drei Tagen vor Christi Himmelfahrt Bittgänge durchzuführen. Was liegt in unserer Zeit und Region näher, als solch einen Bittgang dem Gebet um Erhalt und Schaffung von Arbeitsplätzen zu widmen." Dieser Einladung, veröffentlicht im Gemeindebrief der evangelischen Kirchengemeinde, folgten Christen aus Teublitz, Rappenbügl und Maxhütte-Haidhof. Zeitlich versetzt waren sie an ihren Kirchen losgegangen und trafen beinahe zeitgleich bei der evangelischen Kirche als ältester Kirche von Maxhütte ein. Der Gottesdienst selbst fand dann im Garten vor dem Pfarrhaus statt. Manfred Hanglberger, katholischer Pfarrer in Pirkensee, hielt die Predigt. In ihr setzte er sich auch mit den Kritikern des kirchlichen Engagements auseinander. Er sagte: „Sicher, wir (Priester) sind nicht so betroffen wie mancher Arbeiter unter ihnen, aber es berührt uns durchaus auch, wenn wir sehen, wie viele unter ihnen durch einseitige und entmündigende Arbeitsvorgänge um ihr Menschsein zu einem großen Teil betrogen werden. Als Priester sollen wir das Heil verkündigen und sehen, in welch unheilen Arbeitsverhältnissen Viele arbeiten müssen. Und deshalb ist es auch unsere Aufgabe, vom heilen Menschen zu reden – auch in der Wirtschaft. Vom Ebenbild Gottes: Also vom Menschen, der berufen ist zur Selbständigkeit, zur eigenen Entscheidungsfähigkeit in allen seinen Lebensbereichen."

Ein letzter ökumenischer Gottesdienst führte im November in die katholische Kirche in Teublitz. Er trug den Titel „Trauer und Hoffnung". In den Seitengängen waren Schautafeln angebracht, auf denen Bilder aus der alten Maxhütte zu sehen waren. Nach einer Rückschau von Pfarrer Georg Hartl und Michael Meier läutete die große Glocke, die sonst an Ostern die Auferstehung des Gekreuzigten in die Welt hinausruft. Ein Jahr später waren die Öfen erloschen und die Walzmaschinen stillgelegt.

Mit Fernsehpfarrer Sommerauer

Im Oktober 1989 wurde noch einmal ein Maxhütten-Gottesdienst gefeiert. Das Dritte Bayerische Fernsehen sendete einen evangelischen Gottesdienst zum Erntedankfest aus dem mittlerweile stillgelegten Eisenwerk. Bruno Viertlmeister, der als Synodale viel in der kirchlichen Landschaft unterwegs war, hatte ihn initiiert. Der damalige Fernsehpfarrer Adolf Sommerauer hatte ihn bei einer Tagung angesprochen, ob es nicht möglich sei, einmal einen anderen Erntedankgottesdienst zu senden als aus einer dörflich geprägten Gemeinde. Viertlmeister ging mit dieser Frage in den Kirchenvorstand. Zugleich warnte er vor dem immensen Aufwand, den so ein Gottesdienst verlangen würde. Aber die Antwort war schnell gegeben: Ja.

Die Vorbereitungen beanspruchten in der Tat viel Zeit (pro Sendeminute ungefähr eine Stunde meiner Arbeitszeit). Die Werkshalle, in der noch vor kurzem glühende Stahlstäbe durch die Walzgerüste gepresst wurden, wurde zum Gottesdienstraum umgebaut. Die Werksschreinerei baute einen Altar und ein Pult aus Holz und einem Knäuel Rundstahl und in der Schmiede wurden ein Kreuz und mehrere Kerzenleuchter angefertigt. Ein Team aus Gemeindegliedern und Pfarrern (Pfarrer Schanz vom Amt für Industrie- und Sozialarbeit und Pfarrer Volker Dörrich) gestaltete den Gottesdienst inhaltlich. Mit banger Erwartung sahen wir dann der Aufzeichnung entgegen, denn in der Bevölkerung hatte sich durch die endgültige Schließung des Eisenwerkes bei manchen die Meinung herausgebildet: „Zu dem Gottesdienst gehen wir nicht hin. Sollen wir etwa noch für den Verlust unserer Arbeitsplätze dankbar sein?“ Aber als dann die Übertragung begann, war die Halle voll. Die Fernsehkamera schwenkte über staubbedeckte Maschinen und dann zum mit Sonnenblumen geschmückten Altar, als die Worte Jesu vorgetragen wurden: „Ihr sollte euch nicht Schätze sammeln auf Erden, wo sie die Motten und der Rost fressen und wo Diebe einbrechen und stehen. Sammelt euch aber Schätze im Himmel, wo sie weder Motten noch Rost fressen und wo Diebe nicht einbrechen und stehlen. Ihr sollt nicht sorgen und sagen: Was werden wir essen? Was werden wir trinken? Womit werden wir uns kleiden? Nach all dem trachten die Heiden. Denn euer himmlischer Vater weiß, dass ihr all dessen bedürft. Trachtet zuerst nach dem Reich Gottes und seiner Gerechtigkeit, so wird euch das alles zufallen.“ (Matthäusevangelium, Kapitel 6, Verse 19 - 20 und 31 - 33).

Das endgültige Ende der Maxhütte wurde schließlich in einem öffentlichen Akt vor dem Rathaus von Maxhütte begangen. Ich hatte die Bürgermeister des Städtedreiecks davon überzeugen können, dass das Ende einer 137-jährigen Geschichte nicht sang- und klanglos von statten gehen sollte.

Teublitz´ Bürgermeister Lenk appellierte, nicht in Resignation zu verfallen.

So versammelten sich am 30. Juni 1990 ehemalige Arbeiter/innen und Angestellte mit ihren Familien, Politiker/innen und Personen des öffentlichen Lebens zu einer Feier. Bürgermeister Hubert Humbs skizzierte in seiner Ansprache die Geschichte des Eisenwerks und Bürgermeister Rudolf Lenk wagte einen Ausblick in die Zukunft. Ich sprach für die Kirchengemeinde und erzählte, wie diese ihre Prägung durch die Maxhütte und ihre Beschäftigten erhalten hatte. Ich benannte noch einmal die Stationen des kirchlichen Eintretens für den Erhalt des Werkes und zitierte den Betriebsratsvorsitzenden Heiner Schäffer, der bei meiner eigentlichen Amtseinführung 1988 gesagt hatte: „Die Arbeitnehmer haben mit Staunen zur Kenntnis genommen, dass sie in dieser schweren Zeit nicht alleine dastehen." Auch würdigte ich die ökumenischen Impulse, die diese Zeit hervorgebracht hatte.

Zum Schluss überreichten Arbeiter des ehemaligen Werkes uns einen Flachstahl mit der Aufschrift „MH Werk Haidhof 1853 - 1990". Es war aus einem der letzten Stahlrohlinge gewalzt worden. Angebracht auf einem sorgfältig gestalteten Holz der Werksschreinerei hängt es in meiner Wohnung an der Wand und erinnert mich noch heute an diese bewegende Zeit.

Kinder der „Maxhütte“

GERHART GRÖNINGER

„Wir sind Kinder der Maxhütte!“ Diese Aussage hat mich beeindruckt und nachdenklich gemacht. Bei der Erstellung dieses Buches sind diese Worte von Ehemaligen und Zeitzeugen wiederholt gefallen.

„Wir sind Kinder der Maxhütte!“ Dies trifft in diesen gut 140 Jahren Werksgeschichte auf sicher jede Familie am Ort zu, weil über Generationen hinweg, der Großvater, Vater und Onkel im Werk waren oder für das Werk gearbeitet haben. Diese Aussage trifft auch auf mich zu, weil das sichere Einkommen meines Vaters im Werk für ein ausgeglichenes Familienleben sorgte und damit auch eine gute Ausbildung der Kinder sicherte.

Es war die „Maxhütte“, die mich 1980 als Leiter der Bauverwaltung unter Bürgermeister Hubert Humbs von der Stadtverwaltung Regensburg ins Rathaus nach Maxhütte führte.

Maxhütter Rathaus zum Zeitpunkt der Einweihung 1950.

Bild v. Otto Rohleder zur Eingemeindung von Leonberg, Pirkensee und Ponholz.

Es war der 1. April, als ich meinen Dienst antrat. Für wahr, kein Aprilscherz, denn ich merkte schnell, auch im Bauamt, dass schwere Zeiten angebrochen waren. Kaum waren die Wunden der Gebietsreform 1972 mit der Eingemeindung von Leonberg, Pirkensee und letztlich auch Ponholz verheilt, da tat sich ein unberechenbarer Schauplatz auf, bei dem die Register nicht im Rathaus gezogen wurden.

Zu der Sorge um die Arbeitsplätze im Werk kam die Sorge um die Heimat, die von dem Schreckgespenst der Wiederaufbereitungsanlage, der WAA, geprägt war.

Ganz sachte setzte sich die Meinung durch, dass sich Schwerindustrie und Wiederaufbereitung nachbarschaftlich nicht vertragen. Und dann stand ja bekanntlich die WAA in Wackersdorf in Konkurrenz zum gleichen Vorhaben in Niedersachsen und die Maxhütte im Ringen um öffentliche Fördermittel (es ging um mehr als 200 Millionen) in Konkurrenz zur Georgsmarienhütte in Niedersachsen. Die beiden Ministerpräsidenten Strauß für Bayern und

Albrecht für Niedersachsen haben wohl Eisen und Stahl vortrefflich gegen Atom aufgewogen.

Es verging nahezu keine Stadtratssitzung in der sich die Räte nicht mit dem Eisenwerk oder der Wiederaufbereitungsanlage in Wackersdorf beschäftigen mussten. Dabei bestand im Stadtrat Einigkeit beim Werk, aber, wie auch in der Bevölkerung, Uneinigkeit zum Thema WAA.

Ich erinnere mich in dieser schweren Zeit an meine Mithilfe bei der Bewertung nicht betriebsnotwendiger Grundstücke des Werkes. Der Erlös von 52 Millionen DM sollte, als Zuwendung des Freistaates, ein letzter Rettungsanker sein. Mit diesem Betrag sollte ein finanzieller Engpass am Übergang des Jahres 1986 zu 1987 beseitigt werden.

Ich erinnere mich an den Verkauf von 600 Werkswohnungen, an Häuser und Grundstücke. In aller Eile wurden schon mal Straßen, Wald und Ödungen als Bauland bewertet. Dabei führte besonders der Verkauf der Wohnungen oftmals zu sozialen, finanziellen und familiären Problemen. Die Mieter der Eisenwerkwohnungen waren an ein Rundum-Fürsorgepaket des Werkes gewöhnt, das sich in geringen Mieten und umfassender Betreuung im Unterhalt zeigte.

Nun galt es, für sicheres Wohnen der Arbeiter, Sozialplaner, Rentner und Witwen zu sorgen. Oft überstieg der Preis für eine Wohnung, ab 28.000 DM, die Rücklagen, sodass Kredite der örtlichen Banken herhalten mussten. Also Schulden machen für Wohnraum, bisher undenkbar. Oft haben Kinder die Wohnungen gekauft oder gebürgt. Es war aber unumgänglich, dass auch fremde Leute kauften.

Da brach etwas weg, was wohl mit Fürsorge bezeichnet werden kann.

Niemand kümmerte sich mehr um den „tropfenden Wasserhahn“. Besonders die Witwen waren im Unterhalt allein gelassen. Eine unvorstellbare Situation, weil sich ganz selbstverständlich in den vergangenen 50 Jahren das Werk darum gekümmert hatte. Der Wohnungsverwalter, der Biersack Sepp, war der Garant für die Vergabe von Wohnungen und Reparaturen.

Wie die Stadt selbst, so hat sich auch in den Wohnanlagen die Belegung verändert.

Ich erinnere mich an Protestmärsche im Städtedreieck, wo viele aus der

Sozialer Wohnungsbau ab 1948 durch das Eisenwerk entlang der Regensburger Straße. Mutter-Kind-Brunnen von Künstlerin Elsa Montag, Symbol für Hygiene.

Bevölkerung teilnahmen, aber zu unserem Erstaunen Angehörige des Werkes, auch Familienangehörige minder vertreten waren, während die Geschäftsleute zahlreich protestierten.

Monopolstellung des Eisenwerkes

Ich erinnere mich an die Aktivierung der Brachflächen des jetzigen Gewerbegebietes Verau, das Bürgermeister Gierl vor 1978 für einen Nachfolgebetrieb angekauft hatte. Mit dem Ansinnen der Verwaltung, dieses Gebiet für Handwerksbetriebe zu überplanen, fanden wir nicht nur Zustimmung im Stadtrat. Die Ablehnung dieser Planung wurde damit begründet, dass dies in einer schweren Zeit ein Affront gegen das Werk wäre. Ich begriff, dass das Werk über Jahrzehnte einen Monopolanspruch für Arbeitsplätze aufgebaut hatten, und eine Konkurrenz nicht erwünscht war.

Deswegen war die Stadt bei ihren Bewerbungen um Siemens (Zuschlag: Regenstauf) oder Triumph (Zuschlag: Schwandorf) leer ausgegangen.

1990 brachte dann die Zäsur, nachdem ja 1980 bereits von Klöckner das Kaltwalzwerk geschlossen wurde. 1990 kam das Aus für das Eisenwerk Maximilianshütte in Haidhof sowie das Aus für die Wiederaufbereitungsanlage Wackersdorf.

Mehr als 200 Millionen hatte das Werk für Sanierungen gefordert, aber nicht mehr erhalten. Die Maxhütte nicht, die Georgsmarienhütte in Niedersachsen sehr wohl. Die gibt es heute noch.

„Wille schafft Werke", der Wahlspruch von Bürgermeister Karl Schäffer, steht über dem Eingang des Rathauses. Ein starker Wille war sodann gefordert, als es darum ging, der Bevölkerung neuen Mut zu geben und den guten Namen der Maxhütte, der Stadt Maxhütte-Haidhof zu erhalten.

Diese neue Entwicklung durfte ich ab 1990 als geschäftsleitender Beamter bestimmend begleiten. Es liest sich heute wie selbstverständlich, dass nach dem Gewerbegebiet Verau die Gewerbegebiete Birkenzell I + II und der Industriepark Ponholz kamen.

Die Baugebiete Deglhof, Leonberg Lappischäcker, Rottenholber Straße und Maxhütte-Ost 1, 2, 3 sorgten für Bauland und damit für Zustrom, der die Bevölkerung und die Stadt veränderte.

Die 10.000er Grenze wurde überschritten. Als 10.000 Bürger wurde das jüngste Mitglied der Familie Rieger aus Deglhof begrüßt, das 9. Kind der Eheleute.

Glockenturm am Rathaus: „Wille schafft Werke". Worte für Geist und Haltung einer aufstrebenden Gemeinde (Berger).

Angetrieben durch die Öffnung nach Osten nach der Wiedervereinigung ab 1989 hat sich Netto mit Zentralverwaltung

Im Mittelstandszentrum Maximilianshütte sollte das neue Gründerzentrum entstehen.

und Zentrallager für Maxhütte als neuen Standort entschieden. Während ich diese Zeilen schreibe, lese ich, dass in diesen Tagen der Gründer von Netto und Ehrenbürger der Stadt Rudolf Schels im Alter von 70 Jahren verstorben ist. Neben Netto war ja auch „Ratisbona" in Ponholz ansässig. „Ratisbona", ein Unternehmen für Handelsimmobilien, führte er genauso zum Erfolg wie Netto, während Läpple das Kaltwalzwerk mit neuem Leben erfüllte. Diese anfangs rund 1.000 Arbeitsplätze taten gut und sorgten für einen freien Blick in die Zukunft.

Hilfreich war natürlich für die industriegewohnten Arbeiter des Werkes auch BMW in Regensburg, wo sie begehrte Facharbeiter waren.

Hermann Gierl, Bürgermeister von 1956 - 1978 und Hubert Humbs von 1978 - 1996 waren Arbeiter des Werkes, also Kinder der Maxhütte.

Das endete mit Bürgermeister Detlef Richter 1996. Ein Lehrer zog ins Rathaus ein und übernahm die Führung. Ein neuer Wind und ein neues Denken wehte durch die Amtsstuben. Die Verwaltung wurde über das bürokratisch Notwendige hinaus zu einem Dienstleister umgebaut.

Ferienprogramm, Jugendtreff, Seniorenbeirat, Mehrgenerationenhaus,

Entstehung eines neuen Zentrums mit Einkaufszentrum, Stadthalle und neuer Grundschule.

Gründerzentrum, Weihnachtsmarkt und Bürgerfest waren nun zentrale Bausteine.

Mit der Sanierung der Hauptschule, dem Neubau einer zentralen Grundschule, mit Kindergärten in Leonberg, Pirkensee und Maxhütte, dem Einkaufszentrum an der Nordgaustraße und der Stadthalle hat Bürgermeister Richter mit seinem Stadtrat gezeigt, dass Wille eben Werke schafft.

Die Einwohnerzahlen stiegen. Wie nach dem Krieg durch Zuzug der vielen Heimatvertriebenen, wo sich die Einwohnerzahl des Ortes Maxhütte fast verdoppelte, öffnete sich die Stadt und veränderte ihr Gesicht. Weg von der „grauen" Industriestadt, hin zu einer Stadt, in der nun Wohnen Vorrang genießen sollte, aber Arbeitsplätze nicht vernachlässigt wurden.

Meine Erinnerung wäre nicht vollständig, wenn an dieser Stelle nicht an

Bruno Viertlmeister erinnert werden würde. Mit 52 Jahren die Arbeit verloren, also arbeitslos, Sozialpläner bis zur Rente.

Der Mann im Werk, die Frau im Haus, das waren gewachsene Werte. Was nun? Beide zuhause. Das ging oft nicht gut, weil sich die Männer mit großem Organisationstalent in den Haushalt einmischten, sehr zum Leidwesen der erfahrenen Hausfrauen. Um solchen Unfrieden und weitere soziale Engpässe zu mildern, hat Bruno Viertlmeister den Sozialplänertreff „auf der Alm" ins Leben gerufen.

Im Vereinsheim des Trachtenvereins in Teublitz haben sich die Sozialpläner wöchentlich getroffen und ausgetauscht. Oft natürlich aus Wehmut um das Werk a Seiderl oder zwei (das erste und das letzte) getrunken.

Nordgautag und Gründerzentrum

Zu Läpple muss hier auch gesagt werden, dass der Einstieg in die Industriebrache Maxhütte direkt und indirekt von Erfolg gekrönt war. Besonders seit Werner Klenk mit der Führung der Geschäfte beauftragt wurde. Da wurde investiert, gebaut, Dächer erneuert, Arbeitsplätze geschaffen, eben das Geld dort ausgegeben, wo es verdient wurde, sehr zum Wohle der Region, da auch die Gewerbesteuer anstieg und viele kommunale Projekte ermöglichte.

Mit Klenks Unterstützung war es möglich, 2002 den Nordgautag nach Maxhütte zu holen und im Maschinenbetrieb des Werkes zwischen Drehbänken und Werkbänken vor vielen Besuchern den starken Willen zum Aufbruch kundzutun. Festakt, Konzerte und ein Festzug wurden vor der oberpfälzischen Öffentlichkeit zu einem unvergesslichen Erlebnis.

Werner Klenk wurde auch zum Fürsprecher bei Läpple, als die Stadt sich um ein Gründerzentrum bewarb. Welcher Standort konnte für Existenzgründer besser sein?

In den Hallen der ehemaligen Verzinkerei konnten Handwerker, im nebenliegenden Gebäude des ehemaligen Magazins, des Elektrobetriebes und Maschinenbetriebes Büros entstehen. Ein gemeinsames Sekretariat organisierte und terminierte. Der Geschäftsführer sorgte für Belegung, Information und knüpfte Kontakte zu Behörden und Banken.

Als Gründungsgeschäftsführer war es mir möglich, schnell für eine Erstbelegung zu werben und zu sorgen. Zum Dank für sein Eintreten wurde August Läpple zum Ehrenbürger ernannt.

Die Maxhütte liegt mir am Herzen, sowohl das Werk, als auch die Stadt sind und waren Teil meines beruflichen und gesellschaftlichen Lebens. Deshalb ist es mir ein Anliegen, das Gedenken an den Ursprung der Stadt zu erhalten. Ohne die Kohle, ohne den Bergbau hätte es weder das Werk, noch die Stadt gegeben.

Begonnen habe ich damit, als mit Spenden ein Förderturm aus Holz gebaut wurde, der an den Bergbau erinnern soll. Die Tradition der Bergknappen sollte gegenwärtig sein.

Weiter ging es mit jährlichen Führungen im ehemaligen Bergbau der „Austria" im Rahmen des VHS-Programmes, unter dem Titel „Vom Bergbau zum Naherholungsgebiet". Bestätigt werde ich dabei immer wieder durch Beiträge von Teilnehmern, wie dem Opa, der aus Pfreimd kam und seinem Enkel einen Gang durch den 794 m langen Stollen von der Austriagrube zur Verladung am Gartenweg versprochen hatte. Mit Enttäuschung musste er hören, dass der Stollen bei der Rekultivierung im Jahre 1999 verfüllt worden war. Er berichtete aber den Teilnehmern, dass sein Vater in der „Austria" gearbeitet habe.

An Samstagen, wenn die Chefs nicht da waren, sei er mit seinem Vater vom Austriahof, bei den Tennisplätzen, in einer Lore durch den Stollen zur Grube gefahren.

Ein beklemmendes Gefühl, in einer Eisenwanne zu sitzen, im düsteren Licht dahinzudonnern. Er war jedes Mal erleichtert, als er das Tageslicht, sei es in der Grube, oder am Mundloch am Austriahof erblickte. Aber natürlich ein Abenteuer.

Dann die Überraschung. Bei den Bildern zur „Austria" der Ausruf: „Da schau, das ist der Stollen, und bei den Bergmännern, der mit der Schaufel, der Bergmann, das ist mein Vater, dein Uropa!"

Ein weiteres Standbein ist der Vortrag zur Geschichte des Werkes, der mit

„Austria"-Mitarbeiter in Uniform.

den Worten des Gründers Michiels, ein belgischer Konsul und Eisenindustrieller, an seinen Freund Henry Goffard beginnt.

1850 schreibt er zur Bewertung des Standortes Sauforst für eine Eisenschienenfabrik: „Ein Land der Wölfe und Wilden, aber gut für Eisen und Stahl."

Im Industriegebiet Läpple, also im Werk, im Konferenzraum des Gründerzentrums erzählen dann die Opas den Enkeln wie es im Werk zuging, dass Bier Kraft macht und das Wirtshaus nach der Schicht, sei es im Pferdestall beim Rottenfußer, beim Alwuzio, in der Ruh oder in der Hüttenschänke, beim Lauberger, beim Wolf in Verau, beim Luft in Rappenbügl oder beim Wagner in Meßnerskreith, Pflicht war. Da tauchen dann Begriffe wie „Kaliereisen", „Fensterlschokolade", „Kameradschaftsabende" und „Jubiläumsurlaub" auf. Auch muss die Hütte eine wahre Gourmetküche gewesen sein. Nicht nur Eisen wurde gekocht, sondern von Schweinshaxn, Gockerl, Spanferkel, bis zur Schlachtschüssel wurde alles versucht, um die Arbeitskraft zu erhalten. So mancher Streich sei den Kollegen geführt worden, oft mit bedenklichem Ausgang. Wenn die Brotzeitburschen Bier verschüttet haben, dann gab´s schon kräftige hinter die Löffel.

Führungen durch und ums Werk

Gerhart Gröninger hält durch seine Führungen die Geschichte des Eisenwerkes lebendig.

Bei diesen Vorträgen stelle ich auch fest, dass es den Besuchern nicht um Legierungen und Tonnagen geht, sondern, dass die Unterhaltung im Vordergrund steht. So manche Geschichte macht da die Runde. Einen Bonus bei der Einstellung bekam natürlich jener, der auf einen Vater, Onkel oder Bruder im Werk verweisen konnte. Wenn die Lehre nicht gut lief, so wurde eben der Vater in die Lehrwerkstatt zitiert und mit den Problemen seines „Früchtchens“ konfrontiert.

Zunehmend stelle ich fest, dass unsere neuen Bürger sich für diese Exkursionen interessieren und damit Fuß fassen in der Maxhütte. Besonders ist es auch die Geschichte der Werksvillen, die bei der Begehung Beachtung findet.

Da ist es gut auf das Buch „Sauforst“ von Gerda Stauner zu verweisen, die als Zeitzeugen Werksarbeiter, Direktoren und italienische Wanderarbeiter in den Gründerjahren des Werkes in den Mittelpunkt stellt.

Beim Deutsch-Französischen Krieg, wie bei nachfolgenden Kriegseinsätzen kamen die Maxhütten-Arbeiter hinaus in die Welt, lernten andere Industriearbeiter aus dem Westen kennen und den Umgang mit Sprengstoff. Nach der Rückkehr kam es immer zu sozialen Unruhen. So auch nach 1870, als dem Direktor ein Haus-Eck der Frommvilla weggesprengt wurde.

Der Vortrag „Wirtshaus und Kirche“ rundet meinen Beitrag zur Erhaltung der örtlichen Geschichte ab. Willkommen sind all jene, die sich für die Max-

Maxhütter Bürgermeister. Von oben li. Im Uhrzeigersinn: Schäffer, Gierl, Richter, Humbs, in der Mitte: Dr. Plank

hütte interessieren, selber darüber reden wollen, Erinnerungen einbringen oder eben wissen wollen, was Maxhütte ist und war.

Eine offene Willkommenskultur hat sich auch Bürgermeisterin Dr Susanne Plank an die Fahnen geheftet, wenn ihr Logo denn heißt: „Eine Stadt zeigt Gesicht.“

Dr. Plank, Diplom Finanzwirtin (FH) und Juristin, hat von 2008 bis 2020 die Stadt umsichtig geführt. Mit erheblichen Investitionen ins Gemeinwohl ist es ihr gelungen, eine Verbindung der Generationen zu schaffen.

Im Mehrgenerationenhaus fühlen sich Kinder, Jugendliche, Familien und Senioren wohl. Der Aufbau einer umfassenden Kinderbetreuung stand ganz oben auf der Prioritätenliste.

Investitionen in die Daseinsvorsorge mit der umfassenden Sanierung von Wasser und Kanal verschlangen Millionen im Vollzug des Generalwasser- und Entwässerungsplanes.

Die Stadt hat den Umbruch geschafft.
Glück auf der „Maxhütte“.

Maxhütte-Haidhof – eine Stadt mit Arbeiterkultur

DETLEV RICHTER

Wir Maxhütter sind heute noch stolz auf unser Eisenwerk, denn ohne dieses Werk gäbe es keine Stadt Maxhütte-Haidhof. Die Kultur der Stadt ist eine industrielle Kultur, eine Arbeiterkultur.

Noch immer ist von „unserem Werk" die Rede und noch immer ist die Schicksalsgemeinschaft von Werk, Werkssiedlung und Stadt gegenwärtig, denn viele Generationen waren mit der Maxhütte verbunden, die sie ernährte und ihnen ihr Auskommen ermöglichte.

Besonders traurig war für uns daher der 30. Juni 1990. Es war der Tag, an dem das Eisenwerk seine Produktion einstellen musste. In einer Gedenkstunde vor dem Rathaus sprach Bürgermeister Hubert Humbs später vom schwärzesten Tag in der Geschichte der Stadt.

Mit Stolz, aber auch mit Sorge blickten Politiker zum 40-jährigen auf die Zukunft von Maxhütte-Haidhof.

Kundgebung vor dem Maxhütter Rathaus zum Erhalt des Eisenwerkes.

Längst hatte sich die Schließung des Werks jedoch abgezeichnet. Anfang der 70er Jahre, als ich in die Kommunalpolitik in Maxhütte-Haidhof einstieg, war immer deutlicher wahrnehmbar, dass die Maxhütte Arbeitsplätze abbaut. Konfrontiert mit dem Geschehen um die Maxhütte wurde ich schon ab 1972, nicht nur als 3. Bürgermeister, sondern auch als Lehrer an der Hauptschule. Des Öfteren erfuhr ich über meine Schüler von den Ängsten um den Arbeitsplatz des Vaters, des Großvaters.

Noch vermehrt fragten sie mich in den 80er Jahren, wie es um die Maxhütte stehe.

Schon 1976 wurde das Werk von der Klöckner AG übernommen. Von 1970 bis 1984 fiel die Zahl der Beschäftigten von rund 4.000 auf etwa 1.700 ab. Wir Stadträte mussten bald erkennen, dass in der Landespolitik zum Thema Maxhütte offensichtlich der Wille fehlte zu helfen.

1987 wurde das Kaltwalzwerk verkauft. Nicht nur für mich war dieser Bereich des Eisenwerks von existentieller Bedeutung für den Standort Maxhütte-Haidhof. Ich ahnte, dass das nicht gut ausgehen konnte.

Nach dem Ende des Kaltwalzwerks wurde von den Stadträten im Städtedreieck eine Resolution verabschiedet, die an die Vorstände der Maxhütte und der Klöckner AG, an die Aufsichtsratsvorsitzenden und an alle zuständigen Politiker des Bundes und des Landes verschickt wurde. In dieser

Entschließung wurde der Erhalt der gesamten Produktpalette gefordert. Auch die Kirchen unterstützten uns in dem Bemühen, das Eisenwerk zu erhalten. Es gab eine ökumenische Andacht vor den Toren des Eisenwerkes. Es gab eine Kundgebung zum Erhalt des Stahlstandortes und der Arbeitsplätze. Es gab einen Sternmarsch als öffentliche Mahnung, das Werk zu erhalten und es gab weitere verzweifelte Bemühungen, die Maxhütte zu retten. Auch ich selbst, damals 2. Bürgermeister und Vorsitzender der SPD-Mehrheitsfraktion, war zu jener Zeit in der bayerischen Staatskanzlei, im Wirtschaftsministerium – im Auftrag des Städtedreiecks.

All diese Bemühungen blieben jedoch letztlich erfolglos, wie zu erahnen war. Man fühlte sich einfach ohnmächtig.

Die Schließung des Werkes traf uns also nicht unvorbereitet. Sie war längst abzusehen.

Unsere Sorge im Stadtrat galt den Arbeitern und ihren Familien. Wie sollte das weitergehen? Wir mussten gegensteuern und handeln.

Seitens der Stadt wurde daher frühzeitig alles erdenklich Mögliche in die Wege geleitet, um Ersatzarbeitsplätze zu schaffen und unserer Stadt eine Zukunft zu geben.

Zusammen mit Günther Hochstetter, dem letzten Betriebsleiter des Maschinenbetriebes, kämpfte ich damals für die Ansiedlung von Netto in Ponholz, übrigens gegen vehementen Widerstand der Ponholzer, auch von Ponholzer Stadträten.

Das haben wir schließlich auch geschafft.

Denn als 1990 die Maxhütte in Haidhof schloss, waren wir bereits in Verhandlungen mit Netto, das sein Zentrallager kurz darauf hier ansiedelte.

Auch die Verhandlungen mit Läpple hatten weit vor dem Ende des Werks begonnen. Ich war damals noch 2. Bürgermeister und habe die Firma Läpple unterstützt, als es um den Kauf des Altwerkes ging.

Mit Herrn Läpple verstand ich mich ausgesprochen gut. Wir haben ihn später auch zum Ehrenbürger der Stadt ernannt.

Mit Läpple, Netto und etlichen anderen Betrieben, die sich nun in den von uns ausgewiesenen Industrie- und Gewerbegebieten ansiedelten, hatte die Stadt wieder eine verheißungsvolle Zukunft.

Unternehmer Helmut Läpple erhielt die Ehrenbürgerschaft der Stadt Maxhütte-Haidhof. Bürgermeister Richter, Unternehmer Helmut Läpple, Läpple-Werkleiter Werner Klenk (v.li.n.re.).

Rückblickend kann ich feststellen: Unsere Stadt hat sich in den vergangenen Jahren nach Schließung des Werkes hervorragend entwickelt. Wir haben in der Geschichte der Stadt eine neue Seite aufgeschlagen. Der Aufbruch in eine neue Ära ist längst Tatsache. Die Stadt verfügt nun wieder über ein beachtliches Potential an Arbeitsplätzen. Gleichzeitig setzten wir damals in diesen Krisenzeiten alle Hebel in Bewegung, um aus der Stadt auch einen attraktiven Wohnort zu machen, was uns, wie man bald sehen konnte, schnell gelungen war.

Mit neun ausgewiesenen großen Baugebieten, vor allem in Deglhof; Maxhütte-Ost und Leonberg schafften wir die entsprechenden Voraussetzungen. Schnell erwies sich, wie richtig wir mit diesen Maßnahmen lagen. Bauplätze in Maxhütte-Haidhof waren begehrt. Dies vor allem wegen der verkehrsgünstigen Lage, aber auch wegen der Grundstückspreise.

In den 70er und 80er Jahren waren, bedingt durch die Krise des Eisenwerkes, die Einwohnerzahlen stetig gesunken.

2008 zum Ende meiner Amtszeit war die Situation eine völlig andere und ins Gegenteil verkehrt. Bereits 1998 wurde die 10.000er Grenze überschritten und 2002 wohnten hier schon 10.500 Einwohner. Diese Dynamik ließ

Maxhütte-Haidhof auf neuen Wegen – „Alles spricht dafür".

sich auch an der Entwicklung des Landkreises ablesen. Mit 33 Gemeinden hatte der Landkreis im Jahre 2000 um 500 Einwohner zugenommen. Davon stammten allein 150 neue Einwohner aus Maxhütte-Haidhof.

Ich war bis 2008 Bürgermeister, insgesamt 36 Jahre in der Kommunalpolitik und habe so die Geschichte der Stadt an, wenn man so will, vorderster Front miterlebt. Vielleicht, so unsere damaligen Überlegungen, wurde Maxhütte als Stadt im Bewusstsein der Menschen in diesen schwierigen Zeiten als grau empfunden, obgleich wir in der Oberpfalz durchaus politisches Gewicht hatten.

Die Stadt musste also weg vom Image der grauen Industriestadt hin zu einem zukunftsfähigen Gemeinwesen, weg von einer ausufernden bürokratischen Verwaltung hin zu einem Dienstleister.

1996 habe ich das alles unter dem Leitspruch „Maxhütte-Haidhof, alles spricht dafür" zusammengefasst und als nun 1. Bürgermeister die Stadtverwaltung umgebaut.

Uns war bewusst, dass künftig nur Regionen mit hoher Lebensqualität und einem kreativen Umfeld Zuspruch finden würden. Dazu sollte unsere Stadt gehören. Wir haben daher besondere Anstrengungen unternommen, um aus der grauen Stadt im Süden der Oberpfalz eine attraktive, bunte Stadt zu machen. Besonders am Herzen lag mir zuvorderst ein gleichwertiges Unterrichtsangebot für alle unsere Grundschüler.

Die Maximilian-Grundschule im Bau – November 2004.

Es war jedoch nicht leicht, die Leonberger, die Meßnerskreither und Pirkenseer von den Vorteilen eines gemeinsamen Grundschulgebäudes in Maxhütte zu überzeugen. Gemeinsam mit Rektor Gerhard Kemmeter haben wir es aber geschafft. Letztlich erkannten vor allem die jungen Eltern Chancen und Vorzüge eines breitgefächerten Unterrichtsangebots und überzeugten auch die Omas und Opas, dass das Festhalten an den Schulgebäuden vor Ort zum Nachteil der Schüler gereichen würde.

Wir haben also eine neue Grundschule gebaut, die Stadthalle und das Einkaufszentrum realisiert, auch eine Park & Ride-Anlage für den Bahnhof gebaut und eine Reihe von Ortsverschönerungen überall im Stadtgebiet verwirklicht.

Seit Mitte der 90er Jahre setzten wir auch neue Maßstäbe in den Bereichen Kinder, Jugend, Familie und Senioren. Andere Kommunen haben damals diesen Bereichen kaum Aufmerksamkeit geschenkt. Wir hatten seit 1996 einen Jugend- und Seniorenbeirat und kümmerten uns mit einem

Jugend- und Ferienprogramm das ganze Jahr über um die Familien. Eine ganzjährige intensive Jugendarbeit, ein ganzjähriges Seniorenprogramm, der Dialog der Generationen und das Mehrgenerationenhaus sind in Maxhütte-Haidhof seit dieser Zeit selbstverständlich.

Die weitere Stadtentwicklung wurde vorgegeben durch die Erarbeitung eines städtebaulichen Gesamtkonzepts, durch die Erstellung eines detaillierten Landschaftsplans und die Erarbeitung eines raumordnerischen Entwicklungskonzepts.

Wenn ich heute über all diese Geschehnisse nachdenke, so kann ich feststellen, die positive Entwicklung der Stadt hält bis heute an und wird hoffentlich noch viele Jahre andauern. Längst ist aus Maxhütte-Haidhof wieder eine moderne, funktionstüchtige und lebenswerte Stadt geworden, auf deren wechselvolle Geschichte man stolz sein kann.

Ich hoffe, die Maxhütter gewinnen daraus Kraft und Selbstbewusstsein für die Aufgaben, die sich auch in Zukunft stellen werden.

Richter: „Die positive Entwicklung Stadt hält bis heute an!"

Ein neues Selbstbewusstsein für Maxhütte-Haidhof

SUSANNE PLANK

„Ein neues Selbstbewusstsein für Maxhütte-Haidhof" - so lautete der Titel meines Arbeitsordners für den Wahlkampf im Jahr 2008. Und genau das war meine Absicht, als ich antrat, um Bürgermeisterin zu werden: Meine Stadt mit einem neuen Selbstbewusstsein auszustatten. Auch fast 20 Jahre nach Schließung des Eisenwerks war es nämlich immer noch spürbar, dass dies tiefe Wunden in die ganze Region gerissen hatte.

Plank: Stadt mit neuem Selbstbewusstsein ausstatten.

Dieses Gefühl wurde auch in vielen Gesprächen bestätigt. Als Bürgermeisterin war ich bei vielen Geburtstagsjubiläen, Versammlungen oder sonstigen Anlässen, bei denen ich Menschen begegnet bin, die selbst im Eisenwerk beschäftigt waren oder in deren Familie es Mitarbeiter des Eisenwerks gab. Allgegenwärtig und lebensprägend war für diese Menschen die Zeit des Eisenwerks.

Und so erfuhr ich aus erster Hand von den beschwerlichen Wegen zur Arbeit, von den extremen Bedingungen an den heißen Öfen, von Bierstreik und Unglücken, von Hierarchien und Zusammenhalt, vom Stellenwert der Hüttenschänke und den wöchentlichen Lohnauszahlungen.

Die Schilderungen waren bewegend und berührend zugleich, denn sie zeigten mir eindrucksvoll, dass die Menschen loyal und fast liebevoll „ihrem" Eisenwerk immer noch zugetan waren und die Wehmut über die Schließung die Jahre überdauert hat.

Die Frage nach dem richtigen Umgang mit diesem historischen Ereignis hatte längst schon eingesetzt: Einerseits der respektvolle und stolze Blick auf die Bedeutung des Eisenwerks für unsere Stadt, andererseits die völlige Neuausrichtung, um Maxhütte-Haidhof – wie man so schön sagt – fit für die Zukunft zu machen.

Wohin führt der Weg für Maxhütte-Haidhof?

Es war längst Zeit geworden, sich Gedanken darüber zu machen, wie man der Stadt eine neue Identität gibt und wie sie aussehen soll. Die Ansiedlung von Läpple und Netto und die Nähe zu Regensburg sorgten zwar für ausreichend Arbeitsplätze, aber es war immer noch ein „Maxhütte ohne Eisenwerk", eine Stadt also, der man das genommen hatte, was ihre Identität ausgemacht hatte.

Und so schielte man auch oft genug neidisch auf den großen Bruder Burglengenfeld, der sich als stolze ehemalige Kreisstadt mit langer Historie präsentierte, und man versuchte, manchmal etwas verzweifelt, den eigenen Stellenwert im Städtedreieck zu behaupten.

Die Wahl 2008 war dabei tatsächlich so etwas wie ein völliger Umbruch.

Die Bürger hatten mich gewählt, obwohl ich so gar nicht in die Tradition der bisherigen Bürgermeister passte: nicht in Maxhütte-Haidhof aufgewachsen, nicht bei der SPD, sondern in der CSU, und noch dazu eine Frau! Es schien, als sei die Stadt bereit, „Neues“ zu wagen.

Ein neues Logo für die Stadt

Dieses „Neue“ habe ich zunächst mit einem symbolischen Akt begonnen. Es ist sicher ein Merkmal unserer Zeit, dass sich Firmen und Vereine, Einrichtungen und eben auch Städte eine sogenannte Corporate Identity geben. Was wie eine Modeerscheinung daherkommt, hat jedoch tatsächlich einen tieferen Sinn.

Maxhütte Haidhof
Eine Stadt zeigt Gesicht.

Neues Logo für ein neues Gesicht der Stadt.

Betrachten wir prominente Beispiele: Wer sich mit dem FC Bayern identifiziert, kleidet sich in rot-weiß oder klebt entsprechende Aufkleber ans Auto. Er fühlt sich dem Verein zugehörig und ist Teil dieser großen Familie und symbolisiert dies mit dem Fan-T-Shirt oder einem Fan-Schal.

Ein neues Logo für die Stadt sollte es daher sein – eines, das die Stadt als Gemeinschaft auch nach außen zeigt. Mein Auftrag an die Werbeagentur Amalei war damals: fröhlich und selbstbewusst will ich meine Stadt präsentieren. Nach den Jahren der Wehmut darf die Leichtigkeit, die Lebensfreude und das Unbeschwerte ruhig die Oberhand gewinnen und gleichzeitig sollte erkennbar sein, dass wir durchaus eine Stadt sind, die stolz auf ihre Geschichte und ihre Stärken blickt.

„Eine Stadt zeigt Gesicht“.

Nicht Jeder konnte sich mit dem Logo anfreunden.

Ich persönlich freue mich immer wieder darüber, weil es uns das Ziel des neuen Selbstbewusstseins so eindrucksvoll vor Augen führt.

Und ich bin sicher, dass es auf der unbewussten Ebene durchaus seine Wirkung getan hat.

Integriertes städtebauliches Entwicklungskonzept - ISEK

Die politische Ausrichtung war natürlich die sehr viel schwierigere Aufgabe. Wohin führt unser Weg, wo sehen wir die Stadt in 20 oder 30 Jahren – das war die Frage, mit der wir uns im Stadtrat zu beschäftigen hatten, um die richtigen Weichen für die Zukunft zu stellen.

In mühevoller Arbeit haben wir uns daher zusammen mit einem Fachplaner an die Arbeit gemacht und ein integriertes Stadtentwicklungskonzept, kurz ISEK, erstellt. Stadtrat und Bevölkerung konnten sich daran beteiligen und sich einbringen, um eine Zielsetzung für die Stadt zu entwickeln und Maßnahmen für die Förderung des Gemeinschaftsgefühls, vor allem im Hauptort, vorzuschlagen.

Eine Grundlage musste dafür her: Die schonungslose Erfassung des Ist-Zustands war dabei manchmal ziemlich schmerzhaft. In der Politik betreibt man ja viel lieber Schönfärberei und Lobhudelei und rühmt sich natürlich der erbrachten Leistungen. Aber nur ein realistischer Blick auf die Schwächen unserer Stadt versetzte uns in die Lage, dort anzusetzen, wo es eben Handlungsbedarf gab.

Und genau betrachtet waren die Ergebnisse für den Hauptort Maxhütte keine große Überraschung: Fehlen eines Stadtzentrums oder einer Stadtmitte und fehlendes Gemeinschaftsgefühl, ein Rathausvorplatz ohne Aufenthaltsqualität und geringe Wohnraumqualität konnte man mit bloßem Auge erkennen. Es noch einmal zu formulieren, die Details zu betrachten und daraus Konsequenzen zu ziehen, war jedoch eine neue Qualität bewusster, politischer Zielsetzung.

Voller Elan haben wir eine ganze Reihe von Handlungsfeldern aufgelistet: Die Vision einer modernen Stadt mit Wohnraumqualität, einer identitätsstiftenden Ortsmitte, Begegnungsmöglichkeiten und kultureller Infrastruk-

Ein repräsentativer Rathausvorplatz als Symbol für die neue Maxhütte.

tur sowie gesteigerter Erholungsqualität wurde im Jahr 2009 in ein Handlungskonzept gegossen.

Einiges davon wurde umgesetzt: Das Mehrgenerationenhaus mit Volkshochschule und Bücherei hat sich zu einer wunderbaren Begegnungsstätte in zentraler Lage entwickelt.

Wenn wir aber heute einen ehrlichen Blick auf die Entwicklung der letzten 10 Jahre werfen, so macht sich Ernüchterung breit.

Die hoch gesteckten Ziele haben wir manchmal aus vielerlei Gründen aus dem Auge verloren:

Die dringend notwendige Sanierung von Wasser, Kanal und Straßen hat Millionenbeträge verschlungen; jedes Jahr wurde in den Kindertagesstätten angebaut und neu gebaut, um dem wachsenden Betreuungsbedarf gerecht zu werden; Investitionen in den Brandschutz haben hohe finanzielle Mittel erfordert; der Breitbandausbau wurde vorangetrieben. All diese Maßnahmen waren notwendig und nützlich, um Maxhütte-Haidhof modern zu gestalten – und dennoch bleibt ein fader Beigeschmack.

Es wurden zahlreiche Baugebiete erschlossen.

Hat man sich im ISEK noch ein „kontinuierliches, organisches Wachstum, das auch mit einer entsprechenden organischen städtebaulichen Entwicklung“ einhergeht, gewünscht, so war dies schon ein Jahr später Makulatur. Ab dem Jahr 2010 hat der Stadtrat dem Siedlungsdruck nachgegeben und ein Baugebiet nach dem anderen, mit insgesamt mehr als 400 Bauplätzen auf den Weg gebracht. Allen Warnungen zum Trotz gab es für die Mehrheit des Stadtrats, insbesondere auf Betreiben der SPD, als oberstes Gebot die Schaffung von Bauland – mit all den damit einhergehenden Problemen (Infrastruktur, Kindertagesstätten usw.).

„Bei Euch in Maxhütte-Haidhof tut sich aber was, das ist ja Wahnsinn, wie schnell sich die Stadt entwickelt!“ höre ich oft. Ja – schnell haben wir uns entwickelt. Waren es noch ca. 10.400 Einwohner im Jahr 2008, so sind wir jetzt, im Jahr 2019, schon bei über 11.500 Einwohner angelangt. Ob es damit eine „gesunde“ Entwicklung war, wage ich zu bezweifeln. Und ob es schön ist, was wir der Stadt mit der Baulandausweisung in der Form „angetan“ haben, liegt sicherlich im Auge des Betrachters.

Aber es ist noch nicht ganz zu spät: Maxhütte-Haidhof hat unbebaute

Flächen im Ortskern, die zielgerichtet gestaltet werden können. Sie liegen zwar nicht im Eigentum der Stadt, aber durch die Planungshoheit kann der Stadtrat bestimmen, welche Nutzungen möglich sind. Im Jahr 2018 haben wir deshalb mit dem Stadtrat noch einmal den Versuch gestartet, diese Flächen zielgerichtet zu entwickeln und dafür ein Konzept aufzulegen. Die Ideen dafür sind vielversprechend – und es bleibt zu hoffen, dass der Stadtrat künftig die Möglichkeiten auch wirklich nutzt, um seine Planungshoheit wahrzunehmen und damit nicht nur „viel“, sondern auch „schön und lebenswert“ zu gestalten.

Zusammenarbeit im Städtedreieck

Neben all diesen eigenen Handlungsfeldern in der Stadt haben wir aber in den letzten Jahren weit über den Tellerrand hinausgeschaut.

Gut angebunden durch die A 93 und die Bahnlinie ist Maxhütte-Haidhof ganz besonders auch durch die Lage im Städtedreieck geprägt. Teublitz, Burglengenfeld und Maxhütte-Haidhof ergeben eine Einheit, die zusammen sehr gut funktioniert.

In der Bevölkerung wurde dies längst gelebt. Man bewegte sich dort im Städtedreieck, wo es das attraktivste Angebot für den Einkauf gab oder Arbeit, Schule oder Freizeit stattfanden. Schon aus der geschichtlichen Entwicklung heraus kam dabei Burglengenfeld eine besondere Rolle zu – als ehemalige Kreisstadt und Standort der weiterführenden Schulen. Meine und viele nachfolgende Generationen haben ihre Jugend im „Sound“ und der Kneipenlandschaft in Burglengenfeld verbracht – und wir haben uns wohl kaum Gedanken darüber gemacht, ob wir damit noch Bürger unserer Stadt oder viel eher „Städtedreiecksbürger“ sind.

Politisch dagegen war das Zusammenwachsen weitaus schwieriger. Das hängt natürlich an Rahmenbedingungen, aber auch an den handelnden Personen.

So war es sicher von Vorteil, dass meine Kollegin Maria Steger aus Teublitz, Kollege Heinz Karg und später Thomas Gesche aus Burglengenfeld und ich von Anfang an vertrauensvoll zusammengearbeitet haben. Wir teilten

Verleihung der Ehrenbürgerwürde an Netto-Gründer Rudolf Schels 2009. Die neue Netto-Zentralverwaltung entstand zwischen 1991 und 1992 in Ponholz.

den Wunsch nach einem starken Städtedreieck und suchten nach Potentialen in der gemeinsamen Entwicklung. Und wir waren der festen Überzeugung, dass unsere Konkurrenten nicht in der jeweils anderen Stadt sitzen, sondern dass wir uns gemeinsam als Region im Wettbewerb und im Spannungsfeld zwischen Regensburg und Schwandorf behaupten müssen.

Viele Dinge wurden dabei auf den Weg gebracht. Nach vorsichtigem Herantasten über kleinere Maßnahmen konnte man im Jahr 2018 sogar einen gemeinsamen Zweckverband für die Umgehungsstraße im Städtedreieck gründen, der später auch auf andere Zwecke ausgeweitet werden soll.

Ein wahrhaft historischer Beschluss, denn erstmalig hatten sich die drei Städte in dieser engen Form zusammengetan, um ein gemeinsames Ziel zu verfolgen.

Maxhütte-Haidhof war selbstbewusst geworden. Ein gleichberechtigter

Partner im Städtedreieck, der sich in die gemeinsame Entwicklung der Region einbringt und damit den Bürgerinnen und Bürgern der Region ein positives Signal sendet, dass für Lebensqualität gesorgt werden soll.

Zeitenwende 2020

2020 ist wieder ein Jahr des Umbruchs. Ein neuer Bürgermeister und ein neuer Stadtrat wird nach der Kommunalwahl die Stadt in ihre Zukunft führen und der Stadt „seinen Stempel aufdrücken".

Mit Blick in die Vergangenheit und die Gegenwart kann ich sagen: Maxhütte-Haidhof ist eine Stadt mit Selbstbewusstsein und Potential. Die Stadt ist dabei, eine eigene, neue Identität zu entwickeln und es erfüllt mich mit Dankbarkeit, dass ich einen kleinen Teil dazu beitragen durfte.

Trotzdem kann man auch heute, 30 Jahre nach Schließung des Eisenwerks sagen: Unsere Stadt wird untrennbar mit ihm verbunden bleiben.

Danke

Ich bedanke mich besonders bei Gerhart Gröninger aus Maxhütte-Haidhof, der alles dafür tut, dass die Geschichte des Eisenwerkes „Maxhütte" in Haidhof und die Geschichten rund um das einstige Traditionswerk nicht in Vergessenheit geraten. Dem ehemaligen Verwaltungschef des Maxhütter Rathauses liegt „das Werk" nach wie vor am Herzen. Er stellte wertvolle Kontakte zu zahlreichen Autoren her und unterstützte mich immer wieder mit seinem umfangreichen Fachwissen zur „Maxhütte". Im Rahmen des VHS-Programms führt er regelmäßig interessierte Besucher durch das ehemalige Eisenwerk und erzählt dabei dessen ereignisreiche Geschichte.

Zudem bedanke ich mich bei allen Autoren und Unterstützern, die mir Informationen, Fotos, Berichte, Skizzen, persönliche Aufzeichnungen und ihr umfangreiches Wissen zur Verfügung gestellt haben:
Archiv der Stadt Maxhütte-Haidhof, Oberpfälzer Volkskundemuseum Burglengenfeld (v. a. die Bilder des ehemaligen Werksfotografen Joachim Cerny), Medienverlag Krempl Maxhütte-Haidhof.
Privatarchiv von Willi Geschwendner (Postkartensammlung), Otto Rohleder (Fotos und Zeichnungen), Manfred Henn, Detlev Richter, Gerhart Gröninger, Werner Klenk, Ferdinand Deinzer, Gustl Frieser, Jobst Wellensiek, Heinrich Schäffer, Josef Schoierer, Hermann Zeidler, Gerhard Hoffmann, Reinhard Gampe, Erwin Soutschek, Hans Seitz, Manfred Leiss, Werner Klenk, Monika Besenhardt (Fotografin), Werner Nowak.

Andere bleiben unerwähnt, da das Bildmaterial aus verschiedensten, teilweise nicht bekannten Quellen stammt.

Oskar Duschinger

Blick auf die „Maxhütte", 2020. Bild von Otto Rohleder.

Zu den Autoren

Barth, Thomas, Dr.
Archivpfleger für die Stadtarchive in Burglengenfeld, Maxhütte-Haidhof und Teublitz, Historiker

Berwing-Wittl, Margit, Dr.
Leiterin des Oberpfälzer Volkskundemuseum Burglengenfeld, Historikerin

Deinzer Ferdinand
Elektronik-Meister, ehemals Mitglied des Haidhofer Werksorchesters der Maxhütte

Dörrich, Volker
ehemals Pfarrer der evangelischen Kirchengemeinde Maxhütte-Haidhof

Duschinger, Oskar
Autor des Buches „Glanz und Elend der Maxhütte"

Frieser Gustl
„Urgestein" der „Maxhütte", Meister im Maschinenbetrieb

Gampe, Reinhard, Vinzenz
„Americana aus Bayern", Songwriter, CD: „Ich liebe Arbeit"

Gröninger, Gerhart
Geschäftsleiter a.D. der Stadt Maxhütte-Haidhof, Vorträge zur „Maxhütte": Blech und Eisen, zum Bergbau: „Die Austria"

Henn, Manfred
Verwaltungsbeamter a.D. der Stadt Maxhütte-Haidhof, Heimatforscher und Heimatpfleger

Hochstetter Günther
ehemals 2. Bürgermeister der Stadt Maxhütte-Haidhof, Leiter Maschinenbetrieb der „Maxhütte", Vorsitzender der IG-Meistergruppe

Hoffmann, Gerhard
Leiter des Elektrobetriebes der „Maxhütte"

Klenk, Werner
Geschäftsführer und Werkleiter bei „Läpple" von 1997 - 2011

Leiss Manfred
Arbeitsdirektor der „Maxhütte"

Meier, Ernst und Fritz
Meister im Stabeisenwalzwerk / Arbeiter an der Richtmaschine

Plank, Susanne, Dr.
1. Bürgermeisterin der Stadt Maxhütte-Haidhof von 2008 - 2020

Richter, Detlef
1. Bürgermeister der Stadt Maxhütte-Haidhof von 1996 - 2008

Rohleder, Otto
Leiter technisches Büro der „Maxhütte", Chef der Neubauabteilung langjähriger Vorsitzender der „Palette" (Künstler)

Schäffer, Heinrich
ab 1981 Betriebsratsvorsitzender der „Maxhütte", Mitglied im Aufsichtsrat der „Maxhütte"

Schuierer, Hans
Landrat des Landkreises Schwandorf von 1972 - 1996

Seitz, Hans
Betriebschef des Stabeisenwalzwerkes, der Kontistraßen in Haidhof und des Rohrwerkes in Rosenberg

Soutschek, Erwin
ab 1976 Leiter der Sozialabteilung Haidhof

Wellensiek, Jobst, Dr.
Rechtsanwalt, Konkursverwalter über das Vermögen der Eisenwerksgesellschaft Maximilianshütte ab 11. Juni 1987

Buchtipp:

„Glanz und Elend der Maxhütte“

VON OSKAR DUSCHINGER UND DIETMAR ZIERER

Der Name „Maxhütte“ stand nicht nur für ein Eisenwerk, nicht nur für eine Stadt, nicht nur für einstmals 9.000 Arbeitnehmer. Der Name „Maximilianhütte“ stand für eine ganze Region, die mittlere Oberpfalz und für unerbittliche Abläufe im Kapitalismus. Der 30. Juni 1990 brachte das Ende des Maxhüttenwerkes Haidhof.

Das Buch „Glanz und Elend der Maxhütte“ spiegelt eine bedeutende Epoche der industriellen Entwicklung in der Oberpfalz wieder. Die Autoren Oskar Duschinger und Dietmar Zierer, hervorgetreten durch ihre bekannten WAA-Bücher „unbestechlich“ und „Radioaktiver Zerfall der Freiheit“, taten sich zusammen, um sowohl die historische als auch die aktuellen Ereignisse der letzten Jahre der „Maxhütte“ in Haidhof zu dokumentieren.

Arbeiter der „Maxhütte“ kommen zu Wort und berichten über ihre Erlebnisse. Noch einmal wird dabei das Pulsieren des Eisenwerkes spürbar! Auch die Rolle des Industriellen Friedrich Flick und seine Bedeutung für die Maximilianshütte werden dokumentiert.

Ein Buch, das die Geschichte der „Maxhütte“ noch einmal lebendig werden lässt.

„Glanz und Elend der Maxhütte“
von Duschinger/Zierer, historische Bilder
1. Auflage 1990, Softcover, 616 Seiten, ISBN 3-925603-09-3
Im regionalen Buchhandel erhältlich